内蒙古民族文化通鉴·调查系列丛书

阿力得尔苏木蒙古族生产方式变迁调查

韩成福 ◎ 著

中国社会科学出版社

图书在版编目（CIP）数据

阿力得尔苏木蒙古族生产方式变迁调查 / 韩成福著.
北京：中国社会科学出版社, 2024. 10. -- （内蒙古民族文化通鉴）. -- ISBN 978-7-5227-3834-5

Ⅰ. K892.28

中国国家版本馆 CIP 数据核字第 2024ME4720 号

出 版 人	赵剑英
责任编辑	宫京蕾
特约编辑	芮　信
责任校对	李　莉
责任印制	郝美娜

出　　版	中国社会科学出版社
社　　址	北京鼓楼西大街甲 158 号
邮　　编	100720
网　　址	http://www.csspw.cn
发 行 部	010-84083685
门 市 部	010-84029450
经　　销	新华书店及其他书店
印刷装订	北京君升印刷有限公司
版　　次	2024 年 10 月第 1 版
印　　次	2024 年 10 月第 1 次印刷
开　　本	710×1000　1/16
印　　张	17.5
插　　页	2
字　　数	285 千字
定　　价	108.00 元

凡购买中国社会科学出版社图书，如有质量问题请与本社营销中心联系调换
电话：010-84083683
版权所有　侵权必究

《内蒙古民族文化通鉴》编委会

主　任　吴团英
副主任　刘少坤　李春林
成　员　(以姓氏笔画为序)
　　　　　马永真　王来喜　包银山　包斯钦　冯建忠
　　　　　周纯杰　金　海　徐春阳　额尔很巴雅尔
　　　　　蔚治国　毅　松

主　编　吴团英
副主编　刘少坤　李春林　金　海　马永真
　　　　　毅　松　包斯钦

《内蒙古民族文化通鉴》总序

乌 兰

"内蒙古民族文化研究建设工程"成果集成——《内蒙古民族文化通鉴》(简称《通鉴》)六大系列数百个子项目的出版物已陆续与学界同人和广大读者见面了。这是内蒙古民族文化传承保护建设中的一大盛事,也是对中华文化勃兴具有重要意义的一大幸事。借此《通鉴》出版之际,谨以此文献给所有热爱民族文化,坚守民族文化的根脉,为民族文化薪火相传而殚智竭力、辛勤耕耘的人们。

一

内蒙古自治区位于祖国北部边疆,土地总面积118.3万平方公里,占中国陆地国土总面积的八分之一,现设9市3盟2个计划单列市,全区共有102个旗县(市、区),自治区首府为呼和浩特。2014年,内蒙古总人口2504.81万,其中蒙古族人口458.45万,汉族人口1957.69万,包括达斡尔族、鄂温克族、鄂伦春族"三少"自治民族在内的其他少数民族人口88.67万;少数民族人口约占总人口的21.45%,汉族人口占78.15%,是蒙古族实行区域自治、多民族和睦相处的少数民族自治区。内蒙古由东北向西南斜伸,东西直线距离2400公里,南北跨度1700公里,横跨东北、华北、西北三大区,东含大兴安岭,西包阿拉善高原,南有河套、阴山,东南西与8省区毗邻,北与蒙古国、俄罗斯接壤,国境线长达4200公里。内蒙古地处中温带大陆气候区,气温自大兴安岭向东南、西南递增,降水自东南向西北递减,总体上干旱少雨,四季分明,寒暑温差很大。全区地理上大致属蒙古高原南部,从东到西地貌多样,有茂密的森林,广袤的草原,丰富的矿藏,是中国为数不多的资源富集大区。

内蒙古民族文化的主体是自治区主体民族蒙古族的文化，同时也包括达斡尔族、鄂温克族、鄂伦春族等人口较少世居民族多姿多彩的文化和汉族及其他各民族的文化。

"内蒙古"一词源于清代"内札萨克蒙古"，相对于"外扎萨克蒙古"即"外蒙古"。自远古以来，这里就是人类繁衍生息的一片热土。1973年在呼和浩特东北发现的大窑文化，与周口店第一地点的"北京人"属同一时期，距今50万—70万年。1922年在内蒙古伊克昭盟乌审旗萨拉乌苏河发现的河套人及萨拉乌苏文化、1933年在呼伦贝尔扎赉诺尔发现的扎赉诺尔人，分别距今3.5万—5万年和1万—5万年。到了新石器时代，人类不再完全依赖天然食物，而已经能够通过自己的劳动生产食物。随着最后一次冰河期的迅速消退，气候逐渐转暖，原始农业在中国北方地区发展起来。到了公元前6000年—前5000年，内蒙古东部和西部两个亚文化区先后都有了原始农业。

"红山诸文化"（苏秉琦语）和海生不浪文化的陆续兴起，使原始定居农业逐渐成为主导的经济类型。红山文化庙、坛、冢的建立，把远古时期的祭祀礼仪制度及其规模推进到一个全新的阶段，使其内容空前丰富，形式更加规范。"中华老祖母雕像""中华第一龙""中华第一凤"——这些在中华文明史上具有里程碑意义的象征物就是诞生在内蒙古西辽河流域的红山文化群。红山文化时期的宗教礼仪反映了红山文化时期社会的多层次结构，表明"'产生了植根于公社，又凌驾于公社之上的高一级的社会组织形式'（苏秉琦语——引者注），这已不是一般意义上的新石器时代文化概念所能包容的，文明的曙光已照耀在东亚大地上"[①]。

然而，由于公元前5000年和公元前2500年前后，这里的气候出现过几次大的干旱及降温，原始农业在这里已经不再适宜，从而迫使这一地区的原住居民去调整和改变生存方式。夏家店文化下层到上层、朱开沟文化一至五段的变迁遗迹，充分证明了这一点。气候和自然环境的变化、生产力的进一步发展，必然促使这里的人类去寻找更适合当地生态条件、创造具有更高劳动生产率的生产方式。于是游牧经济、游牧文化诞生了。

---

① 田广金、郭素新：《北方文化与匈奴文明》，江苏教育出版社2005年版，第131页。

历史上的游牧文化区，基本处于北纬40度以北，主要地貌单元包括山脉、高原草原、沙漠，其间又有一些大小河流、淡水咸水湖泊等。处于这一文化带上的蒙古高原现今冬季的平均气温在-10℃—20℃之间，年降雨量在400毫米以下，干燥指数在1.5—2之间。主要植被是各类耐寒的草本植物和灌木。自更新世以来，以有蹄类为主的哺乳动物在这一地区广泛分布。这种生态条件，在当时的生产力水平下，对畜牧业以外的经济类型而言，其制约因素无疑大于有利因素，而选择畜牧、游牧业，不仅是这种生态环境条件下的最佳选择，而且应该说是伟大的发明。比起从前在原始混合型经济中饲养少量家畜的阶段，逐水草而居，"依天地自然之利，养天地自然之物"的游牧生产、生活方式有了质的飞跃。按照人类学家L.怀特、M.D.萨林斯关于一定文化级差与一定能量控驭能力相对应的理论，一头大型牲畜的生物能是人体生物能的1—5倍，一人足以驾驭数十头牲畜从事工作，可见真正意义上的畜牧、游牧业的生产能力已经与原始农业经济不可同日而语。它表明草原地带的人类对自身生存和环境之间的关系有了全新的认识，智慧和技术使生产力有了大幅提高。

马的驯化不但使人类远距离迁徙游牧成为可能，而且让游牧民族获得了在航海时代和热兵器时代到来之前绝对所向披靡的军事能力。游牧民族是个天然的生产军事合一的聚合体，具有任何其他民族无法比拟的灵活机动性和长距离迁徙的需求与能力。游牧集团的形成和大规模运动，改变了人类历史。欧亚大陆小城邦、小农业公社之间封闭隔绝的状况就此终结，人类社会各个群体之间的大规模交往由此开始，从氏族部落语言向民族语言过渡乃至大语系的形成，都曾有赖于这种大规模运动；不同部落、不同族群开始通婚杂居，民族融合进程明显加速，氏族部族文化融合发展成为一个个特色鲜明的民族文化，这是人类史上的一次历史性进步，这种进步也大大加快了人类文化的整体发展进程。人类历史上的一次划时代的转折——从母权制向父权制的转折也是由"游牧部落"带到农耕部落中去的。①

对现今中国北方地区而言，到了公元前1000年前后，游牧人的时期

---

① [苏] Д.Е.叶列梅耶夫：《游牧民族在民族史上的作用》，《民族译丛》1987年第5、6期。

业已开始，秦汉之际匈奴完成统一草原的大业，此后的游牧民族虽然经历了许多次的起起伏伏，但总体十分强势，一种前所未有的扩张从亚洲北部，由东向西展开来。于是，被称为"世界历史两极"的定居文明与草原畜牧者和游牧人开始在从长城南北到中亚乃至欧洲东部的广阔地域内进行充分的相互交流。到了"蒙古时代"，一幅中世纪的"加泰罗尼亚世界地图"，如实反映了时代的转换，"世界体系"以"蒙古时代"为开端确立起来，"形成了人类史上版图最大的帝国，亚非欧世界的大部分在海陆两个方向上联系到了一起，出现了可谓'世界的世界化'的非凡景象，从而在政治、经济、文化、商业等各个方面出现了东西交流的空前盛况"。[①] 直到航海时代和热兵器时代到来之后，这种由东向西扩张的总趋势才被西方世界扭转和颠倒。而在长达约两千年的游牧社会历史上，现今的内蒙古地区始终是游牧文化圈的核心区域之一，也是游牧世界与华夏民族、游牧文明与农耕文明碰撞激荡的最前沿地带。

在漫长的历史过程中，广袤的北方大草原曾经是众多民族繁衍生息的家园，他们在与大自然的抗争和自身的生存发展过程中创造了各民族自己的文化，形成了以文化维系起来的人群——民族。草原各民族有些是并存于一个历史时期，毗邻而居或交错居住，有些则分属于不同历史时期，前者被后者更替，后者取代前者，薪尽而火传。但不论属何种情形，各民族文化之间都有一个彼此吸纳、继承、逐渐完成民族文化自身的进化，然后在较长历史时期内稳定发展的过程。比如，秦汉时期的匈奴文化就是当时众多民族部落文化和此前各"戎""狄"文化的集大成。魏晋南北朝时期的鲜卑文化，隋唐时期的突厥文化，宋、辽、金时期的契丹、女真、党项族文化，元代以来的蒙古族文化都是如此。

二

蒙古民族是草原文化的集大成者，蒙古文化是草原文化最具代表性的文化形态，蒙古民族的历史集中反映了历史上草原民族发展变迁的基本

[①] 《杉山正明谈蒙古帝国："元并非中国王朝"一说对错各半》，《东方早报·上海书评》2014年7月27日。

规律。

有人曾用"蝴蝶效应"比喻13世纪世界历史上的"蒙古风暴"——斡难河畔那一次蝴蝶翅膀的扇动引起周围空气的扰动,能量在连锁传递中不断增强,最终形成席卷亚欧大陆的铁骑风暴。这场风暴是由一位名叫铁木真的蒙古人掀起,他把蒙古从一个部落变成一个民族,于1206年建立了大蒙古汗国。铁木真统一蒙古各部之后,首先废除了氏族和部落世袭贵族的权力,使所有官职归于国家,为蒙古民族的历史进步扫清了重要障碍,并制定了世界上第一部具有宪法意义、包含宪政内容的成文法典,而这部法典要比英国在世界范围内最早制定的宪法性文件早了九年。成吉思汗确立了统治者与普通牧民负同等法律责任、享有同等宗教信仰自由等法律原则,建立了定期人口普查制度,创建了最早的国际邮政体系。

13、14世纪的世界可被称为蒙古时代,成吉思汗缔造的大蒙古国囊括了多半个亚欧版图,发达的邮驿系统将东方的中国文明与西方的地中海文明相连接,两大历史文化首度全面接触,对世界史的影响不可谓不深远。亚欧大陆后来的政治边界划分分明是蒙古帝国的遗产。成吉思汗的扩张和西征,打破了亚欧地区无数个城邦小国、定居部落之间的壁垒阻隔,把亚欧大陆诸文明整合到一个全新的世界秩序之中,因此他被称为"缔造全球化世界的第一人"①。1375年出现在西班牙东北部马略卡岛的一幅世界地图——"卡塔拉地图"(又称"加泰罗尼亚地图",现藏于法国国家图书馆),之所以被称为"划时代的地图",并非因为它是标明马可·波罗行旅路线的最早地图,而是因为它反映了一个时代的转换。从此,东西方之间的联系和交往变得空前便捷、密切和广泛。造纸、火药、印刷术、指南针——古代中国的这些伟大发明通过蒙古人,最终真正得以在欧洲推广开来;意大利作家但丁、薄伽丘和英国作家乔叟所用的"鞑靼绸""鞑靼布""鞑靼缎"等纺织品名称,英格兰国王指明要的"鞑靼蓝",还有西语中的许多词汇,都清楚地表明东方文化以蒙古人为中介传播到西方的那段历史;与此同时,蒙古人从中亚细亚、波斯引进许多数学家、工匠和管理人员,以及诸如高粱、棉花等农作物,并将其传播到中国和其他

---

① [美]杰克·威泽弗德:《成吉思汗与今日世界之形成》,温海清、姚建根译,重庆出版社2014年版,第8页封面。

地区，从而培育或杂交出一系列新品种。由此引发的工具、设备、生产工艺的技术革新，其意义当然不可小觑；特别是数学、历法、医学、文学艺术方面的交流与互动，知识和观念的传播、流动，打破了不同文明之间的隔阂，以及对某一文明的偏爱与成见，其结果就是全球文化和世界体系若干核心区的形成。1492年，克里斯托弗·哥伦布说服两位君主，怀揣一部《马可·波罗游记》，信心满满地扬帆远航，为的就是找到元朝的"辽阳省"，重建与蒙古大汗朝廷的海上联系，恢复与之中断的商贸往来。由于蒙古交通体系的瓦解和世界性的瘟疫，他浑然不知此时元朝已经灭亡一百多年，一路漂荡到加勒比海的古巴，无意间发现了"新大陆"。正如美国人类学家、蒙古史学者杰克·威泽弗德所言，在蒙古帝国终结后的很长一段时间内，新的全球文化继续发展，历经几个世纪，变成现代世界体系的基础。这个体系包含早先蒙古人强调的自由商业、开放交通、知识共享、长期政治策略、宗教共存、国际法则和外交豁免。[①]

即使我们以中华文明为本位回望这段历史，同样可以发现蒙古帝国和元朝对我国历史文化久远而深刻的影响。从成吉思汗到忽必烈，历时近百年，元朝缔造了人类历史上版图最大的帝国，结束了唐末以来国家分裂的状况，基本划定了后世中国的疆界；元代实行开放的民族政策，大力促进各民族间的经济文化交流和边疆地区的开发，开创了中华民族多元一体的新格局，确定了中国统一的多民族国家的根本性质；元代推行农商并重政策，"以农桑为急务安业力农"，城市经济贸易繁荣发展，经贸文化与对外交流全面推进，实行多元一体的文化教育政策，科学技术居于世界前列，文学艺术别开生面，开创了一个新纪元；作为发动有史以来最大规模征服战争的军事领袖，成吉思汗和他的继任者把冷兵器时代的战略战术思想、军事艺术推上了当之无愧的巅峰，创造了人类军事史的一系列"第一"、一系列奇迹，为后人留下了极其丰富的精神财富；等等。

统一的蒙古民族的形成是蒙古民族历史上具有划时代意义的时间节点。从此，蒙古民族成为具有世界影响的民族，蒙古文化成为中华文化不可或缺的组成部分。漫长的历史岁月见证了蒙古族人民的智慧，他们在文

---

① [美]杰克·威泽弗德：《成吉思汗与今日世界之形成》（修订版），温海清、姚建根译，重庆出版社2014年版，第6、260页。

学、史学、天文、地理、医学等诸多领域成就卓然，为中华文明和人类文明的发展做出了不可否认的伟大贡献。

20世纪30年代被郑振铎先生称为"最可注意的伟大的白话文作品"的《蒙古秘史》，不单是蒙古族最古老的历史、文学巨著，也是被联合国教科文组织列为世界名著目录（1989年）的经典，至今依然吸引着世界各国无数的学者、读者；在中国著名的"三大英雄史诗"中，蒙古族的《江格尔》、《格斯尔》（《格萨尔》）就占了两部，它们也是目前世界上已知史诗当中规模最大、篇幅最长、艺术表现力最强的作品之一；蒙古民族一向被称为能歌善舞的民族，马头琴、长调、呼麦被列入世界非物质文化遗产，蒙古族音乐舞蹈成为内蒙古的亮丽名片，风靡全国，感动世界，诠释了音乐不分民族、艺术无国界的真谛；还有传统悠久、特色独具的蒙古族礼仪习俗、信仰禁忌、衣食住行，那些科学简洁而行之有效的生产生活技能、民间知识，那些让人叹为观止的绝艺绝技以及智慧超然且极其宝贵的非物质文化遗产，都是在数千年的游牧生产生活实践中形成和积累起来的，也是与独特的生存环境高度适应的，因而极富生命力。迄今，内蒙古已拥有列入联合国非物质文化遗产名录的项目2项（另有马头琴由蒙古国申报列入名录）、列入国家级名录的81项、列入自治区及盟市旗县级名录的3844项，各级非遗传承人6442名。其中蒙古族、达斡尔族、鄂温克族、鄂伦春族等内蒙古世居少数民族的非遗项目占了绝大多数。人们或许不熟悉内蒙古三个人口较少民族的文化传统，然而那巧夺天工的达斡尔造型艺术、想象奇特的鄂温克神话传说、栩栩如生的鄂伦春兽皮艺术、闻名遐迩的"三少民族"桦皮文化……这些都是一朝失传则必将遗恨千古的文化瑰宝，我们当倍加珍惜。

内蒙古民族文化当中最具普世意义和现代价值的精神财富，当属其崇尚自然、天人相谐的生态理念、生态文化。游牧，是生态环保型的生产生活方式，是现代以前人类历史上唯一以人与自然和谐共存、友好相处的理念为根本价值取向的生产生活方式。游牧和狩猎，尽管也有与外在自然界相对立的一面，但这是以敬畏、崇尚和尊重大自然为最高原则、以和谐友好为前提的非对抗性对立。因为，牧民、猎人要维持生计，必须有良好的草场、清洁的水源和丰富的猎物，而这一切必须以适度索取、生态环保为条件。因此，有序利用、保护自然，便成为游牧生产方式的最高原则和内在要求。对亚洲北部草原地区而言，人类在无力改造和控制自然环境的条件下，游牧生产方式是维持草畜平衡，使草场及时得到休整、涵养、恢复的自由而能动的最佳选择。我国北方的广大地区尽管数千年来自然生态环境相当脆弱，如今却能够成为我国北部边疆的生态屏障，与草原游牧民族始终如一的精心呵护是分不开的。不独蒙古族，达斡尔族、鄂温克族、鄂伦春族等草原世居少数民族在文化传统上与蒙古族共属一个更大的范畴，不论他们的思维方式、信仰文化、价值取向还是生态伦理，都与蒙古族大同小异，有着多源同流、殊途同归的特点。

随着人类历史进程的加速，近代以来，世界各地区、各民族文化变迁、融合的节奏明显加快，草原地区迎来了本土文化和外来文化空前大激荡、大融合的时代。草原民族与汉民族的关系日趋加深，世界各种文化对草原文化的作用和影响进一步增强，农业文明、工业文明、商业文明、城市文明的因素大量涌现，草原各民族的生产生活方式，乃至思想观念、审美情趣、价值取向都发生了巨大变化。虽然，这是一个凤凰涅槃、浴火重生的过程，但以蒙古族文化为代表的草原各民族文化，在空前的文化大碰撞中激流勇进，积极吸纳异质文化养分，或在借鉴吸纳的基础上进行自主的文化创新，使民族文化昂然无惧地走上转型之路。古老的蒙古族文化，依然保持着它所固有的本质特征和基本要素，而且，由于吸纳了更多的活性元素，文化生命力更加强盛，文化内涵更加丰富，以更加开放包容的姿态迎来了现代文明的曙光。

三

古韵新颜相得益彰，历久弥新异彩纷呈。自治区成立以来的近 70 年间，草原民族的文化事业有了突飞猛进的发展。我国社会主义制度和民族区域自治、各民族一律平等的宪法准则，党和国家一贯坚持和实施的尊重、关怀少数民族，大力扶持少数民族经济文化事业的一系列方针政策，从根本上保障了我国各民族人民传承和发展民族文化的权利，也为民族文化的发展提供了广阔空间。一些少数民族，如鄂伦春族仅仅用半个世纪就从原始社会过渡到社会主义社会，走过了过去多少个世纪都不曾走完的历程。

一个民族的文化发展水平必然集中体现在科学、文化、教育事业上。在历史上的任何一个时期，蒙古民族从来不曾拥有像现在这么多的科学家、文学家等各类专家教授，从来没有像现在这样以丰富的文化产品供给普通群众的消费，蒙古族大众的整体文化素质从来没有达到现在这样的高度。哪怕最偏远的牧村，电灯电视不再稀奇，网络、手机、微信微博业已成为生活的必需。自治区现有7家出版社出版蒙古文图书，全区每年都有数百上千种蒙古文新书出版，各地报刊每天都有数以千百计的文学新作发表。近年来，蒙古族牧民作家、诗人的大量涌现，已经成为内蒙古文学的一大景观，其中有不少作者出版有多部中长篇小说或诗歌散文集。我们再以国民受教育程度为例，它向来是一个民族整体文化水准的重要指标之一。中华人民共和国成立前，绝大多数蒙古人根本没有接受正规教育的机会，能够读书看报的文化人寥若晨星。如今，九年义务教育已经普及，即便是上大学、读研考博的高等教育，对普通农牧民子女也不再是奢望。据《内蒙古2014年国民经济和社会发展统计公报》显示，全自治区2013年少数民族在校大学生10.8万人，其中蒙古族学生9.4万人；全区招收研究生5987人，其中，少数民族在校研究生5130人，蒙古族研究生4602人，蒙古族受高等教育程度可见一斑。

每个时代、每个民族都有一些杰出人物曾经对人类的发展进步产生深远影响。正如爱迪生发明的电灯"点亮了世界"一样，当代蒙古族也有为数不少的文化巨人为世界增添了光彩。提出"构造体系"概念、创立地质力学学说和学派、提出"新华夏构造体系三个沉降带"理论、开创油气资源勘探和地震预报新纪元的李四光；认定"世界未来的文化就是中国文化复兴"、素有"中国最后一位大儒家"之称的国学大师梁漱溟；在国际上首次探索出山羊、绵羊和牛精子体外诱导获能途径，成功实现试管内杂交育种技术的"世界试管山羊之父"旭日干；还有著名新闻媒体人、文学家、翻译家萧乾；马克思主义哲学家艾思奇；当代著名作家李准……这些如雷贯耳的大名，可谓家喻户晓、举世闻名，但人们未必都知道他们来自蒙古族。是的，他们来自蒙古族，为中华民族的伟大复兴，为全人类的文明进步做出了应有的贡献。

历史的进步、社会的发展、蒙古族人民群众整体文化素质的大幅提升，使蒙古族文化的内涵得以空前丰富，文化适应能力、创新能力、竞争能力都有了显著提升。从有形的文化特质，如日常衣食住行，到无形的观念形态，如思想情趣、价值取向，我们可以举出无数个鲜活的例子，说明蒙古文化紧随时代的步伐传承、创新、发展的事实。特别是自2003年自治区实施建设民族文化大区、强区战略以来，全区文化建设呈现出突飞猛进的态势，民族文化建设迎来了一个新的高潮。内蒙古文化长廊计划、文化资源普查、重大历史题材美术创作工程、民族民间文化遗产数据库建设工程、蒙古语语料库建设工程、非物质文化遗产保护、一年一届的草原文化节、草原文化研究工程、北部边疆历史与现状研究项目等，都是这方面的有力举措，收到了很好的成效。

但是，我们也必须清醒地看到，与经济社会的跨越式发展相比，文化建设仍然显得相对滞后，特别是优秀传统文化的传承保护依然任重道远。优秀民族文化资源的发掘整理、研究转化、传承保护以及对外传播能力尚不能适应形势发展，某些方面甚至落后于国内其他少数民族省区的现实也尚未改变。全球化、工业化、信息化和城镇化的时代大潮，对少数民族弱势文化的剧烈冲击是显而易见的。全球化浪潮和全方位的对外开放，意味着我们必将面对外来文化，特别是强势文化的冲击。在不同文化之间的交往中，少数民族文化所受到的冲击会更大，所经受的痛苦也会更多。因为，它们对外来文化的输入往往处于被动接受的状态，而对文化传统的保护常常又力不从心，况且这种结果绝非由文化本身的价值所决定。换言之，在此过程中，并非所有得到的都是你所希望得到的，并非所有失去的都是你应该丢掉的，不同文化之间的输入输出也许根本就不可能"对等"。这正是民族文化的传承保护任务显得分外紧迫、分外繁重的原因。

文化是民族的血脉，内蒙古民族文化是中华文化不可或缺的组成部分，中华文化的全面振兴离不开国内各民族文化的繁荣发展。为了更好地贯彻落实党的十八大关于文化建设的方针部署，切实把自治区党委提出的实现民族文化大区向民族文化强区跨越的要求落到实处，自治区政府于2013年实时启动了"内蒙古民族文化建设研究工程"。"工程"包括文献档案整理出版，内蒙古社会历史调查、研究系列，蒙古学文献翻译出版，内蒙古历史文化推广普及和"走出去"，"内蒙古民族文化建设研究数据库"建设等广泛内容，计划六年左右的时间完成。经过两年的紧张努力，从2016年开始，"工程"的相关成果已经陆续与读者见面。

建设民族文化强区是一项十分艰巨复杂的任务，必须加强全区各界研究力量的整合，必须有一整套强有力的措施跟进，必须实施一系列特色文化建设工程来推动。"内蒙古民族文化建设研究工程"就是推动我区民族文化强区建设的一个重要抓手，是推进文化创新、深化人文社会科学可持续发展的一个重要部署。目前，"工程"对全区文化建设的推动效应正在逐步显现。

"内蒙古民族文化建设研究工程"将在近年来蒙古学研究、"草原文化研究工程""北部边疆历史与现状研究"、文化资源普查等科研项目所取得的成就基础上，突出重点，兼顾门类，有计划、有步骤地开展抢救、保护濒临消失的民族文化遗产，搜集记录地方文化和口述历史，使民族文化传承保护工作迈上一个新台阶；将充分利用新理论、新方法、新材料，有力推进学术创新、学科发展和人才造就，使内蒙古自治区传统优势学科进一步焕发生机，使新兴薄弱学科尽快发展壮大；"工程"将会在科研资料建设，学术研究，特色文化品牌打造、出版、传播、转化等方面取得突破性的成就，推出一批具有创新性、系统性、完整性的标志性成果，助推自治区人文社会科学研究和社会主义文化建设事业蓬勃发展。"内蒙古民族文化建设研究工程"的实施，势必大大增强全区各民族人民群众的文化自觉和文化自信，必将成为社会主义文化大发展大繁荣，实现中华民族伟大复兴中国梦的一个切实而有力的举措，其"功在当代、利在千秋"的重要意义必将被历史证明。

（作者为时任内蒙古自治区党委常委、宣传部部长，"内蒙古民族文化建设研究工程"领导小组组长）

目　　录

第一章　导论 ………………………………………………………………（1）

　第一节　调查背景、调查方法、调查意义 ……………………………（1）

　　一　调查背景 ……………………………………………………………（1）

　　二　调查方法 ……………………………………………………………（3）

　　三　调查意义 ……………………………………………………………（4）

　第二节　阿力得尔苏木行政区变革 ……………………………………（5）

　　一　阿力得尔苏木名称的来历 …………………………………………（5）

　　二　阿力得尔苏木的建立 ………………………………………………（5）

　　三　阿力得尔苏木管辖的嘎查数量变革 ………………………………（6）

　　四　现在经济社会发展基本概况 ………………………………………（9）

　　五　本书调查分析的嘎查 ………………………………………………（12）

　第三节　阿力得尔苏木革命史 …………………………………………（12）

　　一　概况 …………………………………………………………………（13）

　　二　十个嘎查革命史 ……………………………………………………（14）

　第四节　生产方式理论基础 ……………………………………………（19）

　　一　理论综述 ……………………………………………………………（19）

　　二　本书涉及的生产方式 ………………………………………………（27）

第二章　经济体制变迁 …………………………………………………（30）

　第一节　1947—1957年的土地制度改革和合作化阶段 ……………（30）

　　一　土地制度的改革 ……………………………………………………（30）

　　二　阿力得尔苏木土地制度改革 ………………………………………（33）

　　三　阿力得尔高勒努图克的农牧业发展情况 …………………………（37）

　　四　1951—1957年的阿力得尔高勒努图克农业合作化 ……………（40）

　第二节　1958—1976年人民公社阶段 ………………………………（47）

一　人民公社的概述…………………………………………（47）
　　二　阿力得尔公社农牧业结构变化…………………………（49）
　　三　1965年与1961年农牧业发展的比较分析………………（58）
　　四　1972年与1965年农牧业发展的比较分析………………（63）
　　五　1976年与1972年农牧业的比较分析……………………（64）
　第三节　改革开放初期和市场化改革阶段……………………（69）
　　一　从国家角度梳理，生产责任制到家庭承包经营………（69）
　　二　从内蒙古自治区角度分析农业生产宏观形势…………（75）
　　三　阿力得尔人民公社包干到户后的效益…………………（78）
　第四节　农民缴税负担情况的简要分析………………………（101）
　　一　1985—1995年各嘎查农民负担的比较…………………（101）
　　二　1996—2004年被调查农户缴税情况……………………（104）
　　三　阿力得尔苏木收入的比较分析…………………………（108）
　第五节　农牧业税取消后的发展阶段…………………………（109）
　　一　简要回顾取消农业税的过程……………………………（110）
　　二　自治区政府减免农业税后的业绩………………………（111）
　　三　阿力得尔苏木种植业和畜牧业结构变化………………（112）
　　四　阿力得尔苏木收入的比较分析…………………………（122）

第三章　劳动生产率变化……………………………………………（127）
　第一节　人地关系的概念………………………………………（127）
　第二节　1948年至1973年的劳动生产率………………………（130）
　　一　1948年的劳动生产率……………………………………（131）
　　二　1951—1961年的劳动生产率……………………………（135）
　　三　人民公社时期的劳动生产率……………………………（158）
　第三节　从改革开放到至今的劳动生产率……………………（168）
　　一　1978—2005年劳动生产率………………………………（168）
　　二　2010—2014年劳动生产率………………………………（178）

第四章　生产工具发展的历程………………………………………（182）
　第一节　生产工具的定义………………………………………（183）
　第二节　自治区政府成立以来农业机械工具的发展…………（184）
　　一　发展历程…………………………………………………（184）

二　试点示范的作用 ……………………………………………（186）
　　三　农机所有制 …………………………………………………（187）
　　四　农业主要机械的发展过程 …………………………………（188）
　　五　农业机械化区划 ……………………………………………（193）
　第三节　阿力得尔苏木农业生产工具的发展 ………………………（194）
　　一　1948—1965年农业生产工具的比较 ……………………（194）
　　二　1973年与1978年生产工具的比较 ………………………（212）
　　三　1982年与1985年农业生产工具的比较 …………………（223）
　　四　1995年与2010年农业生产工具的比较 …………………（225）
　小结 ……………………………………………………………………（227）

第五章　阿力得尔苏木发展滞后的原因分析 ……………………………（228）
　　一　阿力得尔苏木部分农牧户成为比较困难的原因 …………（228）
　　二　人口迅速增长，人均资源占有量减少 ……………………（228）
　　三　农田生态环境逐步恶化 ……………………………………（230）
　　四　草牧场产生"公地悲剧"，导致严重退化 ………………（231）
　　五　行政区域管辖的频繁更换 …………………………………（233）
　　六　未能发挥优势的地理位置 …………………………………（233）
　　七　农民的组织化程度较低 ……………………………………（233）
　　八　产业链不完善 ………………………………………………（234）
　　九　耕地规模化经营程度较低 …………………………………（234）
　　十　思想观念僵化 ………………………………………………（235）
　　十一　人情来往费用诸多，使百姓负担过重 …………………（236）
　　十二　缺乏激励政策，部分干部缺乏工作积极性 ……………（236）
　　十三　人才短缺问题突出 ………………………………………（236）
　　十四　嘎查村两委领导班子组织能力较差 ……………………（237）
　　十五　种植业供给侧结构性调整面临着诸多挑战 ……………（237）

第六章　主要结论与加快发展的措施建议 ………………………………（238）
　第一节　主要结论 ……………………………………………………（238）
　第二节　加快发展的政策建议 ………………………………………（240）
　　一　依据较困难户发生原因采取针对性措施 …………………（240）
　　二　大力发展庭院经济，提高农民收入 ………………………（241）

三 加快改善生态环境……………………………………………（243）
四 通过发展集体经济，带动农牧户发展……………………（244）
五 加快改善苏木卫生院硬件和软件建设……………………（245）
六 补齐交通"短板"…………………………………………（245）
七 提高农牧民组织化程度，保障农牧户收入稳定增长……（246）
八 加快发展产业经济…………………………………………（246）
九 通过引进发展龙头企业，带动农牧户发展………………（247）
十 提高农牧民市场经济意识…………………………………（248）
十一 倡导文明新风，传承传统优秀文化，推动文化振兴……（249）
十二 充分调动阿力得尔苏木干部职工的积极性………………（249）
十三 加快培育和引进充满活力的新型职业农牧民队伍………（249）
十四 完善管理体系，推动组织振兴……………………………（250）
十五 改变生产方式，带动农牧民走上致富路…………………（252）
十六 采取融合发展措施，促进乡村产业加快发展……………（253）

主要参考文献 …………………………………………………………（255）

第一章 导论

第一节 调查背景、调查方法、调查意义

一 调查背景

科尔沁右翼前旗是国家产粮大县之一，而阿力得尔苏木是科尔沁右翼前旗的粮食主产苏木之一。

（一）科尔沁右翼前旗概况

科尔沁右翼前旗行政区总面积1.7万平方公里，辖14个苏木乡镇、1个种畜繁育中心、4个国营农牧场、7个国营林场、228个嘎查村，总人口331668人，其中蒙古族人口占45%，是一个以蒙古族为主体汉族为多数的少数民族边境旗县。有耕地416万亩、草牧场1342万亩。北部与蒙古国接壤，是内蒙古自治区19个边境旗县之一，边境线长32.5公里。近年来，科尔沁右翼前旗在中央、内蒙古自治区党委和兴安盟委的坚强领导下，团结依靠全旗各族人民，抢抓机遇、扎实苦干，呈现出经济发展充满活力、社会事业协调发展、城乡建设日新月异、农牧业发展超出预期、扶贫工作提档升级的崭新局面。近年来，先后被评为全国民族团结进步示范旗、国家卫生城市、国家园林城市、内蒙古自治区生态宜居县城、内蒙古自治区人居环境范例奖等称号。

交通基础设施建设逐步完善。随着一大批国家级铁路、公路交通网在这里交会，承东启西、连南接北的重要交通枢纽作用将更加凸显。作为科尔沁、呼伦贝尔、锡林郭勒、蒙古国四大草原中心地带，内联东北、外接蒙古，是国家实施向北开放战略和草原丝绸之路上的重要节点，是乌—

阿—海—满黄金旅游线路和乌拉盖—霍林河—阿尔山旅游富集区的重要组成部分。国道302、207、111、省道203、霍阿一级路、乌新高速、乌白高速、白阿铁路、乌锡铁路贯穿全境，距乌兰浩特机场14公里、火车站10公里，经长春至北京高铁已开通。电力基础条件不断完善，互联网连接全旗城乡，信息畅通无阻。

资源比较丰富。旗内水资源充沛，有大小河流100余条，境内较大的河流有归流河和洮儿河，其中归流河全长218公里，流域均属科尔沁右翼前旗所辖。拥有青山国家级自然保护区和乌兰河自治区级自然保护区，野生动植物资源丰富。旗内有水库6座，其中，察尔森水库是东北四大水库之一。矿产资源丰富，有大中小型矿床66处，矿产类别30余种，已探明的银储量居全国前列。

（二）科尔沁右翼前旗的农牧业发展成就[①]

2020年，农林牧渔业增加值51.84亿元，按可比价格计算，比上年增长3.8%。全年粮食种植面积为235749.82公顷，比上年增长0.12%；玉米种植面积164173.16公顷，增加17.39%；稻谷种植面积12656.85公顷，比去年增加7.37%；油料种植面积1383公顷，下降74.1%；蔬菜种植面积544.6公顷，增长18.6%。种植业标准化示范区7个，实施玉米大豆带状复合种植等技术示范11项，完成标准化生产面积335.7万亩。粮食产量达到148.69万吨，占兴安盟的23.4%，占内蒙古自治区的4.1%，居全区第五位。

2020年，牲畜存栏总数312.7万头（只、口），其中牛存栏15.8万头，同比增长4.97%；羊存栏267.6万只，比上年增长2.93%；生猪存栏26.8万口，比上年增长316.5%。启动4座万头奶牛示范牧场建设项目（中博农2.5万头、中利2.5万头、金顺1.5万头、优然1.2万头）提升改造完成中小规模场60家，现有地方特色乳制品加工厂18家。完成青贮玉米18万亩，秸秆饲用量保持在60万吨以上。完成家畜改良146.5万头（只），其中奶牛冷配0.5万头，肉牛改良配种7万头（冷配2.7万头），绵羊改良配种139万只。引进和调剂良种公羊1013只。全旗开展了15种

[①] 科尔沁右翼前旗统计局：《科尔沁右翼前旗2020年国民经济和社会发展统计公报》，2021年11月15日。

动物疫病的免疫接种工作。共免疫畜禽1377.87万头（只）次，其中家畜1216.55万头，家禽161.32万（羽、只）次。养殖业标准化生产示范场8个，标准化饲养量达到269.6万头（只）。

2020年，农村牧区常住居民人均可支配收入12827元，比上年增长10.0%；农村牧区常住居民人均消费性支出9912元，比上年增长2.7%。

（三）阿力得尔苏木发展成就

阿力得尔苏木所辖11个嘎查村，一个社区。总人口2.1万，其中蒙古族占78.9%，0—15岁3200多人口，15—60岁1.5万人口，60岁以上人口2800多。2020年，农作物种植面积37万多亩。其中，玉米32万亩，大豆4.2万亩，土豆500亩，绿豆600亩，红小豆2000多亩。玉米每亩平均800斤，大豆每亩130斤，土豆每亩2000斤，绿豆每亩400斤，红小豆每亩350斤。粮食产量为13.08万吨，占科尔沁右翼前旗粮食总产量的8.8%。牲畜总数超39万，占科尔沁右翼前旗牲畜总数的12.5%。其中牛15万头，马3万匹，羊21万只（阿力得尔苏木人民政府供稿，2022.07.05）。

农牧民人均可支配收入达到8500元，占科尔沁右翼前旗农牧民人均可支配收入的66.3%，占自治区农牧民人均可支配收入的51.3%。可见，阿力得尔苏木农牧民生活水平处于相对困难并不富裕阶段，有待加快发展步伐。

为此，阿力得尔苏木不但是科尔沁右翼前旗的粮食主产苏木之一，也是畜牧业发展重点地区之一。阿力得尔苏木人民每年为国家输出了不少粮食和牲畜，为国家农畜产品市场的稳定做出了自给的贡献。可是，由于农牧业产业发展依然滞后，尤其粮食加工业严重落后，基本以原料形式输出，诸多产业利润流失，在产业发展当中农牧民获得的收益很少。因此，阿力得尔苏木在上级政府和社会各界的关怀下一定能够发展起来，逐步走上致富路。

二　调查方法

（一）实地调查方法

由于本书是调查系列课题，所以本书写作人深入访谈阿力得尔苏木农户和相关部门，了解了阿力得尔苏木种植业结构变化趋势、畜牧业结构变动趋势和人口变动趋势及生产工具发展历程，尤其从农户那里了解了农业税变化的过程，搜集到土地制度改革的证书及被闲置或被淘汰的生产工具。在农业政策制度变革过程中，搜集到与本书相关的数据和实物图片；同时，在采访当中也了解到阿力得尔苏木目前为什么成为贫困苏木的原因，农户为脱贫而奋斗的历程，为顺利完成本书研究提供了具有价值的第一手资料。

（二）纵向比较研究方法

通过大量数据来说明了阿力得尔苏木在政策制度方面的变革，并纵向比较了种植业结构变动趋势、畜牧业结构变化趋势、生产工具发展历程、劳动生产率变化趋势、土地利用制度的变革，从而说明阿力得尔苏木生产方式的变迁历程。

（三）文献资料整理综述方法

在科尔沁右翼前旗档案局的大力支持下，课题组调研人员从档案局查到阿力得尔苏木从1948年以来经济社会发展方面变革的翔实数据，为本书作出的定量分析和定性分析及顺利完成，提供了诸多具有较高价值的数据支撑。

（四）统计学的分析方法

因为本书具备了翔实的较多数据资料，所以做了大量表格和图标，运用统计学的研究方法分析表格和图标，用数据来说明阿力得尔苏木生产方式变迁过程。

三 调查意义

科尔沁右翼前旗是内蒙古自治区的19个边境旗县之一，而阿力得尔苏木地处科尔沁右翼前旗的西北部。2014年，阿力得尔苏木人口占科尔沁右翼前旗的5.5%左右，阿力得尔苏木生活较困难户为1508户，占全苏木总户数的5.4%；生活较困难人口为5385人，占全苏木总人口的29.3%。可见，做好阿力得尔苏木发展工作，具有特殊重要意义。没有阿力得尔苏木生活较困难人口的小康就没有科尔沁右翼前旗的小康，就没有内蒙古的全面小康。可以说，内蒙古全面建成小康社会、实现第一个百年奋斗目标，农村牧区生活较困难人口全部脱贫是一个标志性指标。只有大力发展起来，让生活较困难群众尽快稳定增收，使全区人民朝着共同富裕的方向稳步前进，才能增强经济发展后劲、保持经济持续健康发展，才能巩固和发展好民族团结、社会稳定、边疆安宁的良好局面。当前，阿力得尔苏木发展任务艰巨，加快发展还存在诸多制约因素。坚持问题导向、加快发展结果导向，深入分析造成滞后的原因，多听取百姓发展致富的想法和意见，采取针对性的措施针对性地解决问题，与全区人民同步进入小康社会。为此，本书在全面而深入调查的基础上查找滞后的原因，同时提出针对性的措施建议，为阿力得尔苏木加快发展提供了具有一定参考价值的政策建议。

第二节　阿力得尔苏木行政区变革

一　阿力得尔苏木名称的来历

阿力得尔苏木因地处阿力得尔河沿岸而得名。"阿力得尔"系蒙古语，原意为"松开、松弛"之意。传说中，科尔沁部神话人物嘎拉珠嘎日码在与雷神交战中，骑着黄骠马渡过此河时，马肚带突然松开，故得名"阿力得尔"①。

二　阿力得尔苏木的建立

阿力得尔苏木，是科尔沁右翼前旗（清朝时的扎萨克图旗）管辖的一个苏木。

根据历史记载，清光绪十七年（1891年）之前的科尔沁右翼前旗是从未开垦的天然牧场，就是说阿力得尔苏木也是未开垦的纯牧区。1948年，建立阿力得尔努图克，行政辖区包括树木沟乡。1958年阿力得尔努图克与乌兰毛都、海里森三乡合一，成立乌兰毛都人民公社。1961年8

---

① 王旺盛主编：《科尔沁右翼前旗地名文化》，内蒙古教育出版社2008年版，第16页。

月，从乌兰毛都人民公社划出，单独建立阿力得尔人民公社；1962年，树木沟乡从阿力得尔人民公社划出，成立树木沟乡。1984年阿力得尔人民公社改称阿力得尔苏木，苏木政府所在地海力森屯，2006年5月阿力得尔苏木与树木沟乡合并成为阿力得尔苏木。所以，1948年至1962年树木沟乡是阿力得尔苏木管辖的，1963年至2006年5月之前树木沟乡不归阿力得尔苏木管辖，是独立的一个乡。自从2006年5月至今成为阿力得尔苏木管辖的办事处。由此，目前阿力得尔苏木管辖的嘎查、行政村是：海力森嘎查、拉斯嘎嘎查、太平庄嘎查、杨家屯嘎查、敖包嘎查、光明嘎查、西合力木嘎查、混都冷嘎查、赛音嘎查、沙布台嘎查、翁胡拉嘎查、树木沟村、红光村、新立村、永安村、双发村、复兴村、大窝堡村、兴隆村，共计19个嘎查、行政村，88个自然屯。是典型农牧结合的半农半牧区。东与大石寨毗连，西与桃合木为邻，南与宝门接壤，北与乌兰毛都交界。

三　阿力得尔苏木管辖的嘎查数量变革

以下按照阿力得尔苏木建立的历史进程，说明阿力得尔苏木管辖的嘎查数量和名称的变动趋势。需要说明的是，嘎查（行政村）管辖的叫自然屯。

1948—2010年间，嘎查总户数、自然屯、嘎查总人口、蒙古族人口数量变动的主因在于阿力得尔苏木行政区域管辖的嘎查（村）委会数量变化的缘故。2006年把树木沟乡划归阿力得尔苏木后，虽然蒙古族人口有所增加，可是在总人口的比重从2005年的66.1%下降到2006年的46.6%，下降19个百分点，主因在于树木沟乡是以汉族为主的地区，在总人口中汉族人口占了较大比重，所以蒙古族人口占总人口的比例迅速下降。为此，以下主要分析阿力得尔苏木管辖的嘎查或村委员会数量增减的原因，来说明自然屯、嘎查总户数、嘎查总人口、蒙古族人口数量变动的缘由。

1959年嘎查数量增加的缘由是，1958年阿力得尔努图克与乌兰毛都、海里森三乡合一，成立乌兰毛都人民公社。根据历史资料，1957年在阿力得尔努图克管辖的嘎查和社包括胜利嘎查、新立嘎查、兴盛嘎查、复兴嘎查，红光社、光明社、东方红社、东方升社、共和社、建国社、太平社、永丰社、永胜社、乌兰社，由此，估计1958年成立乌兰毛都人民公社时阿力得尔努图克管辖的嘎查和社共有14个。由此推断，1959年阿力得尔努图克管辖的嘎查共有10个，即阿力得尔（光明）、树木沟、红光、太平、沙布台、翁胡拉、复兴、海力森、好田、混度冷等10个嘎查。①

1965年阿力得尔人民公社嘎查数量减少为8个的原因，是1962年树木沟乡从阿力得尔苏木划出，建立树木沟乡，原1948年阿力得尔努图克成立初期的兴盛嘎查、新立嘎查、永盛嘎查、复兴嘎查、胜利嘎查、兴隆嘎查等6个嘎查组成了树木沟乡，只有太平嘎查未分出。由此推断，当时阿力得尔人民公社管辖具有8个大队、共52个小队（艾力，自然屯），总人口8354人。需要说明的是，人民公社管辖分为大队，大队下面又分小队，即光明大队（8个小队）、太平大队（7个小队）、混都冷大队（4个小队）、西合理木大队（4个小队）、海里森大队（8个小队）、翁胡拉大队（7个小队）、沙布台大队（8个小队）、好田大队（6个小队）。上述是阿力得尔人民公社管辖的嘎查或村委会数量减少到8个的原因所在。

1982年，阿力得尔苏木管辖的嘎查数量增加到13个，较1965年增加5个嘎查。1982年在阿力得尔苏木也开始执行改革开放政策，把生产资料承包到户，极大调动了农牧民生产积极性。这时阿力得尔人民公社管辖的大队包括西合理木、好田、呼格吉勒图、白音乌兰、沙布台、海力森、翁胡拉、太平、杨家屯、敖包屯、双合、光明、混都冷等13个生产大队，58个生产队，57个自然屯。较1965年新增加的大队有敖包屯、双合、杨家屯、呼格吉勒图、白音乌兰等5个大队，所以1982年阿力得尔人民公社管辖的大队（嘎查）增加到13个。

到1984年，把阿力得尔人民公社改称阿力得尔苏木。阿力得尔苏木管辖有海里森、光明、杨家屯、太平庄、翁胡拉、沙布台、好田、混都冷、西合理9个嘎查、55个自然屯，总户数3443户，总人口19143人，有蒙古族、汉族、满族3个民族。②

---

① 1959年数据来自《中共阿力得尔人民公社委员会，公社基本情况、接收新党员通知和粮食产量自存阅查表》，1960年6月28日—1960年12月31日；科尔沁右翼前旗档案局提供，2014年8月10日。

② 冯学忠主编：《科尔沁右翼前旗志》，内蒙古人民出版社1991年版，第73页。

1996年和2005年阿力得尔苏木虽然嘎查总数未变11个，即海力森嘎查、太平庄嘎查、光明嘎查、混度冷嘎查、西合理木嘎查、翁胡拉嘎查、沙布台嘎查、好田嘎查、杨家屯嘎查、拉斯嘎嘎查、敖宝屯嘎查，可是自然屯、嘎查总户数、嘎查总人口、蒙古族人口数量也呈现增减情况。例如，自然屯从56个减少为54个，可是嘎查总户数由4551户增加为5009户，而总人口由20000人减少为19967人，其中蒙古族人口由12400人增加为13204人、增加804人，蒙古族人口占总人口的比重由62.0%上升为66.1%，增长4.1%。

到2006年，阿力得尔苏木管辖的嘎查或村委员会增长为19个，原因是2006年5月阿力得尔苏木与树木沟乡合并成阿力得尔苏木。所以，原树木沟乡的8个村委员会归阿力得尔苏木管辖后嘎查（村）委员会累计为19个，即海力森嘎查、拉斯嘎嘎查、太平庄嘎查、杨家屯嘎查、敖包嘎查、光明嘎查、西合力木嘎查、混都冷嘎查、赛音嘎查、沙布台嘎查、翁胡拉嘎查，树木沟村、红光村、新立村、永安村、双发村、复兴村、大窝堡村、兴隆村。全苏木总面积增长到1265.8平方千米，耕地面积386647亩，水浇地9.3万亩，正常年粮食总产1.52亿斤。现有家畜总数为313149头（只、口），属典型的半农半牧区的农牧交错经济。

2006年和2010年阿力得尔苏木虽然嘎查总数未变仍为19个，可是嘎查屯数由84个增长为88个，嘎查总户数由7849个增长为9982个，嘎查总人口由33268人下降为32876人、减少392人，总人口减少的主因是往省内和省外迁出的人口达到205人，其余的187人是死亡的人数；蒙古族人口由15498人上升为15756人、增加258人，蒙古族人口占总人口的47.9%，较2006年上升1.3%。详见表1-1。

表1-1　　　　　阿力得尔苏木嘎查等指标变动趋势

年份	嘎查总数量（个）	自然屯（艾力）（个）	嘎查总户数（个）	嘎查总人口（人）	蒙古族人口（人）	蒙古族人口占总人口的（%）
1948	7	55	1922	7153	1962	27.4
1959	10		2048	11409	6092	53.4
1965	8	66	1797	10385	6758	65.1
1982	13	57	2899	17395	10696	61.5
1996	11	56	4551	20000	12400	62.0

续表

年份	嘎查总数量（个）	自然屯（艾力）（个）	嘎查总户数（个）	嘎查总人口（人）	蒙古族人口（人）	蒙古族人口占总人口的（%）
2005	11	54	5009	19967	13204	66.1
2006	19	84	7849	33268	15498	46.6
2010	19	88	9982	32876	15756	47.9

资料来源：1948 年数据来自《中共阿力得尔努图克委员会：春耕生产、各种面积、产量调查表格》，1948.12.25；1959 年数据来自《中共阿力得尔人民公社委员会，公社基本情况、接收新党员通知和粮食产量自存阅查表》，1960 年 6 月 28 日—1960 年 12 月 31 日；1965 年数据来自《1965 年版的科尔沁右翼前旗国民经济统计资料汇总》，科尔沁右翼前旗计划委员会，第 2—8 页；1982 年《科尔沁右翼前旗统计年鉴》第 13—19 页和《科尔沁右翼前旗志》，内蒙古人民出版社 1991 年版，第 209 页；1996 年数据来自《科尔沁右翼前旗志》，内蒙古人民出版社 1991 年版，第 73 页；2005 年数据来自《科尔沁右翼前旗志》（1989—2005），第 88 页；2006 年数据来自阿力得尔苏木人民政府提供，2014 年 8 月 15 日；2010 年数据来自《科尔沁右翼前旗统计年鉴》。

四 现在经济社会发展基本概况

（一）地理位置

阿力得尔苏木位于科尔沁右翼前旗西北部，位于旗政府西北部 105 千米处，距乌兰浩特市 90 千米，南与保门管理区接壤，北与乌兰毛都苏木交界，西与桃合木为邻，东与大石寨毗连。地理坐标为东经 120°02′，北纬 46°16′。

（二）人口和自然条件

人口。全苏木所辖 19 个嘎查，88 个自然屯，总户数为 7849 户，总人口为 33268 人，其中农业人口 31212 人，有蒙古、汉、满、回等民族，其中蒙古族 15498 人，占总人口的 46.6%，满族等其他少数民族占 5%。

地形。苏木属浅山丘陵地貌，以山沟为主，平原地较少。气候春秋风沙较大、干燥多风，夏季炎热时间短，冬季寒冷时间长，昼夜温差大。年积温 1900℃—2100℃，无霜期 95—110 天，年降雨量在 400 毫米左右。

自然资源丰富，有桔梗、赤勺、苍术、黄芹、防风、车前籽、蒲公英、义母蒿、透骨草、艾蒿、龙胆草、地龙骨、玉竹、白显皮、红花等各种名贵药材；有狍子、野猪、狐狸、刺猬、獾子、水獭、狼、鸳鸯、大雁、百灵鸟、鹌鹑、野兔、野鸡、野鸭、沙半鸡、蛇、猫头鹰、布谷鸟、喜鹊、猞猁、乌鸡、黄鼠狼等几十种珍禽异兽；有黄花蘑、紫花脸蘑、白花脸蘑、天然木耳、山荔红、山丁果、蕨菜、黄花等北方特产；簇拥乡政府的千年古榆以及椴木、色木、桦木、柳树、黄榆、杨树和杜鹃等多种灌木。

土地资源。苏木土地面积1265.8平方千米，耕地面积386647亩，水浇地9.3万亩，正常年粮食总产1.52亿斤，草原40万亩，次生林地28.5万亩，退耕还林1.52万亩。现有家畜总头数为313149头（只、口），属典型的半农半牧区。

水资源。有大小河流13条。阿力得尔河和归流河上游河流的水量充沛，贯穿阿力得尔苏木全境，种植业主要集中在这两条大河两岸，土地肥沃，灌溉极其方便。

(三) 基础设施

基础设施逐步完善。乌兰浩特市至阿尔山一级公路从苏木境内贯穿，确保了村与村之间的道路畅通。乌兰浩特市至锡林浩特市铁路已建成。供电所加大了服务力度，增强了工作透明度，同时加大了农网改造力度。通信事业发展迅速，固定电话、移动、联通覆盖网络扩大，电话进入村屯，实现了村村通。320多千米的乡间公路村村相通，形成了自然的交通枢纽。农机管理日趋规范，深入开展了农机百日安全生产活动，加强了对农机的管理。现安装了程控电话装机容量达1680部，移动通信公司、联通公司座机容量达1000多部，移动、联通手机用量达1260部，覆盖全苏木11个嘎查、8个行政村、88个自然屯。文化体育、老年体协工作丰富多彩，精神文明建设得到加强。全苏木各类琴、棋、书画、拳、操、球队齐全，深入落实《全民健身计划纲要》，积极开展全民健身活动。丰富多彩、有声有色的群众性文化活动得到了前旗文体局及老年体协的高度评价。继续实施"全民素质提升工程"，坚持以教育为根本，以创新活动为载体，提升了我苏木公民的思想道德素质、科学文化素质、民主法制素质、身心健康素质。

医疗卫生及计划生育工作有新进展。进一步扩大了农村合作医疗覆盖面，农牧民参合率已达到95.6%以上。计划生育工作，苏木被旗委旗政府确定为出生缺陷干预工程试点后，兑现了"百姓不出门，优质服务送到家"的承诺。全苏木通过并落实了"少生快富"、生育关怀、奖励扶助等计划生育优惠政策，赢得了社会各界和广大人民群众的好评。

社会治安综合治理和维稳工作保障了社会平安稳定。狠抓了激励制约机制，打防并举，管建结合，采取了有效措施，及时妥善解决了群众内部矛盾，融洽了干群关系，减少了上访事件的发生，为全苏木的经济社会繁荣发展，创造了一个良好的社会环境。同时苏木成立了由综治办、司法所、法庭、公安派出所、林业派出所等联合办公的综治维稳工作中心。苏木政府将依托综治维稳工作中心这一平台，建立健全综合治理、维护稳定和平安创建工作网络，形成党政领导条块结合、上下联动的工作体系。

（四）经济发展基础

苏木政府驻地在海力森嘎查，是全苏木政治、经济、文化活动中心。街道宽阔整齐，全长5千米，宽阔、平坦的特点在全盟享有盛誉。有2条分别2千米和1.5千米长的商品一条街，个体工商户823家，其中有饮食服务业88家，旅店32家，大型商场超市18家，机械修理71家，农机经销点6处，运输车辆115个，等等。三产带动一、二产，促进苏木经济又好又快发展。

现有家畜311637头（只、口），其中阿力得尔167725头（只、口），树木沟办事处143912头（只、口），现有农牧结合户5166户。

在巩固老工业企业同时，充分利用当地优势，合理开发资源，积极引进工业企业。引进了佳丰肉类食品加工厂和丰海肉类食品加工厂、海力森砖厂及姜家街红砖厂、辽宁沈阳志诚房地产公司、探采翁胡拉和沙布台嘎查多金属矿等。并于2002年建成奶站一家，至今效益良好，收入可观。先后从哈尔滨肉联厂引进资金100万元，建成贝加力冷冻厂；引资500万元，建成天赐源肉联厂，使畜产品就地深加工转化升值。通过外引内联扶持培养，建成5家淀粉厂，年转化马铃薯1.2万吨，有效地推进了马铃薯的规模化养殖，切实地提高了农户种植马铃薯的效益。建成叶腊石矿两家、红砖厂两家。工业企业健康发展，充分安置剩余劳动力，带动经济增长。结合2006年至2008年的厅局帮扶项目，全苏木招商引资和乡镇企业发展前景更加美好。

还大力加强以水利为中心的农田草牧场基本建设，全力抓好以中低产田改造为主的农业综合开发工作，努力建设"旱能灌、涝能排、田成方、路成网、树成带、渠相连"的高产稳产基本农田。并认真落实各项惠农政策，将财政补贴各项农牧民资金全部纳入"一卡通"管理。

结合"一乡一业、一村一品"工作开展，阿力得尔苏木力争突出特色，强化品牌，引导人民群众树立"为养而种、为种而养"的思想，积极调整畜群结构，走"舍饲精养农牧结合"发展道路，重点发展绒山羊及育肥牛养殖，同时发展特色养殖鹿、狐、貂、野猪、白鹅等。农民已从特色养殖中获益。现已建成养殖小区共有7个，分别是好田嘎查肉羊养殖小区、海力森嘎查肉羊养殖小区、海力森嘎查奶牛园区、混都冷肉羊养殖小区、翁胡拉肉羊养殖小区、复兴嘎查肉羊养殖小区、永安嘎查肉羊养殖小区，并建成蔬菜大棚132座，分别在混都冷嘎查100座，兴隆嘎查18座，永安嘎查12座，树木沟嘎查2座。积极改善生态环境，号召动员百姓合理利用房前屋后闲置空地，宜林荒山荒地，结合"四荒"拍卖，退耕还林开展植树造林，苏木现有退耕还林地38022.6亩，荒山造林44263亩，土地"三化"现象得到有效治理，正向"户户拥有绿色银行"目标迈进。

五 本书调查分析的嘎查

本书主要调查分析的是阿力得尔苏木原有嘎查，即1962年至2006年阿力得尔苏木嘎查，包括海力森嘎查、太平庄嘎查、光明嘎查、混度冷嘎查、西合理木嘎查、翁胡拉嘎查、沙布台嘎查、好田嘎查、杨家屯嘎查、拉斯嘎嘎查、敖宝屯嘎查等11个嘎查。2006年，虽然树木沟乡归阿力得尔苏木后人口总数、总户数、民族人口、耕地面积、粮食产量、牲畜头数等发生了一些变化，可是依然以原11个嘎查为重点调查分析，不过在文中部分段落简要分析了包括树木沟乡的8个行政村在内的19个嘎查行政村的整体情况。

第三节 阿力得尔苏木革命史

本节以革命先辈们的口述记录了阿力得尔苏木各嘎查革命斗争历史，证明阿力得尔苏木人民为抗日战争胜利和解放战争的胜利做出了自己的贡献。

下面的资料来自《科尔沁右翼前旗阿力得尔苏木申报革命老区村材料》汇编，阿力得尔苏木，2010年8月30日。

一 概况

抗日战争时期和解放战争时期（1945—1948年）阿力得尔苏木是日本关东军的边防线，特别是敖木汗战争之后日本人对当地人民控制得相当严格，当时日本人骑着高头大马，都是骑兵，所以向当地老百姓每个劳动力每年征收1000捆草、粮食每户300斤，人民生活在水深火热之中。无路可走的人民建立了打击侵略者的农民组织，由于当时没有枪炮就用战刀砍日本人。沙布台嘎查老党委书记朝格图带领10多人，见到日本人就砍，杀了多少日本人也记不清了。打垮日本人以后，为了打击反动派，1945年以朝克图为首成立了农民会组织，这里的反动派用我们这里的土话说就是胡子，有三伙，每伙都有300多人，1947年在解放军的支持下全部歼灭。在1948年时，在共产党的领导下建立了农民组织，在人民解放军的帮助下消灭了反动组织，为全中国的解放做出了贡献。

表1-2　阿力得尔苏木各行政村申报革命老区嘎查核定情况及依据

嘎查名	核定史实	核定依据
拉斯嘎嘎查	1945—1947年，陶格森扎布等党员的组织下，发动了群众，进行了打土豪、分田地等运动	陶格森扎布老人口述
太平嘎查	1945—1948年，由地下党员张小辉等人领导的群众组织，成立了"农民会"同土匪和地主进行了武装斗争	哈日套高老人的口述
杨家嘎查	1937—1945年，在党的领导下，焦殿清等人组织群众开展了武装斗争	刘成也老人的口述
敖宝嘎查	1946年，抗日战争胜利后，共产党员刘军等领导成立了革命武装，发动群众进行了武装剿匪活动	徐明老人的口述
光明嘎查	1944—1945年，以刘军为首的地下党组织，领导群众成立了光明农会，开展了武装斗争，时间达一年以上	秦得和老人的口述
西合力木嘎查	1945—1946年，周辉等党员领导的革命武装发动群众，建立党的组织，进行了武装斗争，保持政权达一年以上	王择军老人的口述
混都冷嘎查	1945—1947年，在包老嘎达等党员的组织下，发动了群众，进行了打土豪、分田地等运动	付金昌老人的口述

续表

嘎查名	核定史实	核定依据
好田嘎查	1937—1945年，在党的领导下，王喜等人组织群众开展了武装斗争	王喜老人的口述
沙布台嘎查	1948年，在共产党的领导下成立革命武装，发动群众进行了武装剿匪活动	毛敖海老人的口述
海力森嘎查	1945年成立了"内蒙古革命青年团"，发动群众开展了革命斗争	佟德福老人的口述
翁胡拉嘎查	1937—1945年，我党所领导的群众进行了打土豪、斗地主、分田地及剿匪等武装活动	代喜义老人的口述

二 十个嘎查革命史

（一）拉斯嘎嘎查

拉斯嘎嘎查革命前辈陶格森扎布老人叙述了当年参加革命的历史。2010年陶格森扎布老人81岁，对解放战争时期发生在拉斯嘎嘎查的革命活动知道一些。

1945—1947年，在党组织的领导下，我们发动了群众，进行了打土豪、分田地等运动。

那时拉斯嘎和太平是一个嘎查，是一个人口相对多、土地少的嘎查。当时只有富裕人家才有自己的土地，像我们这样的户根本没有几亩土地，每年靠给地主打工过日子，日子过得相当拮据。自从"土改"开始才有了自己的土地，那时候不是所有人都支持，尤其是那些在屯子中有权有势、家族实力强大的财主，更是强烈反对。但是自古都是邪气压不倒正气的，我们在农会的组织下，穷困潦倒的人民群众开始团结起来捍卫自己的权利和维护自己的利益，凝聚产生力量，一股强大的"土改"战役就这样打响了，开始是分解财主们的土地、牛羊。当时的政策是同意拿出多余土地的就不批斗，否则就要给戴高帽、上街游行、接受群众批斗，一直到认清形势、认识错误、交出土地为止。通过这一土地革命，老百姓们才有了属于自己的土地，生活状况逐渐从饥饿走向温饱。那时候翻身得解放的劳苦大众，思想觉悟是特别高的，家里有壮丁男劳动力的都积极报名参加红军，支援前线，巩固扩大革命胜利局面。当时民间还流传着一副这样的对联：

  上联是：挖财主分土地，打倒封建势力

  下联是：保家乡爱人民，参加解放战争

  横批是：胜利在望

虽然事情已经过去了几十年，早已载入史册，但回想起来还记忆犹新，也许是人越是年龄大越是愿意回忆过去的原因吧，老人家也经常将革命历史讲给晚辈们听，让他们了解革命历史，勉励他们珍惜今天来之不易的幸福生活。

（二）太平嘎查

太平嘎查革命前辈哈日套高老人叙述了当年参加革命的历史。哈日套高老人2010年83岁，他说：在1945年至1947年我参加了"农民会"，1949年至1956年在本地当了嘎查领导，同时也是一名老党员。他对抗日战争时期和解放战争时期在太平嘎查的革命活动有一些了解。当时我们阿力得尔地区被日本人占领后，在太平嘎查没居住过日本人，听说有个叫高桥的日本人在管理我们这个嘎查，在他下边有几个当地的人跑腿，从农民那里收粮、收草等物品，同时伤害、欺压老百姓。后来以当地农民焦殿清为首的农民们起义反抗，与日本人斗争。苏联人取得胜利后我们这儿就来了黄头发、蓝眼睛、大鼻子的苏联红军，是他们消灭了日本鬼子，年纪大些的人都知道苏联红军在时的情景。日本鬼子被消灭后，1948年开始了轰轰烈烈的打土豪、分田地，在半年时间分了地主老财的土地，对他们进行了半年的批斗（讲到这里老人脸上露出了笑容）。早些年日本人种的树、打的井还在，最近几十年不见了。

（三）杨家嘎查

杨家嘎查革命前辈刘成也老人叙述了当年参加革命的历史。刘成也老人今年81岁，一直生活在杨家嘎查，对抗日战争和解放战争时期的杨家嘎查革命活动有一些了解，有些是听长辈们口述的，有些是自己亲眼所见。刘成也老人当时很年轻，没有见过大世面，只是普通农民的孩子。那个时候在杨家屯设日本一个所，所里有三个日本人，管理这个地区，那时候阿力得尔地区叫努图克，在乌兰河有日本的营地。这大概是1937年至1945年的事。抗日战争末期，苏联从阿尔山分乌兰河沟进兵，消灭了本地区的日本军，这一道沟里有十几名日本兵当时全部被消灭。同时苏联兵和当地革命军队一起占领了日本军送武器、送粮食的大石寨铁路等交通设施。赶走日本人之后，内蒙古革命党在乌兰浩特成立，扫除了国民党反动派。

（四）敖宝嘎查

敖宝嘎查革命前辈徐明老人叙述了当年参加革命的历史。徐明老人是一个土生土长在敖宝嘎查的平民百姓，2010年81岁，他对抗日战争和解放战争时期发生在我们这的革命活动略知一些。1937—1946年，日军攻占东北时，到处都充满杀气，这个偏僻的小山村也不例外，日本军来到我们这时，抢老百姓的粮食，家里无论养什么牲畜都被扫荡一空，欺男霸女，搞得鸡犬不宁，老百姓处在水深火热之中，饥寒交迫地过日子，这种日子一直持续了半年的时间。后来八路军进驻敖宝嘎查，与日本军队展开了生死较量，当时本嘎查的小伙子也加入抗日队伍，在赵玉臣、胥大胜等人的带领下，敖宝嘎查抗日队伍负责给八路军送情报及其他后勤服务工作。徐明老人回忆说，当时我们内部还出现了一个叫高光海，大家习惯叫他高经理的汉奸，他经不住日本鬼子的严刑拷打，出卖了自己的良心，竟然说出了逃难老百姓的隐藏地点，致使不少百姓受害。八路军发现后，将他抓获，并在屯南山执行枪毙，使他得到了应有的下场。最后，在当地老百姓和八路军的合作下，将日本鬼子赶出敖宝嘎查，从此我们这个小山村过上了太平的日子。

（五）光明嘎查

光明嘎查革命前辈秦得和老人叙述了当年参加革命的历史。秦得和老人2010年83岁，他对抗日战争时期和解放战争时期在光明嘎查的革命活动有一些了解。1944—1945年，以刘军为首的地下党组织，领导群众成立了光明农会，开展了武装斗争，时间达一年以上。当时秦得和老人很年轻，是一个普通农民的孩子，土生土长的老光明人，同时也是一名老党员。当时在光明嘎查有个叫高桥的日本人管理这个地区，同时在光明六艾里开商店，并种一些庄稼。但秦得和老人没看到那个日本人，那商店里都是当地的人。秦得和老人听别人说那是日本特务机关，是日本人的秘密联系点。那时日本人从农民那里收粮、收马草，任务摊派到每个农户家中。当时开商店的老房子地基还在，这也是历史的见证。

（六）西合理木嘎查

西合理木嘎查革命前辈王择军老人叙述了当年参加革命的历史。王择军老人 2010 年已 83 岁，老人家对抗日战争时期和解放战争时期在西合力木嘎查的革命活动有一些了解。

1945—1946 年，周辉等党领导的革命武装进行发动群众，建立党的组织，进行了武装斗争，保持政权达一年以上。王择军老人 1946 年参军，部队是内蒙古骑兵大队第六中队，连长是张连常，司令员是周辉。当时王择军老人也知道日本关东军在西合力木嘎查地区居住，在阿力得尔杨家屯有一个所，有三个日本人管理这个地区，听说有个叫郎口的日军，但是我们没与日本人打过仗。我们这个骑兵部队主要在锡盟东乌旗阿吉乃湖北等地与国民党军队交战。解放战争结束后王择军老人回到了家乡，参加了土改工作，把大地主的土地分给了农民，从此农民有了自己的土地。

（七）混都冷嘎查

混都冷嘎查革命前辈付金昌老人叙述了当年参加革命的历史。付金昌老人 2010 年已 83 岁，老人家对抗日战争时期和解放战争时期在混都冷嘎查的革命活动有一些了解。

1945 年至 1947 年，混都冷嘎查成立了"农民会"，主席是张小辉和包老嘎达，都是当地的人，付金昌是农民会秘书。当时在混都冷嘎查居住的日本人叫郎口，带着夫人一起管理这个地区。那时日本人从老百姓家里主要收的是粮食、草梱、亚麻（压麻）等物品，作为日军战争储备物资。解放战争开始后，日本人郎口已被杀，他夫人留在了本地。那时，当地的有个叫乌云毕力格的人把郎口夫人带到自己家里养活（中国改革开放后郎口夫人回到了日本）。土改后，乌云毕力格当上了本嘎查的嘎查达。赶走日本人后就开始土改，土改工作队队长是高布扎部，这个工作主要是在吉日嘎拉盟长的亲自指挥下做革命工作。

（八）好田嘎查

好田嘎查革命前辈王喜老人叙述了当年参加革命的历史。王喜老人 2010 年已 82 岁，老人家对抗日战争时期和解放战争时期在好田嘎查的革命活动有一些了解。

1945—1946 年，在共产党的领导下，嘎查组织群众开展了武装斗争。好田嘎查也是被日本占领的地方，日本人为防备外蒙，在阿力得尔地区展开了边防线，驻点是勿布林、乌兰河、索伦、绿水等地。当时日本人派来一个工作队，叫王振东，是辽宁籍人，妻子是日本人，他也不愿意当日本人的走狗，也是日本人逼他做的。

他到各村农户家中收草收粮，当时有任务，每个劳动力1000捆草和每户300斤粮食。送到日本官兵驻点处。当初老百姓自愿送去，后来以地主为首的一些人反抗送粮送草，这些地主武装分子逐渐壮大成为农民武装，反抗日本人。这里的主要领头人是杨家嘎查的刘贵已老人（解放后任杨家支部书记），还有光明嘎查焦殿清（解放后任老光明支部书记）等人，与日本兵开战，保护着老百姓利益。

（九）沙布台嘎查

沙布台嘎查革命前辈毛敖海老人叙述了当年参加革命的历史。毛敖海老人2010年已82岁，老人家对抗日战争时期和解放战争时期在沙布台嘎查的革命活动有一些了解。

阿力得尔苏木是关东军的边防线，特别是"敖木汗"战争之后日本人对当地人民控制得相当严格。当时是日本人骑着高头大马，都是骑兵，还向当地老百姓每个劳动力每年征收1000捆草、粮食每户300斤，人民生活在水深火热之中。无路可走的人民建立了打击侵略者的农民组织，由于当时没有枪炮就用战刀砍日本人，沙布台嘎查老党支书记朝格图带领10多人，见到日本人就砍，杀了多少日本人，毛敖海老人记不清了。打垮日本人以后出现了反动组织，用我们这里的土话说是胡子，有三伙，每伙都有300多人。1948年在共产党的领导下建立有组织的农民组织，在人民解放军的帮助下消灭了反动组织，为全中国的解放做出了贡献。

（十）海力森嘎查

海力森嘎查革命前辈佟德福老人叙述了当年参加革命的历史。佟德福2010年已79岁，老人家对抗日战争时期和解放战争时期在海力森嘎查的革命活动有一些了解。

佟德福老人是"内蒙古革命青年团"的队员，于1945年参加革命青年团，当时老人家是最年轻的队员，因为海力森嘎查是东北地区的主要交通边防线，所以日本关东军占领了这个交通要道。当时我们一起工作的革命青年团队员有门成柱、温德全、姜福庭、宽宝、朝格图、毛海山等人。佟德福老人家虽然没打过仗，可是也招兵买马，并为地下党休养生息做一些工作。

抗日战争胜利后，在内蒙古自治区政府主席乌兰夫的领导下，他们这个青年团和革命党（共产党）很好地维护了这片土地，没让国民党军队进来。现在的阿巴该山洞是日本人修的，在那里也藏了很多东西，开放后日本一个官兵也来过这里，提出给兴安盟修水库，来换取他们藏的东西，后来可能没说妥。还有日本人修建的海力森嘎查西边的木板桥，这也是历史的见证。

第四节 生产方式理论基础

本书是以科尔沁右翼前旗阿力得尔苏木为例的蒙古族生产方式变迁调查研究，而生产方式变迁是本书调查的主线，主要调查新中国成立以来阿力得尔苏木蒙古族生产方式变迁的过程。集中反映阿力得尔苏木蒙古族在不同时间段适合不同生产力的不同生产方式，其生产政策的变动改变和促进了生产力的发展，而生产力的加快发展改变了生产方式和决定了生产关系，生产方式的改进反过来更加推动生产力的加快发展。这是与阿力得尔苏木的纵向比较，可是与横向比较的话，阿力得尔苏木生产力和生产方式依然是很落后的生产力和生产方式，并沦为蒙古族集聚的比较困难的半农半牧区。由此，本书以阿力得尔苏木蒙古族生产方式变迁为主线，深入调查阿力得尔苏木蒙古族生产力发展状况和与之相适应的生产方式的变迁。为此，首先简要说明，马克思论述的什么是生产方式、生产方式的内涵是什么？生产方式内涵是在本书中提出的理论基础和研究基础。在此基础上，试探性提出比较困难地区阿力得尔苏木蒙古族生产方式内涵，这是本书广泛而深入调查分析比较困难地区阿力得尔苏木蒙古族生产方式变迁的指南。为此，本书调查的理论基础是马克思所说的生产方式的内涵。在马克思提出的生产方式内涵的指导下，试探性地提出的比较困难地区阿力得尔苏木蒙古族生产方式的内涵，以此进行广泛而深入调查分析阿力得尔苏木蒙古族生产方式的变迁历程。

一 理论综述

翻阅以往的资料，关于生产方式的内涵和理论问题，一直是学术界争论不休的话题。本书主要综述马克思所说的生产方式内涵和国内学者依据马克思所说的内容总结的生产方式内涵资料。这个生产方式内涵是本调查的理论基础。

(一) 马克思提出生产方式含义的过程

1. 18世纪40年代。马克思和恩格斯在研究政治经济学过程中创立了生产方式范畴，并认为它是一个与生产力、生产关系既有联系又有区别的独立范畴。但与马克思主义理论处于初创阶段相适应，生产方式范畴的含义也还是较为笼统的。当时，他们认为人们为了"创造历史"，首先必须生活，为了生活，就必须生产物质生活资料，从而形成物质生活资料生产活动的方式。① 如在《德意志意识形态》中，说生产方式是"人们用以生产自己必需的生活资料的方式"②。在《哲学的贫困》中，说"生产方式即保证自己生活的方式"③。

2. 18世纪50年代。50年代是马克思埋头创立剩余价值理论的年代，他在写作《政治经济学批判》过程中对生产方式的含义作了进一步的思考和揭示。这时，他把生产方式理解为"运用已生产出来的生产力"的方式④。生产力包含劳动力和生产资料，所以运用生产力的具体方式也就是运用劳动力和生产资料从事物质资料生产的方式。在现实过程中生产方式必然表现为两方面的关系：一方面，运用生产力的方式，表现为劳动者之间的关系（如分工协作关系）；另一方面，运用生产资料的方式，表现为具体劳动中人与自然界的关系⑤。马克思说"生产方式表现为个人直接的相互关系，又表现为他们对无自然界的一定的实际的关系"⑥。可见，这一时期与马克思主义经济理论基本成熟相适应，生产方式的含义及其结

---

① 陈乃圣：《生产方式理论体系新探》，《文史哲》1988年第5期。
② 《马克思恩格斯全集》第3卷，第24页；引自陈乃圣《生产方式理论体系新探》，《文史哲》1988年第5期。
③ 《马克思恩格斯全集》第3卷，第144页；引自陈乃圣《生产方式理论体系新探》，《文史哲》1988年第5期。
④ 《马克思恩格斯全集》第46卷下册，第233页；引自陈乃圣《生产方式理论体系新探》，《文史哲》1988年第5期。
⑤ 陈乃圣：《生产方式理论体系新探》，《文史哲》1988年第5期。
⑥ 《马克思恩格斯全集》第46卷上册，第495页；引自陈乃圣《生产方式理论体系新探》，《文史哲》1988年第5期。

构已基本清楚。

3. 18 世纪 60 年代以后。60 年代以后，生产方式的含义及其结构更为清晰，明确生产方式的含义是"生产力的利用"。资本主义生产方式是"生产力的资产阶级利用形式"①。生产方式的内涵具体包括两个方面：其一是生产资料和工艺技术的利用方式（或劳动操作方式、具体劳动的方式）；其二是劳动力的利用方式（或劳动组织方式、劳动使用方式）。如"相对剩余价值的生产使劳动的技术过程和社会组织发生根本的革命。因此，相对剩余价值生产以特殊资本主义生产方式的前提"②，"变革劳动过程的技术条件和社会条件，从而变革生产方式本身"③，"劳动过程的组织和技术的巨大成就，使社会的整个经济结构发生变革"④。这里所说"劳动的技术过程""劳动过程的技术条件""劳动过程的技术成就"，都是就生产资料和工艺技术利用方式来说的；"劳动的社会组织""劳动过程的社会条件""劳动过程的社会组织"都是就劳动力的利用方式来说的。⑤

构成生产方式两个方面的生产资料利用方式和劳动力利用方式之间，是存在内在联系的。它们之间的关系从根本上说是前者决定后者，即一定的生产资料利用方式会产生与之相适应的劳动力利用方式。如工厂手工业生产方式中，工人利用自己的手工技艺用手工工具从事手工业生产活动，必然产生以手工业活动的分解为基础的协作小组。⑥

可见，在马克思主义生产方式的完整含义是指生产力的利用方式，是生产资料利用方式和劳动力利用方式的有机统一。⑦

---

① 《马克思恩格斯全集》第 20 卷，第 293 页；引自陈乃圣《生产方式理论体系新探》，《文史哲》1988 年第 5 期。

② 《马克思恩格斯全集》第 23 卷，第 557 页；引自陈乃圣《生产方式理论体系新探》，《文史哲》1988 年第 5 期。

③ 《马克思恩格斯全集》第 23 卷，第 350 页；引自陈乃圣《生产方式理论体系新探》，《文史哲》1988 年第 5 期。

④ 《马克思恩格斯全集》第 24 卷，第 44 页；引自陈乃圣《生产方式理论体系新探》，《文史哲》1988 年第 5 期。

⑤ 陈乃圣：《生产方式理论体系新探》，《文史哲》1988 年第 5 期。

⑥ 陈乃圣：《生产方式理论体系新探》，《文史哲》1988 年第 5 期。

⑦ 陈乃圣：《生产方式理论体系新探》，《文史哲》1988 年第 5 期。

(二) 生产方式一般性与生产方式特殊性

上述所说的生产方式含义及其内部结构，指的是生产方式的一般性特征。生产方式除了一般性特征外还有它的特殊性。生产方式特殊性包含着以下两个方面的意思。

其一，是由生产条件的物质特殊性引起的生产方式特殊性。社会生产总是在一定的物质条件下进行的，物质生产条件是由特殊的生产力要素构成的，生产方式作为生产力的利用方式，必然受生产力要素的特殊性所制约。由于生产力要素在不同生产部门极不相同，因而生产方式在不同生产部门也以其特殊的形式出现。如工业的生产条件不同于农业的生产条件，从而工业会形成其特有的不同于其他生产部门的生产方式。同样，其他生产部门如农业也会形成其特有的不同于工业的生产方式。① 马克思说："特殊的生产条件（如畜牧业、农业）发展起特殊的生产方式。"② 在《资本论》中，马克思常提到工业生产方式、手工业生产方式、农业生产方式，就是从生产方式的这种特殊性来说的。

其二，是由生产条件的社会特殊性引起的生产方式的特殊。生产方式任何时候都离不开它的社会生产条件，在一定社会形态中，生产条件总是归属于一定社会集团的，所以，生产条件的社会特殊性就是生产条件在不同社会历史阶段上的所有制性质。由于生产条件在不同社会历史阶段的所有制性质不同，以一定生产条件为基础的生产方式必然相应地具有特殊的社会历史性质，成为特殊的社会生产方式。如在资本主义条件下，物质生产条件以资本形式归资本家所有，那么利用生产资料和劳动力的方式即生产方式就必然具有资本主义性质，"资本主义生产方式是一种特殊的、具有独特历史规定性的生产方式"③。

生产方式的这种社会特殊性，使不同历史阶段的生产方式具有各自的社会历史特点，标志着不同的社会阶段。④

---

① 陈乃圣：《生产方式理论体系新探》，《文史哲》1988年第5期。
② 《马克思恩格斯全集》第46卷上册，第495页；引自陈乃圣《生产方式理论体系新探》，《文史哲》1988年第5期。
③ 《马克思恩格斯全集》第25卷，第993页；引自陈乃圣《生产方式理论体系新探》，《文史哲》1988年第5期。
④ 陈乃圣：《生产方式理论体系新探》，《文史哲》1988年第5期。

(三) 生产方式概念的多义性

在马克思、恩格斯的著作中，对生产方式概念有很多论述。在这些论述中，有些含义较为接近或相同，有些含义又彼此不同。归纳起来，主要有以下五种情况。

1. 生产方式指人们保证自己生活的方式。马克思在《哲学的贫困》一书中说："社会关系和生产力紧密相连。随着生产力的获得，人们改变自己的生产方式，随着生产方式即保证自己生活的方式的改变，人们也就会改变自己的一切社会关系。"① 在这里马克思明确把生产方式界定为人们"保证自己生活的方式"。生产方式作为人们保证自己生活的方式，综合马克思、恩格斯的论述，主要包括下面一些内容：一是人们用什么样的生产资料进行生产，是用手工工具还是用大机器；二是人们如何使用这些生产资料进行生产，是劳动者个人分散使用，还是许多劳动者集中起来共同使用，也就是说，生产是个体性的还是社会化的；三是这些生产资料为谁所有、由谁支配、由谁使用，劳动者与生产资料是结合的还是分离的，这也就是生产资料的所有制形式；四是在直接生产过程中人与人之间的关系如何，是互助合作关系还是剥削与被剥削的关系。这些内容既包括生产力又包括生产关系。这里的生产方式，可以说是体现着生产过程中生产力与生产关系的统一。②

2. 生产方式指生产力的社会利用形式。恩格斯在《反杜林论》一书中指出："正如从前工场手工业以及在它影响下进一步发展了的手工业同封建的行会框桎发生冲突一样，大工业得到比较充分的发展时就同资本主义生产方式用来限制它的框框发生冲突了。新的生产力已经超过了这种生产力的资产阶级利用形式……"③ 在这里，恩格斯把资本主义生产方式称为"生产力的资产阶级利用形式"。如果把这个思想一般化，可以说生产方式就是生产力的社会利用形式。生产方式作为生产力的社会利用形式所

---

① 《马克思恩格斯全集》第4卷，人民出版社1958年版，第144页；引自赵家祥《生产方式概念含义的演变》，《北京大学学报》（哲学社会科学版）2007年第44卷第5期。

② 赵家祥：《生产方式概念含义的演变》，《北京大学学报》（哲学社会科学版）2007年第44卷第5期。

③ 《马克思恩格斯全集》第3卷，人民出版社1995年版，第618页；引自赵家祥《生产方式概念含义的演变》，《北京大学学报》（哲学社会科学版）2007年第44卷第5期。

包括的内容，和上述第一种情况下生产方式概念所包括的内容大体上是相同的。

3. 生产方式指生产力和生产关系之间的中间环节。所谓生产方式是生产力和生产关系之间的中间环节，就是指生产力决定生产方式，生产方式又决定生产关系。马克思在《资本论》第 1 卷中讲到资本的原始积累时说："创造资本关系的过程，只能是劳动者和他的劳动条件的所有权分离的过程，这个过程一方面使社会的生活资料和生产资料转化为资本，另一方面使直接生产者转化为雇佣工人。因此，所谓原始积累只不过是生产者和生产资料分离的历史过程，这个过程所以表现为'原始的'，因为它形成资本及与之相适应的生产方式的前史。"① 这里说的"资本"，就是指以资本的形式存在的生产资料，即生产力；所谓生产方式与"资本"相适应，也就是指生产方式与生产力相适应。这就是说，生产力决定生产方式。

马克思在《资本论》第 3 卷中有一段话，把生产力决定生产方式、生产方式又决定生产关系这三个层次的关系，讲得更加集中而明确。他指出："对资本主义生产方式的科学分析却证明：资本主义生产方式是一种特殊的、具有独特历史规定性的生产方式；它和任何其他一定的生产方式一样，把社会生产力及其发展形式的一个既定的阶段作为自己的历史条件，而这个条件又是一个先行过程的历史结果和产物，并且是新的生产方式由以产生的既定基础同这种独特的、历史的规定的生产方式相适应的生产关系"，"具有一种独特的、历史的和暂时的性质；最后，分配关系本质上和这些生产关系是同一的，是生产关系的反面，所以二者具有同样的历史的暂时的性质"。② 这里的"生产关系"概念，仍然是从狭窄的意义上使用的，至少没有包括分配关系。所谓生产方式"把社会生产力及其发展形式的一个既定的阶段作为自己的历史条件"和"由以产生的既定基础"，就是指生产力决定生产方式；而这种生产方式又有一定的生产关系与之相适应，就是指生产方式决定生产关系。

---

① 《马克思恩格斯全集》第 44 卷，人民出版社 2001 年版，第 822 页；引自赵家祥《生产方式概念含义的演变》，《北京大学学报》（哲学社会科学版）2007 年第 44 卷第 5 期。

② 《马克思恩格斯全集》第 46 卷，人民出版社 2003 年版，第 994 页；引自赵家祥《生产方式概念含义的演变》，《北京大学学报》（哲学社会科学版）2007 年第 44 卷第 5 期。

既然生产力决定生产方式，生产方式又决定生产关系，所以生产力的发展必然引起生产方式的改变，而生产方式的改变又进而引起生产关系的改变。正如马克思在1846年12月28日致帕·瓦·安年科夫的信中所说："随着新的生产力的获得，人们便改变自己的生产方式，而随着生产方式的改变，他们便改变所有不过是这一特定生产方式的必然关系的经济关系。"①

从上面引证的马克思的几段话可以看出，他认为一定的生产力决定一定的生产方式，一定的生产方式又决定一定的生产关系。从其逆向来看，一定的生产关系反作用于一定的生产方式，一定的生产方式又反作用于一定的生产力。无论从正向还是逆向来看，生产方式都是生产力和生产关系之间的中间环节。生产方式作为生产力和生产关系之间的中间环节，也带有生产力和生产关系统一的意思。从这个意义上说，生产方式的第三种含义与第一、二两种情况下的含义虽然不完全相同，但也比较接近。但是，生产力和生产关系这二者如何通过生产方式这个中间环节联结起来，马克思并没有具体说明。②

4. 生产方式指人们利用什么样的劳动资料进行生产以及生产规模的大小。马克思在《资本论》第1卷第十三章"机器和大工业"中说："一个工业部门生产方式的变革，会引起其他部门生产方式的变革。这首先涉及因社会分工而孤立起来以致各自生产一种独立的商品、但又作为一个总过程的各个阶段而紧密联系在一起的那些工业部门。因此，有了机器纺纱，就必须有机器织布，而这二者又使漂白业、印花业和染色业必须进行力学和化学革命。同样，另外，棉纺业的革命又引起分离棉花纤维和棉籽的轧棉机的发明，由于这一发明，棉花生产才有可能按目前所需要的巨大规模进行。但是，工农业生产方式的革命，尤其使社会生产过程的一般条件即交通运输手段的革命成为必要。""因此，撇开已经完全发生变革的帆船制造业不说，交通运输业是逐渐地靠内河轮船、铁路、远洋轮船和电报的体系而适应了大工业的生产方式。但是，现在要对巨大的铁块进行锻

---

① 《马克思恩格斯全集》第4卷，人民出版社1995年版，第533页；引自赵家祥《生产方式概念含义的演变》，《北京大学学报》（哲学社会科学版）2007年第44卷第5期。

② 赵家祥：《生产方式概念含义的演变》，《北京大学学报》（哲学社会科学版）2007年第44卷第5期。

冶、焊接、切削、镗孔和成型,又需要有庞大的机器,制造这样的机器是工场手工业的机器制造业所不能胜任的。"① 我之所以比较完整地引证马克思这一大段话,是因为从中可以清楚地看出,马克思是把使用不同的生产工具以及具有不同的生产规模的生产领域(如工业、农业、交通运输业等)和生产部门(如纺织业、轧花业、漂白业、印染业等),看作具有不同的生产方式。由此可见,他在这里所说的生产方式,指的就是人们使用什么样的生产工具进行生产以及生产规模的大小;他在这里所说的生产方式的变革,指的就是生产工具的改进和生产规模的扩大,即用大机器代替手工工具,变工场手工业为机器大工业。在这段论述中,马克思把资本主义生产的两个不同阶段(工场手工业和机器大工业)作为两种不同的生产方式看待。这就是说,在同一的资本主义生产关系下,可以有不同的生产方式存在,这里的生产方式显然没有把生产关系包括在内。在这一章中,马克思还把使用手工工具生产的工场手工业、手工业、家庭劳动看作与机器大工业这种生产方式不同的三种生产方式。这里的生产方式包括的内容显然比前三种情况要狭窄,大致比较接近于生产力。②

5. 生产方式就是生产关系。

马克思在《资本论》第1卷中论及商品的拜物教性质及其秘密时说:"这种种形式恰好形成资产阶级经济学的各种范畴。对于这个历史上一定的社会生产方式即商品生产的生产关系来说,这些范畴是有社会效力的,因而是客观的思维形式。"③ 马克思在这里明确把生产方式说成就是生产关系。

马克思在《政治经济学批判(1861—1863年)手稿》中说:"我们称为资本主义生产的是这样一种社会生产方式,在这种生产方式下,生产过程从属于资本,或者说,这种生产方式以资本和雇佣劳动的关系为基

---

① 《马克思恩格斯全集》第44卷,人民出版社2001年版,第440—441页;引自赵家祥《生产方式概念含义的演变》,《北京大学学报》(哲学社会科学版)2007年第44卷第5期。

② 赵家祥:《生产方式概念含义的演变》,《北京大学学报》(哲学社会科学版)2007年第44卷第5期。

③ 《马克思恩格斯全集》第44卷,人民出版社2001年版,第93页;引自赵家祥《生产方式概念含义的演变》,《北京大学学报》(哲学社会科学版)2007年第44卷第5期。

础，而且这种关系是起决定作用的、占支配地位的生产方式。"① 这里说的"资本和雇佣劳动的关系"，就是资本主义的生产关系，在资本主义社会中，这种生产关系"是起决定作用的、占支配地位的生产方式"，显然是把生产关系等同于生产方式的。②

马克思在《1857—1858年经济学手稿》中说：资本主义生产方式"显然是长期历史发展的结果，是许多经济变革的总结，并且是以其他各生产方式（社会生产关系）的衰亡和社会劳动生产力的一定发展为前提"③。这里不仅把生产力发展水平看作资本主义生产方式产生的前提，从而意味着生产方式即生产关系，而且用加括号的方式，明确指出生产方式就是"社会生产关系"④。由此，马克思、恩格斯著作中生产方式含义的五种情况（很可能不止这五种情况），目的不在于精确地说明生产方式概念在马克思、恩格斯的著作中究竟有多少种含义，而在于说明，在他们的著作中，生产方式是一个多义性概念。⑤

二 本书涉及的生产方式

上述的关于生产方式理论为试建本书研究地区的生产方式内涵提供了理论支撑。在此基础上，试探性地提出贫困地区阿力得尔苏木蒙古族生产方式内涵。这是本书的调查指南。在课题调查中，紧紧围绕贫困地区阿力得尔苏木蒙古族生产方式内涵，深入访谈和引用史料及现实资料，说明自新中国成立以来阿力得尔苏木蒙古族生产方式变迁过程，最终分析阿力得尔苏木成为落后的原因及探索摆脱落后发展的途径。

---

① 《马克思恩格斯全集》第32卷，人民出版社1998年版，第153—154页；引自赵家祥《生产方式概念含义的演变》，《北京大学学报》（哲学社会科学版）2007年第44卷第5期。

② 赵家祥：《生产方式概念含义的演变》，《北京大学学报》（哲学社会科学版）2007年第44卷第5期。

③ 《马克思恩格斯全集》第31卷，人民出版社1998年版，第398页；引自赵家祥《生产方式概念含义的演变》，《北京大学学报》（哲学社会科学版）2007年9月第44卷第5期。

④ 赵家祥：《生产方式概念含义的演变》，《北京大学学报》（哲学社会科学版）2007年第44卷第5期。

⑤ 赵家祥：《生产方式概念含义的演变》，《北京大学学报》（哲学社会科学版）2007年第44卷第5期。

那么，本书涉及的落后地区阿力得尔苏木蒙古族生产方式是指，蒙古族劳动者以运用生产工具与耕地、草牧场的自然结合和社会结合的方式，生产农畜产品，满足自己生活所需的方式，同时，力所能及地销售农畜产品，不断供给市场需求。阿力得尔苏木蒙古族的生产力水平（畜牧业和农业发展的生产条件）决定生产方式，生产方式决定生产关系的产生和发展，因为一定的生产方式产生于与之相适应的一定的直接生产过程中的生产关系，从而生产关系又推动生产力的发展。这里包含以下内容：一是阿力得尔苏木是典型的半农半牧区，是农牧交错经济带，是农牧结合的生产方式；二是政策制度的变迁，推动生产组织的变迁，激发劳动者生产积极性，促进生产力的发展；三是劳动方式的变迁，影响劳动生产率；四是生产工具的变迁，推动生产力的发展，生产力的发展反过来推动生产工具的更新换代，提高劳动生产率，从而改变生产方式和生产关系，生产工具是生产方式内涵的核心。因为，随着生产工具的更新换代推动生产力的发展，生产力的发展推动生产方式的变革，生产方式的革新要求其相适应的生产关系，生产关系反过来促进生产力的加快发展。

以下运用马克思所说的生产力—生产方式—生产关系原理的基本内容，进一步说明阿力得尔苏木蒙古族生产方式变迁的内涵。

在马克思那里，生产力—生产方式—生产关系原理的基本内容是：第一，生产力决定生产方式。一定历史发展阶段上的生产力及其发展形式，是一定的生产方式赖以产生的历史条件和现成基础。生产力的变化引起生产方式的变化，新的生产力要求产生新的生产方式。[1]

第二，生产方式决定生产关系。生产关系是从生产方式中产生的，一定的生产关系是一定的生产方式所具有的必然关系。生产关系和生产方式相适应。生产方式的发展引起生产关系的发展，生产方式的改变导致生产关系的改变。[2]

第三，生产力是不断发展、不断变革的，因此，由生产力所决定的任何生产方式都具有特殊的、历史的和暂时的性质，同生产方式相适应的生

---

[1] 吴易风：《马克思的生产力—生产方式—生产关系》，《马克思主义研究》1997年第2期。

[2] 吴易风：《马克思的生产力—生产方式—生产关系》，《马克思主义研究》1997年第2期。

产关系也具有特殊的、历史的和暂时的性质。①

　　根据上述推测，阿力得尔苏木各历史阶段的生产力决定了生产方式，当时的生产条件和现实物质基础决定当时适应的生产方式，随着生产力的发展必定引起生产方式的变化，新的生产力要求产生新的生产方式，新生产方式必须适应新生产力。那么，新生产力发生的三大要素是劳动者、生产工具、劳动资料。阿力得尔苏木各个历史阶段的生产组织，即劳动者组织、生产品组织、公有制组织变化推动生产组织的变化，推动生产力的发展；阿力得尔苏木各个历史阶段的生产工具，即传统工具、现代机械、现代流通工具的变迁推动生产力的发展；阿力得尔苏木各个历史阶段的劳动方式，即重体力劳动、机械化作业、雇工劳动、劳动时间的变化等的变迁会推动生产力的发展。为此，本书所涉及的阿力得尔苏木生产方式的三大因素生产组织、生产工具、劳动方式的变迁会推动生产力的发展，新生产力必然要求新的生产方式向新生产力适应，然而新生产方式必然引起生产关系的变革，就是随着新经济关系的产生，新生产方式也要求与之相应的新生产关系，生产方式决定生产关系，所谓的生产关系就是人与人之间的劳动关系和交换关系及分配关系，生产关系反作用于生产力，推动生产力的发展。为此，生产方式是生产力和生产关系的中间环节，起到桥梁纽带作用。阿力得尔苏木蒙古族各个历史阶段的生产力决定着与之相适应的生产方式，而生产方式决定着与相适应的生产关系，生产关系又推动生产力的发展。

　　为此，阿力得尔苏木蒙古族生产方式内涵是本书调查分析的指南，在这个生产方式内涵的指引下深入而广泛调查阿力得尔苏木蒙古族生产方式的变迁历程，从而达到本书研究的目的。

---

① 吴易风：《马克思的生产力——生产方式——生产关系》，《马克思主义研究》1997年第2期。

第二章 经济体制变迁

本章根据文献资料和实地访谈资料探讨阿力得尔苏木经济体制改革问题，并将其划分为土地制度改革和合作化阶段、人民公社阶段、改革开放初期和市场化改革阶段、农牧业税取消后发展阶段等五个阶段。着重分析土地利用制度变迁和农牧业结构变迁。

第一节 1947—1957年的土地制度改革和合作化阶段

一 土地制度的改革

土地是农牧民的"命根子"。自中国共产党成立之日起，就意识到土地对中国农民的重要性，所以中国共产党根据革命的需要开展了四次重大土地改革运动，获得广大农民的拥护和大力支持，为革命胜利和全国解放起了重要作用。在第一次国内革命战争时期（1924—1927年），中国共产党发动农民打土豪、分田地。在第二次国内革命战争时期（1927—1937年），共产党在各革命根据地进行土地改革，没收地主土地，平均分配给农民耕种。在抗日战争时期（1937—1945年），共产党将"没收地主土地"改为"减租减息"。在第三次国内革命战争时期（1945—1949年），共产党又将"减租减息"改为"没收地主土地"，并均分给农民耕种。

1947年5月，内蒙古自治区人民政府在乌兰浩特市正式宣告成立后，首先进行的工作就是土地制度的改革。土地改革把农田分到农户，让农民获得土地耕种，极大激发了农民的积极性，解放了农村生产力。11月，中国共产党内蒙古工作委员会召开兴安盟群众工作会议，决定在内蒙古解放区农村开展土地改革运动，废除封建土地所有制，使蒙汉族劳动人民摆脱封建地主阶级的压迫和剥削，实现耕者有其田。11月底，内蒙古东部地区的兴安盟、纳文慕仁盟、呼伦贝尔盟，当时辽宁省领导的哲里木盟和属热河省管辖的昭乌达盟、卓索图盟农村开展了土地革命运动①，从而在内蒙古解放区，轰轰烈烈开始了土地改革，促进了农牧业发展。随着土地改革运动的深入进行，解放区出现了有些工作方法上的过激现象。对此，绥蒙区党委1948年2月作出决定，坚决纠正地主不分田、富农分坏田的错误，采取分给地主、富农一分地的做法，分地原则坚持一般是富农可略少于农民、地主可略少于富农，但不要规定几分之几的死标准②，及时纠正了在土地改革当中出现的问题，减少了社会矛盾，同年4月内蒙古东部区解放区完成土地改革。1948年，内蒙古自治区政府依据《中国土地法大纲》的精神，制定了内蒙古土地制度改革法令（草案）。草案从本地区的民族特点、地区特点和当时的斗争形势出发，确定内蒙古境内一切土地归蒙古民族所公有，废除封建性及半封建性的土地制度及其他一切不合理的土地制度、剥削制度、奴隶制度以及各种特权，在内蒙古畜牧区内实行放牧自由，农业区内实行耕者有其田。在半农半牧地区土地改革采取不同的政策：（1）农业占优势的地区，大、中、地主的固定的大垄土地、耕畜平分给贫苦农民，小地主和富农的土地、耕畜不平分；（2）畜牧业占优势的地区，大牧主的役畜平分给贫苦牧民，但畜群不分；（3）个别蒙奸恶霸地主的土地、牧畜和财产，经政府批准方可分给农牧民。③ 同年5月，内蒙古党委政府出台《关于确定土地发展生产的通知》，通知中对确定地权、奖励开荒、奖励畜牧业生产作出了具体规定。年末全区召开总结大会，会议决定为了提高农业生产技术和增加产量，推行奖励开荒、改良耕作方法、防备水灾、兴修水利④等措施。由此，内蒙古地区全面开始开

---

① 《内蒙古自治区志·农业志》编委会编辑：《内蒙古自治区志·农业志》，内蒙古人民出版社2000年版，第23页。

② 《内蒙古自治区志·农业志》编委会编辑：《内蒙古自治区志·农业志》，内蒙古人民出版社2000年版，第23页。

③ 《内蒙古自治区志·农业志》编委会编辑：《内蒙古自治区志·农业志》，内蒙古人民出版社2000年版，第117页。

④ 《内蒙古自治区志·农业志》编委会编辑：《内蒙古自治区志·农业志》，内蒙古人民出版社2000年版，第23—24页。

荒，大力发展农业生产运动。1949年2月，内蒙古自治区政府决定颁发土地执照，同时公布了内蒙古自治区"土地执照颁发办法"及"关于填写土地执照的说明"。颁发土地执照前，都进行了土地丈量，弄清了地亩，并明确了土地等级，做到土地所有权明确，负担公平合理，进一步激发了各族农民的生产积极性。

　　土地改革完成后，广大农民为了克服在发展农业生产中遇到的困难，积极要求组织起来，实行互助合作。1948年解放较早的东蒙地区出现了农业生产互助组。1951年末，中共中央发出《关于农业生产互助组的决议（草案）》，自治区各地引导农民组织发展互助运动。至1952年底，全区已组织各类互助组达13.9万个。其中，常年互助组占34.3%，参加各类互助组的农户有68万多户，占总农户的51.6%。[①] 1953年10月，中央发布《关于发展农业生产合作社的决议》，提出要积极而谨慎地引导农民逐步过渡到社会主义，把一批条件较好的常年互助组，扩建为初级农业生产合作社，全区农业初级合作社发展到176个。1954年，全区掀起大办初级社热潮，自治区各地也开始大批建立初级农业合作社。至1955年，全区初级农业合作社已发展到6994个，入社农户19.17万户，占总农户的17.3%，使全区大部分农村已经乡乡有社。1955年，中共七届六中全会通过"关于农业合作化问题的决议"后，全区掀起新的办社高潮，到1956年初初级合作社发展到1.6万个，参加农户占75%以上，基本实现了社会主义农业合作化。这些初级农业生产合作社，实行土地和基本生产资料入股，统一经营，收益按入股的土地和劳力比例进行分配，在较合理规划利用土地资源，集体兴建农田水利，推广科学技术等方面都比互助组现实了较大的优越性，产量超过了互助组。[②] 1956年，在全国发展高级农业合作社的热潮影响下，内蒙古各地也出现了不顾客观条件、片面追求高级合作社数量的情况，盲目把小社并大，成立高级社，甚至由几个互助组合并成高级社。至1957年初全区已组建高级社9622个，入社农户达121.8万户，占总农户的83%，基本实现高级农业合作化。高级农业生产

---

　　① 《内蒙古自治区志·农业志》编委会编辑：《内蒙古自治区志·农业志》，内蒙古人民出版社2000年版，第119页。

　　② 《内蒙古自治区志·农业志》编委会编辑：《内蒙古自治区志·农业志》，内蒙古人民出版社2000年版，第121页。

合作社是社会主义性质的集体经济组织，土地和基本生产资料都归集体所有，取消土地报酬，实行按劳分配①。

二 阿力得尔苏木土地制度改革

阿力得尔苏木，1958年前称阿力得尔高勒努图克。"努图克"，在现代蒙古语中有"故乡、领地、游牧地"等意思。清代"努图克"主要指奎蒙克塔斯哈喇某一孙子将本部落游牧地划分给诸子后产生的各大家族。② 努图克除了游牧地，他们将部分属民也分给诸子。每个家庭的后裔在其继承分得的游牧地内自由放牧，甚至有的进一步分家、分游牧地而产生艾玛克，但仍属于该努图克。③ 这种努图克管理模式实际上是沿袭了大蒙古国——元朝的汗位继承及宗王分封传统。清廷建立哲里木盟10旗后，努图克传统仍被沿用，在贵族家族内部和基层管理中起越来越重要的作用。札萨克图君王旗（今科尔沁右翼前旗）始有12个努图克，分别为阿给纳尔、王音、喇嘛音、茂好、阿如、巴嘎诺亦腾、阿齐那尔、朝好沁、胡波特、好奇特、瓦森努图克、尼鲁特等。④ 1932年，伪满政府取消苏木，改建努图克⑤。伪兴安省各旗下设努图克、爱里、屯。1943年，西札萨克旗（今科尔沁右翼前旗）共有10个努图克，其中乌兰哈达、居力图、巴公府、乌兰毛都4个为非开放地；太本站、四品真、宁家屯、百辛扎拉嘎、兴安镇、杨家屯6个为开放地努图克。⑥ 1947年5月1日，内蒙古自治区政府成立后，自治政府下设盟、旗、努图克（区）等三级政府，

---

① 《内蒙古自治区志·农业志》编委会编辑：《内蒙古自治区志·农业志》，内蒙古人民出版社2000年版，第122页。

② 朝格满都拉博士论文：《近代兴安盟地区土地问题研究》，指导教师：白拉都格其，2012年11月，第17页。

③ 朝格满都拉博士论文：《近代兴安盟地区土地问题研究》，指导教师：白拉都格其，2012年11月，第17页。

④ 朝格满都拉：《试论清代哲里木盟十旗努图克》，《黑龙江民族丛刊》2005年第6期。

⑤ 巴根那主编：《科尔沁左翼后旗志》，内蒙古人民出版社1993年版。

⑥ 井手俊太郎：《关于西科前旗蒙地管理状况》（日文），《蒙古研究》（第五卷第四号），第36页；引自朝格满都拉博士论文《近代兴安盟地区土地问题研究》，指导教师：白拉都格其，2012年11月，第90页。

努图克下设爱里（村）、屯两级区划单位。①

内蒙古自治区成立后，1948年阿力得尔高勒努图克成立，行政辖区包括树木沟乡，兴隆嘎查、胜利嘎查、复兴嘎查、兴盛嘎查、新立嘎查、太平嘎查、永盛嘎查等。② 1948年5月5日，内蒙古自治政府发出《关于确定土地发展生产的通知》后，1949年2月内蒙古自治政府主席云泽签署命令，决定颁发土地执照。

阿力得尔高勒努图克土地制度改革情况，兴安盟科尔沁右翼前旗阿力得尔高勒努图克翁胡拉嘎查倪德广农户分到了耕地，被调查农户老人给调查人员提供了宝贵的土地执照。该农户户主叫倪德广，全家7口人，居住在乌兰毛度苏木翁胡拉嘎查（现在的阿力得尔苏木翁胡啦嘎查），分到村南旱田，第一段在村南分到旱田一垧三亩四分地、第二段在村南分到旱田贰垧三分地、第三段在村南分到旱地五亩四分，累计分到三十亩十一分地，人均约4.3亩。这就是改革了土地所有权制度和土地经营制度，从而极大调动了农户的劳动积极性，促进了农牧业生产力的发展。

土地改革前夕，阿力得尔高勒努图克，有户数1922户，人口7280人；土地面积4458.32垧；劳动力1669.5个人；役畜1986头；大中小车1158辆（大车21、中车142、小车995辆）；犁杖，已组织的350个、未组织的328个；换工生产小组212个；组织起来的劳动力当中全劳动力870个、半劳动力127个、合计为997个，未组织起来的劳动力当中、全劳动力729个、半劳动力121个、合计为850个；新开荒地346.35垧③，耕种熟地3746.13垧（详见表2-1）。

表2-1　　　　阿力得尔努图克各嘎查基本情况（1948年）

各嘎查 分类	兴隆嘎查	胜利嘎查	复兴嘎查	兴盛嘎查	新立嘎查	太平嘎查	永盛嘎查	总计
户数（户）	735	186	199	229	210	102	261	1922
人口数（人）	759	1041	1085	1269	1148	604	1374	7280

---

① 朝格满都拉博士论文：《近代兴安盟地区土地问题研究》，指导教师：白拉都格其，2012年11月，第122页。

② 冯学忠主编：《科尔沁右翼前旗志》，内蒙古人民出版社1991年版，第73页。

③ 1垧地的面积视地区不同而不同，有的地区为10亩，东北地区为15亩。

续表

分类	各嘎查	兴隆嘎查	胜利嘎查	复兴嘎查	兴盛嘎查	新立嘎查	太平嘎查	永盛嘎查	总计
土地（垧）		517.07	560.27	632.88	746.76	616.71	331.64	1052.99	4458.32
劳动力（人）		176	245	245	263	263.5	137	340.5	1669.5
役畜（头）		128	299	391	345	350	162	311	1986
车辆（辆）	大车	4	1	7	6			3	21
	中车	18	16	26	27	8	6	41	142
	小车	62	155	176	195	193	105	109	995
	合计	84	172	209	228	201	111	154	1158
犁杖（个）	已组织	37	60	26	48	64	47	68	350
	未组织	33	50	100	68	13	21	43	328
	合计	70	110	126	116	77	68	125	692
换工生产小组		34	25	12	26	51	21	43	212
组织起来的劳动力	全劳动力	91	110	60	105	242	100	162	870
	半劳动力	2		10	75	8	12	20	127
	合计	93	110	70	180	250	112	182	997
未组织起来的劳动力	全劳动力	82	119	210	141	16	29	132	729
	半劳动力	1	14	60	10	3	5	29	121
	合计	83	133	270	151	19	34	161	850
换工组的情况	上	2		5	4	10	4	7	32
	中	14	8	4	14	23	7	20	90
	下	18	15	3	8	17	10	16	87
新开荒地（垧）		12.55	40.2	10.1	77.9	58.5	53.4	93.7	346.35
耕种熟地（垧）		449.68	548.23	121.00	746.76	616.71	331.44	932.31	3746.13

资料来源：中共阿力得尔高勒努图克委员会：《春耕生产、各种面积、产量调查表》，1948年12月25日。

1948年，阿力得尔高勒努图克种植的耕地面积为5778.6垧，占可耕地面积的99.7%；荒地为578.1垧，可耕地面积为5793.5垧，不可耕地面积为562.8垧；种植的耕地和荒地累计为6356.3垧。其各嘎查中永胜嘎查的耕地面积最多1202.0垧，耕地和荒地累计为1326.2垧，以此按照种植耕地面积多少排序为兴胜嘎查、新立嘎查、胜利嘎查、复兴嘎查、兴隆嘎查、太平嘎查。上述耕地资源概况是阿力得尔高勒努图克发展种植业的自然资源基础（详见表2-2）。

表 2-2　　　阿力得尔高勒努图克耕地资源情况调查表（1948年）　　　单位：垧

项别\嘎查别	耕地	荒地	可耕地	不可耕地	合计（耕地和荒地之和）
新立嘎查	881.3	21.4	860.3	42.4	902.7
太平嘎查	469.4		379.5	89.9	469.4
兴胜嘎查	887.3	6.7	866.0	28.0	894.0
复兴嘎查	782.5	123.8	897.5	8.7	906.2
永胜嘎查	1202.0	124.6	1262.7	63.5	1326.2
兴隆嘎查	748.4	295.0	852.3	191.2	1043.4
胜利嘎查	807.7	6.6	675.2	139.1	814.3
总计	5778.6	578.1	5793.5	562.8	6356.3

资料来源：中共阿力得尔高勒努图克委员会：《春耕生产、各种面积、产量调查表》，1948年1月31日。

从耕地等级级别看，阿力得尔高勒努图克的7个嘎查中，只有3个嘎查有一级耕地，累计面积为12.41垧，其余4个嘎查没有一级耕地。在耕地级别中，最多的是六级耕地，阿力得尔高勒努图克面积为742.07垧，占总耕地面积的17.23%；四级和五级耕地面积分别为611.93垧和682.43垧，累计1294.36垧，占总耕地面积的30.05%；二级和三级耕地面积分别为117.82垧和491.71垧，累计为609.53垧，占总耕地面积的14.15%；七级和八级耕地面积分别为522.59垧、522.75垧，累计为1045.34垧，占总耕地面积的24.27%；九级和十级耕地面积分别为381.82垧、142.51垧，累计为524.33垧，占总耕地面积的12.17%。可见，阿力得尔高勒努图克耕地质量并不高，一级、二级、三级耕地面积累计才占总耕地面积的14.44%。这说明，阿力得尔高勒努图克地区比较适合发展畜牧业，并不适合发展种植业（详见表2-3）。

表 2-3　　　阿力得尔高勒努图克各嘎查耕地等级调查表（1949年）　　　单位：垧

级数及地数各嘎查	1	2	3	4	5	6	7	8	9	10	11	合计
新立嘎查		16.98	75.99	81.62	56.48	145.60	126.99	95.58	18.76			618.00
胜利嘎查	0.87	23.23	34.53	45.52	84.19	98.81	112.75	104.74	31.74	25.15		561.65
复兴嘎查		17.18	142.57	152.50	117.10	100.10	49.46	19.22				598.13

续表

级数及地数各嘎查	1	2	3	4	5	6	7	8	9	10	11	合计
太平嘎查		31.15	68.89	81.71	44.11	69.71	23.06	3.21	4.82	5.19		331.85
兴胜嘎查	6.24	24.32	71.91	114.80	155.61	102.6	82.76	102.06	81.75	4.71		746.76
永胜嘎查	5.22	7.74	61.36	78.54	168.85	160.54	59.70	140.94	112.01	85.37	51.4	931.67
兴隆嘎查	0.95	19.58	47.76	68.23	94.62	79.33	81.81	48.99	59.74	15.5	3.14	519.65
合计	12.41	117.82	491.71	611.93	682.43	742.07	522.59	522.75	381.82	142.51	79.69	4307.71

资料来源：中共阿力得尔高勒努图克委员会：《各嘎查耕地等级调查表》，调查时间，1949年8月3日。

三　阿力得尔高勒努图克的农牧业发展情况

阿力得尔高勒努图克的西和平屯1927年开荒，1927—1930年种植水田600垧，每垧产400千克。① 可见，在阿力得尔高勒努图克1927年始开垦耕地发展水田，垧产量不低。1948年，阿力得尔高勒努图克熟地面积4304.25垧，其中开荒的生荒面积365.87垧、撂荒24.01垧、紫花3.1垧。已种上的耕地中，旱田3409.93垧、晚田959.23垧，小计为4369.16垧。未种上耕地中，熟地202.86垧。上粪耕地面积为1368.12垧，折车数35333.00车，上粪面积占耕地面积的31.79%。② 其中，永盛嘎查开荒面积达93.68垧，其次是兴盛嘎查77.90垧。复兴嘎查的上粪面积高达457.00垧，占熟地面积的76.20%。阿力得尔高勒努图克开荒如此之快的主因，在于1948年自治区政府采取奖励措施鼓励农民开荒种地的缘故。

表2-4　阿力得尔高勒努图克耕地开荒、撂荒、种植情况表（1948年）　单位：垧

项目＼嘎查	兴盛嘎查	复兴嘎查	胜利嘎查	太平嘎查	永盛嘎查	新立嘎查	兴隆嘎查	总计
熟地	746.76	599.73	560.27	331.40	932.31	616.71	517.07	4304.25

---

① 冯学忠主编：《科尔沁右翼前旗志》，内蒙古人民出版社1991年版，第296页。
② 中共阿力得尔努图克委员会：《春耕生产、种植面积、产量调查表格》，1948年7月31日。

续表

	嘎查\项目	兴盛嘎查	复兴嘎查	胜利嘎查	太平嘎查	永盛嘎查	新立嘎查	兴隆嘎查	总计
开荒户	生荒	77.90	33.15	40.2	53.40	93.68	58.05	9.49	365.87
	撂荒	13.91					10.1		24.01
	紫花							3.10	3.10
	小计	91.81	33.15	40.20	53.40	93.65	68.15	12.55	392.91
未种上	熟地	12.19	22.00	13.64	8.22	20.29	59.13	67.39	202.86
	开荒	1.60	18.22						19.82
	小计	13.79	40.22	13.64	8.22	20.29	59.13	67.39	222.68
已种上	旱田	592.93	378.61	461.20	226.88	892.05	507.39	350.87	3409.93
	晚田	237.87	214.05	139.40	105.16	113.65	50.29	98.81	959.23
	小计	820.70	592.66	600.60	442.04	1005.70	557.58	449.65	4468.93
上粪情况	上粪面积	147.3	457.00	126.5	104	224	197.50	111.82	1368.12
	折车数（个）	4378	6855	3337	4219	5619	7505	3420	35333.00

资料来源：中共阿力得尔努图克委员会：《春耕生产、种植面积、产量调查表》，1948年7月31日。

从种植结构看，1948年阿力得尔高勒努图克主要种植作物是谷子、玉米、大豆、散糜子、荞麦5种农作物，其中，谷子种植面积最多，占1281.20垧，以此由多到少种植面积排序为玉米1266.00垧、荞麦827.00垧、散糜子644.20垧、大豆241.20垧，谷子、玉米、荞麦、散糜子、大豆种植遭受灾害面积分别为462.70、610.80、291.60、315.10、100.80垧，分别占播种面积的36.10%、48.20%、35.30%、48.90%、41.80%，可见，上述5种农作物播种面积的1/3以上遭受自然灾害，严重影响了产量的稳定性。与1948年相比，1949年阿力得尔高勒努图克农作物种植品种较多，新增了高粱、小麦、大麦、土豆、葵花籽等7个农作物，并且谷子种植面积为750.82垧、比1948年减少530.38垧，而玉米种植面积增长到1766.75垧、比1948年增加500.75垧，荞麦种植面积下降到576.94垧、比1948年减少250.06垧，散糜子种植面积下降到458.71垧、比1948年减少185.49垧。由此，1949年，阿力得尔高勒努图克农作物结构发生了变化，农作物向多元化发展，丰富了农产品结构（详见表2-5、表2-6）。

表 2-5　　　　阿力得尔努图克耕地、产量情况表（1948 年）　　　单位：垧、千斤

品种 嘎查	谷子 播种面积	谷子 灾害面积	谷子 产量	玉米 播种面积	玉米 灾害面积	玉米 产量	大豆 播种面积	大豆 灾害面积	大豆 产量	散糜子 播种面积	散糜子 灾害面积	散糜子 产量	荞麦 播种面积	荞麦 灾害面积	荞麦 产量
兴盛嘎查	206.4	47.1	292.3	189	96	453	29.8	5.6	55.1	81.1	39.1	240.2	102	11.1	234.4
新立嘎查	215.3	91.6	340.9	34	16	195	20.9	12.5	49.1	130.2	81.8	126.5	138	76.2	204.1
太平嘎查	117.9	45.4	197.9	135	47.8	190	22.3	8.3	111.1	59.0	28.2	714.0	86	16.8	62.3
复兴嘎查	193.8	6.0	250.0	126	19	130	22.6		110.0	106.0	16.0	90.0	135	70.0	23.0
隆兴嘎查	133.8	52.3	168.3	111	79	148	50.6	22.4	43.8	58.1	22.5	45.7	199	71.0	80.0
胜利嘎查	205.4	105.2	226.4	278	172	212	43.2	28.7	22.8	59.6	57.0	57.4	54	9.6	54.5
永盛嘎查	208.6	115.1	271.2	393	181	443	51.8	23.3	52.6	150.2	70.5	147.9	113	36.9	109.7
总计	1281.2	462.7	1747.0	1266	610.8	1771	241.2	100.8	444.5	644.2	315.1	1421.7	827	291.6	768.0

资料来源：中共阿力得尔努图克委员会：《春耕生产、种植面积、产量调查表》，1948 年 7 月 31 日。

表 2-6　　阿力得尔高勒努图克各嘎查农作物种植情况表（1949 年）　　单位：垧

种植品种＼嘎查	胜利嘎查	兴隆嘎查	永盛嘎查	复兴嘎查	太平嘎查	新立嘎查	兴盛嘎查	总计
高粱		0.69	0.15		0.20		1.20	2.24
谷子	105.20	84.06	149.88	156.15	31.57	103.15	120.81	750.82
玉米	262.39	177.36	466.58	168.33	148.11	244.10	299.88	1766.75
散糜子	61.81	40.27	38.39	119.85	20.36	49.80	128.23	458.71
荞麦	62.89	63.48	91.37	78.13	82.10	111.99	86.98	576.94
小麦		3.33		1.80			0.30	5.43
大麦	8.08	4.25		10.01	0.15		0.55	23.04
*麻	4.60	14.31	7.30	8.94	2.57	3.60	13.56	54.88
土豆	9.76	15.01	72.69	2.80	7.35	21.01	39.37	167.99
*田	33.57	21.92	39.23	55.25	23.60	27.87	84.81	286.25
*豆	2.42	11.09	14.41	8.50	3.16	9.87	11.85	61.30
葵花		13.54						13.54
黄豆	17.10	13.12	18.48	11.02	4.05	12.21	30.22	106.20
合计	567.82	462.43	898.48	620.78	323.22	583.60	817.76	4274.09

资料来源：中共阿力得尔高勒努图克委员会：《各嘎查农作物种植情况调查表》，调查时间 1949 年 7 月 5 日。

从畜牧业发展情况看，1948年阿力得尔高勒努图克役畜牛1275头、马315匹、骡97头、驴597头，可见役畜当中牛是生产的主力，其次是驴；牧畜当中，牛数量达到2510头，其中役畜牛头数占牲畜头数的50.80%，占半壁江山。其次驴头数为637头，比马匹数多486头，由此，当年驴是阿力得尔高勒努图克的重要役畜之一，驴增多，意味着粮食加工需求的增加。

表2-7　　阿力得尔高勒努图克役畜、牧畜的调查（1948年）

牲畜\各嘎查	役畜（头、匹）				牧畜（头、匹）		
	牛	马	骡	驴	牛	马	驴
新立嘎查	258	51	10	102	485	34	104
太平嘎查	124	36	11	43	296	52	50
兴胜嘎查	259	79	11	91	402	14	100
复兴嘎查	290	12	41	85	481	12	96
永胜嘎查	138	71	16	107	352	19	107
兴隆嘎查	101	17	3	92	164	2	98
胜利嘎查	105	49	5	77	330	18	82
总计	1275	315	97	597	2510	151	637

资料来源：中共阿力得尔高勒努图克委员会：《春耕生产、各种面积、产量调查表》，1948年1月31日。

四　1951—1957年的阿力得尔高勒努图克农业合作化

（一）农业生产互助组

农业生产互助组的出现。土地改革后，广大雇农、贫农、下中农都有自己的土地，生产积极性高涨，但由于生产资料短缺、劳动力不足，大部分农户在生产过程中存在很多困难，少数村屯出现了出租土地、雇工等现象。1948年初，旗委派出工作队，深入农村动员、组织农民建立互助合作组织。最先出现的是换工插犋组织，即人工、畜力互换使用，后由换工插犋组逐渐发展成为互助组，互助组是在农业生产资料私有制基础上，带有社会主义萌芽性质的劳动互助团体，以"自愿互利，等价交换，民主管理"为原则。一般由3—5户、十几户组成。季节性、临时性互助组主要是在农忙时节等价交换人工、畜力，生产收入归己。常年互助组则是共同劳动，产品共同分配。生产活动由选出的互助组长负责管理，组内的生产、生活事务由全体互助组成员共同协商、讨论决定。集体劳动、劳动计工（人工、畜工），年终结算。1952年，全旗农村互助组发展到3646个，参社户数19313户。其中，常年互助组1994个，户数10994户；季节性互助组1652个，户数8318户。1953年后，互助组总数虽然减少，但高级合作社开始组建，1955年全旗互助组1410个，参社户数63.8户，分别比1952年减少了61.3%和38.9%。其中，常年互助组956个，户数9512户，分别比1952年减少52.1%和13.5%；季节性互助组452个，户数2281户，分别比1952年减少72.6%和50.2%（详见表2-8）。

表2-8　1949—1955年科尔沁右翼前旗农牧业生产互助组发展状况　单位：个、户

年份	互助组 合计 组数	户数	常年互助组 组数	户数	季节互助组 组数	户数
1949	38	177			38	177
1950	2789	10129	870	4354	1918	5774
1951	3333	17026	902	5416	2430	11610
1952	3646	19313	1994	10994	1652	8318
1953	3180	15074	1455	8904	1725	6170
1954	1782	12302	1058	4324	723	7978
1955	1410	11793	956	9512	452	2281

资料来源：冯学忠主编《科尔沁右翼前旗志》，内蒙古人民出版社1993年版，第285页。

1951年，阿力得尔高勒努图克互助组为66个，其中复兴嘎查为5个、新立嘎查为7个、兴盛嘎查为13个、太平嘎查为8个、永盛嘎查为10个、共和嘎查为10个、胜利嘎查为10个、兴隆嘎查为7个。[1]农业互助组的三大好处：一是体现了集体生产的优越性，增强了抗御自然灾害和克服困难的能力；二是有利于劳动分工，也有利于劳动联合，因而有利于提高劳动生产率；三是互助合作可以获得规模效应。

---

[1] 中共阿力得尔高勒努图克委员会：阿力得尔高勒努图克基本情况、秋收、夏助农业资料总结，1951年8月23日。

（二）农业生产合作化的实现

合作化是指通过互助合作，逐步将个体农民的生产资料私有制改造成农民的集体所有制的过程。新中国的农业合作化经历了从在共同劳动基础上实现某些分工并有少量公共财产的常年互助组，到实行土地入股、统一经营的半社会主义性质的初级农业生产合作社，再到实行完全的生产资料集体所有制的完全社会主义性质的高级农业生产合作社的发展过程。[①] 俄国十月革命胜利后，列宁在《论合作制》等著作中明确指出用组织合作社的方法，吸引农民参加社会主义事业，是无产阶级改造个体小生产的农业经济的唯一出路。实行农业集体化的主要目的有三个：一是增加生产，解决日益增多的人口吃饭问题；二是为工业化提供积累；三是实现大体均等，避免两极分化。可以说，通过农业合作化实现集体化，对中国而言意味着一场制度变革。合作化不仅使集体成为生产资料的集合，而且是劳动的集合，成集体规模发展，由互助组、初级合作社、高级合作社，一直到人民公社。[②] 农业合作化的实现，将亿万农民的个体私有制改造成社会主义集体公有制，这是一个巨大的历史进步。同时，农业合作化的实现，推动了工业化的进程，促进了整个国民经济的发展。农业合作社的完成标志着农村社会主义改造取得了决定性的胜利，标志着土地私有制度已完全被社会主义劳动群众集体所有制所取代，从而为1958年全面推行人民公社制度打下了基础。[③]

1954—1955年冬，科尔沁右翼前旗合作化出现高潮，普遍建立初级社。车辆、农具、牲畜及一些生产资料一律作价入社，打破土地界线，实行土地国有、集体统一使用。全旗建社334个，入社农户共8931户，全旗95%以上的农民入社。1954年4月1日，内蒙古自治区人民政府农牧部颁发《内蒙古自治区1954年农业生产互助合作运动方案》。按照这个《方案》精神阿力得尔高勒努图克农业生产合作社发展迅速，改变了以往的单打独斗的劳动方式，组合集体力量促进生产力的发展。阿力得尔高勒努图克农业生产合作社，共有红光合作社、光明合作社、东方红合作社、

[①] 刘豪兴主编：《农村社会学》（第三版），中国人民大学出版社2015年版，第144页。

[②] 刘豪兴主编：《农村社会学》（第三版），中国人民大学出版社2015年版，第144—145页。

[③] 刘豪兴主编：《农村社会学》（第三版），中国人民大学出版社2015年版，第145页。

乌兰合作社、建国社合作社等 5 个合作社。入社户数为 115 户，社内人口 643 人，社员数 218 人，社员实有旱地 411.3 垧，男劳动力 130.5 人，女劳动力 84.5 人，入社旱地 350.65 垧，自留地有 19.15 垧；入社成分：佃农 17 人、贫农 63 人、中农 30 人、手工工人 5 人，社内党员 17 人、团员 12 人、劳模 7 人；入社耕畜中牛 61 头、马 24 匹、骡 3 匹，农机具基本都入社公用。[①]

1956 年，随着全国农业合作化高潮的到来，全旗农村开始在初级社的基础上发展高级农业生产合作社（简称"高级社"）。1956 年 6 月 30 日，第一届全国人民代表大会第三次全体会议通过并颁布的《高级农业生产合作社示范章程》，规定社员私有的主要生产资料转为集体所有，把农村土地从个体农民所有转变为社会主要劳动群众集体所有。高级社基本是一个嘎查或者若干自然屯为一社，农民入社要缴纳生产费股金、公有化股金，还有把生产、农具、车辆等生产资料作价归社。高级社下设管理作业区，作业区下设若干个作业组，实行统一生产、统一种植、统一管理、统一收益分配。社员劳动评工记分，年终农、牧、林、副总收入扣除生产总费用、农业税和提留的公积金、公益金，其余部分按社员工分多少进行分配。1956 年全旗建立 143 个高级社，入社农民共有 30496 户，占全旗农户的 99.2%。由于在一年中普遍建立了高级社，经验不足，管理不善，部分高级社收益分配预算过高，年终不能兑现，引起少数社员不满，1957 年春，曾出现部分社员拉马退社现象，后经说服、教育，使局面稳定下来。[②]

1956 年，阿力得尔高勒努图克农业互助组发展到 51 个、即复兴嘎查建 5 个、新立嘎查建 5 个、兴盛嘎查建 14 个、太平嘎查建 3 个、胜利嘎查建 7 个、永盛嘎查建 8 个、共和嘎查建 5 个、兴隆嘎查建 4 个。[③] 可见，阿力得尔高勒努图克互助组的加快发展，推动生产组织和劳动方式的改变，对大型农机具的需求量较快增长，各社借贷款购置了大型农机具，用

[①] 中共阿力得尔高勒努图克委员会：《阿力得尔高勒努图克农业生产基本情况登记表》，1954 年 4 月 10 日。

[②] 冯学忠主编：《科尔沁右翼前旗志》，内蒙古人民出版社 1991 年版，第 285 页。

[③] 阿力得尔高勒努图克委员会：阿力得尔高勒努图克委员会会议记录，1956 年 9 月 24 日—1957 年 10 月 19 日；科尔沁右翼前旗档案局提供，2014 年 8 月 10 日。

先进生产工具促进着生产力的发展。由此，1957年阿力得尔高勒努图克在1956年农业互助组的基础上又新建立了农业互助组26个，这样1957年阿力得尔高勒努图克农业互助组共成立77个。各嘎查新建的互助组数量，即复兴嘎查建3个、新立嘎查建4个、兴盛嘎查年建5个、太平嘎查建3个、胜利嘎查建3个、永盛嘎查建5个、共和嘎查建1个、兴隆嘎查建2个。① 阿力得尔高勒努图克农业生产互助社发展速度较快，对于生产资料购入和大中型农业机械投入资金需求较大。1956年，据阿力得尔高勒努图克预期粮款、大型农机具贷款和对供销社欠款情况看，全年10个农业生产互助社的预期粮款欠达42522.19元，大中型农机具欠款46503.82元，供销社的物资欠款达14134.65元，总计达到103160.66元，准备回收款41726.19元，占40.4%（详见表2-9）。

表2-9　　　　各农社的欠款数和还款明细表（1956年）　　　　单位：元

社名	1956年的预期粮款 欠款数	准备收回	大中型农机具贷款 贷款数	准备收回	供销社的物资 欠款数	准备收回	合计 欠款数	准备收回
建国社	2933.84	2933.84	5150.09	500.00			8083.93	3433.84
乌兰社	9321.77	7846.00	7511.65	600.00	4624.92	2000.00	21458.34	10446.00
太平社	2811.52	1393.60	3452.07	300.00	1496.10	750.00	7759.69	2443.60
红光社	3000.00	2188.00	5363.55	300.00	4610.62	1000.00	12974.17	4488.00
光明社	7909.00	4344.00	5342.99	700.00	1335.79	1335.79	14587.78	6379.79
东方升社	4073.20	1073.20	3310.66	300.00	348.69		7732.55	1373.20
东方红社	1200.00	1200.00	3165.40	400.00			4365.40	1600.00
永盛社	2711.10	2000.00	3904.49	400.00	353.08	200.00	6968.67	2600.00
永丰社	3361.76	3361.76	3971.80	500.00	867.91	300.00	8102.47	4161.76
共和社	5200.00	4000.00	5331.12	500.00	596.54	300.00	11127.66	4800.00
合计	42522.19	30340.40	46503.82	4500.00	14134.65	6885.79	103160.66	41726.19

资料来源：中共阿力得尔苏木委员会：《年度整社、秋收、分配工作总结计划表》，1957年3月24日。

---

① 阿力得尔高勒努图克委员会：《阿力得尔高勒努图克委员会会议记录》，1956年9月24日—1957年10月19日；科尔沁右翼前旗档案局提供，2014年8月10日。

1957年，阿力得尔高勒努图克经济社会发展较好。全努图克总户数1670户，其中蒙古族406户、汉族户1264户，分别约占总户数的24.30%、75.70%；土地数，耕地6668.20垧、自留地390.20垧，合计为7058.40垧；劳动力，男的1886人、女的753人，共计2639人；人口，男的4893人、女的4381人，共计9274人；耕畜，马166匹、骡99头、牛1861头，共计2126头（匹）；散畜里，马207匹、牛214头、骡6头、羊658只，共计1085头（匹、只）；车辆，胶皮车21个、木车541个、胶轮车226个，共计788个；水泵、犁杖、耘锄、劂蹚机等农机具共1141个。① 上述是阿力得尔高勒努图克经济社会发展基础，在此基础上阿力得尔高勒努图克农牧业加快发展，各社出现粮食剩余情况，有力地保障着阿力得尔高勒努图克和科尔沁右翼前旗经济社会的稳定发展。1957年，阿力得尔高勒努图克13个社中粮田最多的是乌兰社1087.2响、土豆播种面积最多是永丰社，油料播种面积最多是东方升社59.4响，粮田单产最高是永盛社1902斤/响，粮食产量最高是乌兰社92.03万斤，同时人口数也最多1756人，在耕畜中，牛、骡马、驴最多的也是乌兰社。饲料生产最多的是建国社。剩余粮食累计为66.36万斤，其中剩余粮食最多的是永盛社达到239137斤，这些剩余粮食是阿力得尔高勒努图克和科尔沁右翼前旗可持续发展的有力保障（详见表2-10、表2-11）。

表2-10　　1957年阿力得尔高勒努图克粮食播种面积实际产量统计

粮食种植分社	播种面积（垧）			粮田单产	总实际产量（万斤）		
	粮田	土豆	油料		粮食	土豆	油料
共和社	533.7	29.6	44.5	881	46.98	10.32	3.01
个体户	2.78	0.2		600	0.35	0.06	
光明社	783.4	9.5	13.8	1052	82.41	8.07	1.36
红光社	409.0	9.5	9.2	589	24.10	13.57	11.73
东方红社	483.6	6.5	10.1	1123	54.23	2.15	0.64

---

　　① 中共阿力得尔苏木委员会：《年度整社、秋收、分配工作总结计划表》，1957年3月24日。

续表

粮食种植	播种面积（垧）			总实际产量（万斤）			
分社	粮田	土豆	油料	粮田单产	粮食	土豆	油料
东方升社	320.7	9.6	59.4	1571	50.27	11.60	11.88
包力高社	5.3		0.7		0.05		0.08
乌兰社	1087.2	16.4	27.6	847	92.03	4.19	3.78
永盛社	395.2	50.5	52.2	1902	75.12	31.48	6.19
永丰社	487.6	65.2	55.2	1395	67.94	32.10	8.35
赵树春社	22.3	0.3			0.28	0.23	
建国社	1065.3	3.8	18.2	626	66.70	0.76	1.19
太平社	440.9	5.8		960	42.34	4.75	

资料来源：中共阿力得尔苏木委员会：《年度整社、秋收、分配工作总结计划表》，1957年3月24日；科尔沁右翼前旗档案局提供，2014年8月10日。

表2-11 1957年阿力得尔高勒努图克人口、耕畜、粮食消费量统计

粮食种植	人口数（人）	耕畜（头）			消费量（斤）					
					口粮		种子			
分社		牛	骡马	驴	粮食	土豆	粮食	土豆	油料	饲料	余粮
共和社	785	64	86	4	384660	439600	40028	59200	1557	43680	1458
个体户	1	1			540		209	400		240	940
光明社	1438	122	99	3	636038	61700	58755	19000	483	101010	28258
红光社	615	59	61	3	144863	116710	30575	19000	322	58530	6932
东方红社	719	97	64	4	388260		36277	12920	353	69960	27364
东方升社	608	67	73	2	254690	96820	24050	19180	2079	68940	155059
包力高社							23	25			745
乌兰社	1756	198	246	29	695868	9220	81557	31720	966	138700	4689
永盛社	633	55	79	11	341820		29635	100940	1826	70080	239137
永丰社	693	73	64	15	374220		36570	130460	1932	65850	193213
赵树春社	6	1			1703	1700	167	600		240	698
建国社	1290	111	180		440305	105	79900	7520	637	156240	598

续表

粮食种植 分社	人口数（人）	耕畜（头）			消费量（斤）						
^	^	牛	骡马	驴	口粮		种子			饲料	余粮
^	^	^	^	^	粮食	土豆	粮食	土豆	油料	^	^
太平社	714	79	47	5	335554	36000	33018	11500		50390	4468

资料来源：中共阿力得尔苏木委员会：《年度整社、秋收、分配工作总结计划表》，1957年3月24日；科尔沁右翼前旗档案局提供，2014年8月10日。

从以上资料分析得知，阿力得尔高勒努图克的农业互助组和农业生产合作社同时发展，从农业合作社的初级社直接到了人民公社阶段，未经过农业生产合作社的高级社阶段，因为1956年，农业合作化出现高潮，到1956年底，全区建立农业生产合作社（高级社）9622个，83%农户加入合作社。这样全区基本实现对农业的社会主义改造。由此推断，阿力得尔高勒努图克农业生产提前完成了社会主义改造任务。也就是说，从农业互助组和农业生产合作社同时发展当中实现了农业社会主义改造任务。

第二节 1958—1976年人民公社阶段

一 人民公社的概述

随着中共中央《关于在农村建立人民公社问题的决议》公布，1958年9月20日开始，科尔沁右翼前旗掀起农村人民公社化运动高潮。10月底，全旗200多个高级社合并成立10个人民公社，实行人民公社化。人民公社成立后，取消乡的建制，实行"政、社合一"，工、农、商、学、兵五位一体，既是基础政权，又是集体经济组织。[①]

农村人民公社管理体制的变化可分为两个阶段。第一阶段，从1958年10月至1960年12月，以公社为基本单位，实行生产统一计划，劳动统一调配，财务统一管理，收益统一分配。在此期间，出现了"高指标"

[①] 冯学忠主编：《科尔沁右翼前旗志》，内蒙古人民出版社1991年版，第286页。

"瞎指挥""共产风"等"左"的错误。① 1960年12月26日，旗委召开有2000人参加的旗、社、生产大队、生产队四级干部会议。传达贯彻《中共中央关于人民公社若干具体问题的决议》（12条），批评、纠正浮夸风、瞎指挥和共产风。② 第二阶段，从1961年初至1976年12月，实行"三级所有，队为基础"的管理体制。实行"各尽所能，按劳分配，多老多得，不劳动不得"的原则，允许社员保留自留地和从事家庭副业。1966年6月，"文化大革命"开始后，强调以粮为纲，把自留地、自留畜、家庭副业当作"资本主义尾巴"来割。在劳动管理上，批判"三自一包"（自留地、自留畜、自留树、包产到户）、"物质刺激""工分挂帅"，普遍推行"大寨式"的劳动管理制度，否定按劳分配的原则，取消劳动定额。1976年10月后，大部分生产队实现"三包一奖四固定"（包产量、任务、质量，固定土地、劳动、耕畜、农具车辆，超产有奖），少部分生产队实行定额管理或小包工。这种管理体制虽然比以前有所改进，但由于实行统一经营，集中管理，集体劳动，评工记分，统一分配，搞"大帮轰"，吃"大锅饭"，搞平均主义，挫伤了农民生产积极性，阻碍生产的发展。③ 由此，"文化大革命"结束后，当初浩浩荡荡建立的人民公社管理体制宣告结束，农村进入包产到户时代。

人民公社的性质、特征。人民公社是中国农村与基层政权相结合的社会主义集体所有制的经济组织，它是农村社会的基层单位。人民公社经过多次调整，1962年实现了生产资料分别归公社、生产大队和生产队三级所有，立足于以生产队为基础的集体所有制经济的制度。生产队是人民公社的基本核心单位。④ 人民公社和高级社相比，具有"政社合一"和"一大二公"的特征，当时被认为是人民公社优越性的集中表现。第一，"政社合一"的组织体制。人民公社与高级社相比，性质发生了变化，已经不是单纯的劳动农民联合组成的集体所有制经济组织，而成了社会主义政权在农村的基层单位。同时，它又是工、农、商、学、兵五位一体的，从

---

① 冯学忠主编：《科尔沁右翼前旗志》，内蒙古人民出版社1991年版，第286页。
② 冯学忠主编：《科尔沁右翼前旗志》，内蒙古人民出版社1991年版，第286页。
③ 冯学忠主编：《科尔沁右翼前旗志》，内蒙古人民出版社1991年版，第287页。
④ 刘豪兴主编：《农村社会学》（第三版），中国人民大学出版社2015年版，第145页。

而构成了中国社会的基本单位。第二,"一大二公"的组织规模。人民公社的"特点"是"一大二公"。所谓"大",是指组织规模比原来的农业社大得多,每个公社平均4797户,相当于28个原来的农业社。所谓"公",是指生产资料公有化程度高,实行以社为基本核算单位的生产资料公社所有制,即单一的公社所有制。第三,农民财产权利与各种经济权利的全面丧失。在生产资料、经营组织、利益分配、产品流通等方面,农民都丧失了自主经营的权利。[1]

二 阿力得尔公社农牧业结构变化

(一) 种植业结构变化

1958年,阿力得尔努图克与乌兰毛都、海里森三乡合一,成立乌兰毛都人民公社。1961年8月,从乌兰毛都人民公社划出,单独建立阿力得尔人民公社;1962年,树木沟乡从阿力得尔苏木划出,建立树木沟乡。[2] 1958年混都冷开垦水田,1958—1961年种植3000垧,亩产105千克;1959年杨家屯开垦水田面积2400垧,亩产50千克。[3] 1957—1961年,阿力得尔人民公社耕地面积由1957年的4376垧增长到1960年的4685垧,增加309垧、增长7.1%,到1961年下降为4299垧,1961年与1960年比减少386垧,下降8.23%;役畜总头数呈现先增后减趋势,每头役畜耕地面积呈现先降后增又降的局面(详见表2-12)。1960年阿力得尔高勒努图克,粮食作物播种面积为4868.82垧,总产量为714.90万斤,每垧地平均产量为1571斤。在各嘎查中光明嘎查粮食产量最多达125.72万斤、单产量达到1990斤/垧,而翁胡拉嘎查、海力森嘎查、混度冷、西合理木粮食单产量均超过阿力得尔高勒努图克平均单产量。阿力得尔高勒努图克和各嘎查粮食总产量完全满足了三项消费(口粮、饲料、种籽)需求,并有余粮输送国家,支持国家建设。

---

[1] 刘豪兴主编:《农村社会学》(第三版),中国人民大学出版社2015年版,第145页。
[2] 冯学忠主编:《科尔沁右翼前旗志》,内蒙古人民出版社1991年版,第73页。
[3] 冯学忠主编:《科尔沁右翼前旗志》,内蒙古人民出版社1991年版,第296页。

表 2-12　阿力得尔人民公社役畜、耕地分年调查（1957—1961年）

年度	役畜总数 （头、匹、只）	耕地面积总计 （垧）	每头役畜耕地面积 （垧/役畜）
1957	2297	4376	1.91
1958	2397	4431	1.84
1959	2369	4621	1.95
1960	2402	4685	1.95
1961	2395	4299	1.80

资料来源：中共阿力得尔公社委员会：《阿力得尔公社1957—1961年人口、耕地面积、粮食产量、牲畜数量调查统计表》，1962年6月30日。

1961年，阿力得尔高勒努图克从乌兰毛都人民公社划出，单独建立阿力得尔人民公社。1961年，阿力得尔人民公社，耕地面积为61547亩，比1960年减少765亩，其中光明大队和沙布台大队占耕地面积前两位，好田大队耕地面积最少；全苏木耕畜头数合计为1946头，其中牛头数最多达1316头，耕畜以牛为主，以此排序为马313匹、驴278头、骡39头；在各嘎查中太平大队耕畜最多达407头，仍以牛为主，西合理木大队耕畜中驴为77头。全苏木嘎查中最大的大队，太平大队耕畜牛的数量达327头、马的数量达60匹，均占全苏木首位。各嘎查耕畜头数品种多少，主要取决于各嘎查地理环境和农民习惯及牲畜的特性有关。全苏木耕畜平均种植耕地面积为31.6垧，而光明大队耕畜平均种植耕地35.9垧，高于全苏木耕畜平均种植面积（详见表2-13、表2-14）。

根据表2-15分析，1961年，阿力得尔人民公社农作物总播种面积和总产量是：总播种面积为61547亩，与1960年的73032亩相比减少11485亩，从而粮食产量也比1960年少产129.62万斤，其光明大队总播种面积在全公社当中最多，达11049亩，其次为沙布台大队11046亩。全苏木粮食作物播种面积为59247亩，亩产107斤，总产量为635.28万斤。其中光明大队粮食产量高达158.52万斤、占全公社的24.95%，亩产为152斤，高于全公社平均产量；沙布台大队粮食产量为106.97万斤、占全公社的16.83%；粮食产量最少的是西合理木大队，为43.25万斤；粮食播

表 2-13　阿力得尔高勒努图克粮食总产、三消任务完成情况调查表（1960 年）

单位：垧，万斤

项目 嘎查	播种面积（垧）	单产（斤/垧）	总产（万斤）	留粮人口	留种面积（垧）	三项消费基础数				三项消费（万斤）					征购任务完成数	返消情况（万斤）
						牲畜合计	其中			合计（万斤）	口粮	其中		种籽		
							骡马	牛	驴			饲料				
合计	4868.82	1571	714.90	7377	4868.82	1599	263	1014	322	291.24	220.43	17.54	53.27	473.67	50.01
光明	833.41	1990	125.72	1593	833.41	300	47	180	73	56.99	44.33	3.17	9.49	118.73	4.63
太平	463.12	1276	59.10	733	463.12	118	20	82	16	26.68	19.25	2.03	6.41	32.43	4.58
海力森	604.62	1617	97.58	893	604.62	245	36	154	55	38.66	27.58	2.23	8.84	58.92	53.92
好田	603.42	1417	85.45	847	603.42	143	33	82	28	35.44	78.38	1.25	5.79	50.01	10.39
沙佈台	927.31	1197	110.94	1096	927.31	246	33	174	39	46.57	34.29	2.65	9.63	64.37	14.62
翁胡拉	593.30	1696	100.59	914	593.30	226	30	155	41	36.47	30.41	1.35	4.71	64.13	6.84
混都冷西合理木	843.64	1605	135.52	1301	843.64	321	64	187	70	50.44	36.18	4.86	9.41	85.08	3.04

资料来源：中共阿力得尔人民公社委员会：《公社基本情况，接收新党员通知和粮食产量自存阅查表》，1960 年 6 月 28 日—1960 年 12 月 31 日。

说明：一是混都冷和西合力木两个大队，在 1961 年春才分开的，所以将数字未能分清。二是实际完成征购数内，将返消数量全部扣除。三是口粮标准：每人平均吃到 298.8 斤粮食。

表 2-14　阿里得尔人民公社的耕地、牲畜、车辆情况（1961年12月末）

大队名称	耕地（自留地）（亩）	耕畜（头、匹）					车辆（辆）		
		合计	牛	马	驴	骡	合计	胶轮大车	花轮车
公社合计	61547	1946	1316	313	278	39	125	6	119
光明大队	11049	307	186	58	61	2	29	3	26
西合理木大队	6040	145	98	29	77	1	11	1	10
混都冷大队	4448	142	85	36	14	7	13		13
海力森大队	7546	263	179	28	49	7	11		11
好田大队	741	188	98	42	41	7	12		12
沙布台大队	11046	266	171	34	53	8	26		26
翁胡拉大队	7747	228	172	26	26	4	9		9
太平大队	6262	407	327	60	17	3	14	2	12

资料来源：中共阿力得尔公社委员会：《农牧业生产基本数字、分配决算表和粮食产量登记表》，1961年9月1日至1961年12月31日。

种面积最少的是混度冷大队，为4256亩，可是混度冷大队亩产达到138斤，在粮食播种面积少于西合理木大队的前提下，粮食产量高出西合理木大队15.51万斤。由此，混度冷大队农民比较注意精耕细作。全苏木1961年粮食总产量较1960年减产的主因在于，1960年至1962年，全旗连续3年遭受严重自然灾害，农业连续3年减产。至1962年，亩产只有50千克。一些社队严重缺粮，不得不实行"低标准，瓜菜代"，社员每日人均口粮只有6、7、8两，很多社员靠挖野菜和用玉米秸、玉米穰加火碱熬制的"淀粉"等代替食品充饥度日。[1]

---

[1] 冯学忠主编：《科尔沁右翼前旗志》，内蒙古人民出版社1991年版，第286—287页。

表 2-15　阿力得尔人民公社农作物实际产量情况（1961 年 12 月末）

单位：亩、斤

大队名称	公社总产量（斤）				其中：集体经营总产量（斤）			
	总播种面积（亩）	其中：粮食作物			总播种面积（亩）	其中：粮豆作物		
		播种面积	单产	总产量		播种面积	单产	总产量
公社合计	61547	59247	107	6352843	57828	55529	107	5937563
光明大队	11049	10404	152	1585243	10454	9810	152	1486853
西合理木大队	6040	5818	74	432531	5729	5507	74	409695
混都冷大队	4448	4256	138	587625	4011	3941	135	531051
海力森大队	7546	7253	133	964970	6974	6682	97	649060
好田大队	7417	7040	89	623148	6944	6567	87	571826
沙布台大队	11046	10781	99	1069717	10353	10088	99	1002017
翁胡拉大队	7747	7552	82	617090	7283	7088	82	580165
太平大队	6262	6143	121	742518	5965	5846	121	706896

资料来源：中共阿力得尔公社委员会：《农牧业生产基本数字、分配决算表格和粮食产量登记表》，1961 年 9 月 1 日至 1961 年 12 月 31 日。

（二）畜牧业结构变化

本段重点阐述阿力得尔高勒努图克到建立公社期间的役畜头数变化趋势和小牲畜头数变化及个嘎查牲畜头数变化。

总体情况。根据表 2-16 分析，1957—1961 年，大牲畜总头数由 1957 年的 5163 头、匹增长到 1960 年的 5609 头、匹，增加 446 头、匹；到 1961 年下降到 5228 头、匹，比 1960 年减少 381 头、匹，其中牛的头数基本呈现增长趋势，马、骡、驴头数变化不大，役畜占大牲畜比重基本呈现下降趋势，这说明大牲畜繁殖的较多。

表 2-16　阿力得尔高勒努图克耕畜发展情况调查表（1957—1961 年）

单位：头、匹

年度 项目	大牲畜总数	其中：役畜				总计	役畜占大牲畜比重（%）
		牛	马	骡	驴		
1957	5163	1454	425	50	368	2297	44.9
1958	5152	1520	402	46	429	2397	46.6
1959	5496	1586	343	41	399	2369	43.8

续表

项目\年度	大牲畜总数	其中：役畜 牛	马	骡	驴	总计	役畜占大牲畜比重（%）
1960	5609	1661	347	37	362	2407	42.9
1961	5228	1621	355	36	383	2395	41.4

资料来源：中共阿力得尔公社委员会：《阿力得尔公社1957—1961年人口、耕地面积、粮食产量、牲畜数量调查统计表》，1962年6月30日。

大牲畜头数变化。根据表2-17分析，1957—1961年，牛总头数由1404头增长为1590头，增加186头；1—3岁的牛头数由249头增长为375头，增加126头；7—9岁牛头数呈现显著增长态势，15岁以上牛头数明显下降趋势，其他年龄段的牛头数基本呈现增长。上述说明，牛在当时生产领域的使用率较高。

表2-17　阿力得尔人民公社牛头数变化趋势（1957—1961年）　　单位：头

年龄\年度	1957	1958	1959	1960	1961
1—3岁	249	290	339	345	375
4—6岁	299	257	283	287	323
7—9岁	425	424	430	454	442
10—15岁	352	339	373	345	403
15岁以上	79	66	67	49	47
合计	1404	1376	1492	1480	1590

资料来源：中共阿力得尔公社委员会：《阿力得尔公社1957—1961年人口、耕地面积、粮食产量、牲畜数量调查统计表》，1962年6月30日。

根据表2-18分析，1957—1961年，马总匹数由421匹减少到380匹，减少41匹；1—3岁的马匹数由1957年的24匹增长为1960年46匹，到1961年同比减少12匹，马的繁殖率较低；4—6岁和7—9岁的马匹数基本呈现下降趋势；10—15岁的马头数到1961年为108匹，呈现增长态势；15岁以上马的数量较少。上述说明，马匹的使用率相比牛的使用率较低。

表2-18　阿力得尔人民公社马匹数变化（1957—1961年）　　单位：匹

年龄\年份	1957	1958	1959	1960	1961
1—3岁	24	33	32	46	34

续表

年龄＼年份	1957	1958	1959	1960	1961
4—6 岁	107	116	98	104	93
7—9 岁	166	154	124	147	136
10—15 岁	98	96	100	87	108
15 岁以上	26	14	9	14	9
合计	421	413	363	398	380

资料来源：中共阿力得尔公社委员会：《阿力得尔公社1957—1961年人口、耕地面积、粮食产量、牲畜数量调查统计表》，1962年6月30日。

根据表2-19分析，由于骡是公马与母驴交配产生的动物，所以骡的头数变化不大、数量相对较少，从全公社总的头数看，由1957年的46头下降为1961年的35头，呈现下降趋势。

表 2-19　　阿力得尔人民公社骡头数变化趋势（1957—1961年）　　单位：头

年龄＼年度	1957	1958	1959	1960	1961
1—3 岁	2	1		4	3
4—6 岁	18	15	9	3	4
7—9 岁	18	17	22	19	16
10—15 岁	7	7	8	10	9
15 岁以上	1	2	1	1	3
合计	46	42	40	37	35

资料来源：中共阿力得尔公社委员会：《阿力得尔公社1957—1961年人口、耕地面积、粮食产量、牲畜数量调查统计表》，1962年6月30日。

根据表2-20分析，阿力得尔人民公社驴的头数1957年为391头、1958年为375头、1959年为401头、1960年为334头、1961年为449头，基本呈现上升趋势，原因在于1—3岁驴头数显著增长，1961年为49头，与1960年同比增加10头。可见，阿力得尔公社驴的头数比较多。

表 2-20　　阿力得尔人民公社驴头数变化（1957—1961年）　　单位：头

年龄＼年度	1957	1958	1959	1960	1961
1—3 岁	30	26	31	39	49

续表

年度 年龄	1957	1958	1959	1960	1961
4—6岁	138	143	132	90	108
7—9岁	125	142	141	126	189
10—15岁	67	49	80	63	69
15岁以上	31	15	17	16	34
合计	391	375	401	334	449

资料来源：中共阿力得尔公社委员会：《阿力得尔公社1957—1961年人口、耕地面积、粮食产量、牲畜数量调查统计表》，1962年6月30日。

(三) 各大队役畜总头数和耕地面积的比较分析

1957年，翁胡拉大队役畜头数最多，307头，可耕地面积为537.7垧、居第四位；沙布台大队役畜头数居第三位，241头、匹，可耕地面积达到884垧、居首位。由此，1957年沙布台大队每头役畜耕地面积最多，粮食产量达到175.35万斤。1958年，翁胡拉大队役畜头数依然最多，达280头，可耕地面积为558.7垧、居第四位；沙布台大队役畜头数居第三位，241头，可耕地面积达到884垧、居首位。而西合理木大队役畜头数倒数第二位、耕地面积倒数第二位，但粮食产量居全公社首位，高达604.02万斤。因此，本年度西合理木大队粮食生产大丰收。1959年，翁胡拉和沙布台大队役畜头数并列最多，达256头，可是沙布台大队耕地面积为847垧、居全公社首位，粮食产量居第二位。而光明大队役畜头数居第四位、耕地面积第二位，粮食产量居全公社首位，高达2310127斤。因此，本年度光明大队粮食生产大丰收。1960年，沙布台大队的役畜头数和耕地面积为全公社首位，而粮食产量为全公社第二位；而光明大队役畜头数全公社居第三位，耕地面积为797.9垧、居全公社第二位，粮食产量高达174.53万斤、居全公社首位。1961年，沙布台大队的役畜头数和耕地面积在全公社仍居首位，而粮食产量为全公社第二位、产量1023908斤；而光明大队役畜头数和耕地面积均在全公社居第二位，分别为245头775.3垧，可是粮食产量高达1486853斤、居全公社首位。因此，1961年光明嘎查粮食产量大丰收（详见表2-21、表2-22、表2-23、表2-24）。

表 2-21　　　　　　　　各大队役畜总头数的比较　　　　　　　单位：头、匹

年份\队别	海力森	光明	好田	沙布台	混度冷	翁胡拉	西合理木	太平
1957	260	231	219	241	215	307	156	154
1958	220	237	208	224	178	280	202	124
1959	231	221	177	256	161	256	172	115
1960	201	230	174	383	164	232	162	158
1961	239	245	190	320	163	232	187	171

资料来源：中共阿力得尔公社委员会：《阿力得尔公社1957—1961年人口、耕地面积、粮食产量、牲畜数量调查统计表》，1962年6月30日。

表 2-22　　　　　　　　各大队耕地面积的比较　　　　　　　　单位：垧

年份\队别	海力森	光明	好田	沙布台	混度冷	翁胡拉	西合理木	太平
1957	555	741.5	489	884	425.0	537.7	366.8	376.8
1958	583	666.9	556	884	387.4	558.7	386.8	376.8
1959	598	700.0	516	847	352.6	600.0	456.7	443.0
1960	638	797.9	551	816	397.4	642.0	395.0	447.0
1961	584	775.3	496	794	299.4	546.9	381.4	422.1

资料来源：中共阿力得尔公社委员会：《阿力得尔公社1957—1961年人口、耕地面积、粮食产量、牲畜数量调查统计表》，1962年6月30日。

表 2-23　　　　　　　　各大队粮食总产量的比较　　　　　　　　单位：斤

年份\队别	海力森	光明	好田	沙布台	混度冷	翁胡拉	西合理木	太平
1957	750000	1902944	732085	1753540	1256000	1235600	561531	591200
1958	128600	1942264	772750	1620905	849864	1166920	6040299	752120
1959	1796000	2310127	1107980	2052817	899139	1433400	1517574	862548
1960	953300	1745394	854507	1128650	680233	1005923	913758	614672
1961	649064	1486853	816384	1023908	531050	580166	411195	706896

资料来源：中共阿力得尔公社委员会：《阿力得尔公社1957—1961年人口、耕地面积、粮食产量、牲畜数量调查统计表》，1962年6月30日。

表 2-24　　各大队每头役畜耕地面积的比较（1957—1961 年）　　单位：头、匹

年份\队别	海力森	光明	好田	沙布台	混度冷	翁胡拉	西合理木	太平
1957	2.15	3.20	1.98	3.66	1.98	1.75	2.35	2.44
1958	2.62	2.80	2.17	3.95	2.17	1.98	1.80	3.03
1959	2.59	3.10	2.19	3.30	2.19	1.35	2.65	3.85
1960	3.18	3.50	2.42	2.50	2.42	2.77	2.44	2.82
1961	2.44	3.20	1.83	2.46	1.83	2.35	2.04	2.48

资料来源：中共阿力得尔公社委员会：《阿力得尔公社 1957—1961 年人口、耕地面积、粮食产量、牲畜数量调查统计表》，1962 年 6 月 30 日。

三　1965 年与 1961 年农牧业发展的比较分析

（一）种植业结构变化趋势

从耕地资源看，1965 年，阿力得尔公社年末耕地面积为 66756 亩，其中水浇地 3204 亩，占旱地的 4.8%。在年末耕地面积中，公社集体经营 61254 亩，社员自营 4919 亩，机关团体及其他 583 亩。当年新开荒面积 386 亩，机耕地面积 1725 亩，秋翻地面积 6450 亩，基本农田面积 1004 亩。[①] 耕地面积与 1961 年耕地面积 61547 亩相比，增加 5209 亩，增长 8.47%。从农作物播种面积看，1965 年，阿力得尔公社农作物总播种面积 66750 亩，总收获面积 63415 亩，占总播种面积的 95.0%，这说明 1965 年阿力得尔人民公社粮食生产获得丰收。粮食、大豆合计播种面积 62721 亩，收获面积 59636 亩，亩产量 101 斤，总产量 683.2 万斤。小麦播种面积 694 亩，收获面积 632 亩，亩产量 84 斤，总产量 5.8 万斤；稻谷未种植；谷子播种面积 18249 亩，收获面积 17796 亩，亩产量 87 斤，总产量 158.21 万斤；玉米播种面积 27415 亩，收获面积 26642 亩，亩产量 152 斤，总产量 417.37 万斤；高粱播种面积 43 亩，收获面积 23 亩，亩产量 58 斤，总产量 250 斤；散糜子播种面积 5876 亩，收

[①] 1965 年版的《科尔沁右翼前旗国民经济统计资料汇总》，科尔沁右翼前旗计划委员会，第 22—23 页。

获面积4861亩，亩产量44斤，总产量25.58万斤；荞麦播种面积5230亩，收获面积4689亩，亩产量55斤，总产量28.83万斤；其他杂粮播种面积1175亩，收获面积1126亩，亩产量81斤，总产量10.19万斤；薯类播种面积896亩，收获面积861亩，亩产量106斤，总产量10.42万斤；大豆播种面积3143亩，收获面积3002亩，亩产量87斤，总产量27.47万斤。[①]

1965年粮食作物播种面积与1961年相比，增加7509亩，增长11.25%；1965年粮食产量与1961年相比，增加47.37万斤，增长7.5%。并且，1965年阿力得尔人民公社农作物播种品种有大豆、小麦、谷子、玉米、高粱、散糜子、荞麦、麻类、向日葵，还有杂粮、薯类等多种，种植品种明显多于其他年份。

从经济作物品种看，1965年，阿力得尔公社经济作物播种面积3393亩，收获面积3169亩，占播种面积的93.4%。油料播种面积2610亩，收获面积2417亩，亩产量123斤，总产量32.07万斤。其中：麻类面积783亩，收获面积752亩，单产量30斤，总产量2.31万斤；向日葵播种面积2255亩，收获面积2136亩，亩产量116斤，总产量26.09万斤；蔬菜种植面积621亩，收获面积589亩，亩产量1140斤，总产量70.8万斤。[②] 从生产经营主体看，集体经营生产的比重较大，其次是社员自主经营种植面积，第三是机关团体经营面积。1965年，阿力得尔人民公社集体经营主要农作物实际产量是，粮豆作物播种面积57376亩，亩产量108斤，总产量62.34万斤；工业原料播种面积3362亩，其中油料播种面积2590亩，单产123斤；麻类播种面积772亩，亩产量30斤，总产量2.29万斤。社员自营主要农作物实际产量是：总播种面积4919亩，其中粮豆作物播种面积4836亩，亩产量116斤，总产量55.88万斤；机关团体总播种面积583亩，其中粮豆播种面积509亩，亩产量97斤，总产量3.96万斤。可见，人民公社时代，土地经营以集体经营为主、以社员和机关团体辅助的经营模式。

[①] 1965年版的《科尔沁右翼前旗国民经济统计资料汇总》，科尔沁右翼前旗计划委员会，第28—40页。

[②] 1965年版的《科尔沁右翼前旗国民经济统计资料汇总》，科尔沁右翼前旗计划委员会，第41—58页。

从耕地精细化经营看，1965年，阿力得尔人民公社施肥面积2.83万亩，占农作物总播种面积的42.4%，施肥使用量4905万斤（农家肥），良种播种面积1.72万亩，占农作物总播种面积的25.7%，合理密植面积1.31万亩，占总播种面积的19.6%。从各生产大队的耕地面积看，1965年，光明大队为829.5垧地，与1961年736.6垧地相比增加92.9垧地，增长12.6%；以此排序为沙布台大队776.4垧地、翁胡拉大队534.2垧地、海力森大队519.8垧地、好田大队482.1垧地、太平大队422.7垧地、西合理木大队391.3垧地、混度冷大队为322.2垧地。为此，1965年阿力得尔公社种植业大丰收，出现了集体先进模范14个，先进个人4个，有力地推动了阿力得尔公社种植业的加快发展（详见表2-25）。

（二）畜牧业变化趋势

根据1965年版的《科尔沁右翼前旗国民经济统计资料汇总》数据：从大小牲畜总头数看，1965年，阿力得尔人民公社大牧业年度小牲畜合计13585头，与1961年相比，增加5897头，增长高达76.7%。大牲畜合计8788头，与1961年相比，增加2913头，增长高达49.6%。其中牛6395头、马1498匹、驴852头、骡53头，分别与1961年相比，牛增加2079头、马增加466匹、驴增加349头、骡增加11头；小牲畜合计4787头，与1961年牧业年度小牲畜总头数1813头相比，增加2974头、增长高达164.0%，其中绵羊2661只、山羊3374只，与1961年头数分别比，绵羊增加1650只、增长高达163.2%；山羊增加2572只、增长高达320.7%；猪3374口，与1961年的2386口相比，增加988口，增长41.4%。可见，1965年的大小牲畜头数与1961年牧业年度头数相比，显著增长，主因在于随着人口的增加和生活水平的提高，百姓的消费需求也同时增长。

根据1965年版的《科尔沁右翼前旗国民经济统计资料汇总》数据：从畜牧业棚圈设施建设看，1965年，阿力得尔人民公社畜棚82个、27129平方市丈，其中新增21个、5335平方市丈；畜圈101个、12993平方市丈；新打牧业水井1眼；打草422万斤。同时，阿力得尔公社畜牧改良加快进行，1965年全公社牛改良头数为260头、马84匹、羊750只、马配驴子53次。从而出现牧业模范基地6个。由此，畜牧业头数增长较快，对畜牧业的重视程度很高。

表 2-25　　　　　　　　　　1965 年阿力得尔公社农业生产计划表　　　　单位：垧，斤/垧，万斤

项目 生产大队	总耕地面积	其中：自留地	粮食作物			油料面积	工业原料作物								基本田作物		
			粮豆面积	单产	总产量	合计		单产	总产量	其中麻类面积	单产	总产量	其他面积	面积	其中	
															300斤以上的	400斤的
公社	4278.2	280.8	3596.66	2095	853.78	403.64	106	2197	23.29	66	758	5.00	231.64	215	145	70
光明	829.5	59.2	692.30	3300	28.46	78.00	22	2910	6.42	12	825	0.99	44.00	50	30	20
太平	422.7	24.4	358.49	2800	100.38	39.81	10	1950	1.95	7	750	0.53	22.81	15	10	5
翁胡拉	534.2	31.2	452.70	2900	131.28	50.30	14	1800	2.52	7	675	0.47	29.30	25	15	10
海力森	519.8	29.4	441.36	2900	127.99	52.00	12	1950	2.34	8	750	0.60	32.00	25	15	10
沙布台	776.4	66.1	639.27	2700	172.60	71.03	20	1875	3.75	11	750	0.83	40.03	30	25	5
好田	482.1	29.2	407.61	2700	110.05	45.29	7	1875	1.31	7	750	0.53	31.29	25	20	5
混度冷	322.2	18.9	272.96	3300	90.07	30.33	11	2910	3.20	8	825	0.66	11.33	30	20	10
西合理木	391.3	22.4	331.97	2800	92.95	36.88	10	1800	1.80	6	675	0.41	20.89	15	10	5

资料来源：中共阿力得尔委员会《关于农业发展、农牧收益分配、春播夏粮、农牧业生产、防护林工作的提纲、通知、讲话、报告、指示》，1966年1月2日至1966年12月9日。

表 2-26　　　　　　　1965 年牲畜改良任务的具体落实

牲畜 大队名称	牛（头）	马（匹）	羊（只）	马配驴子（头）
光明大队	20	20	100	10
太平大队	60	10	200	11
好田大队	50	10	100	5
混度冷大队	20	5	30	8
西合理木大队	20			
翁胡拉大队	30	5	120	6
海力森大队	15	6		3
沙布台大队	15	10		10
公社牧场	30	18	200	
合计	260	84	750	53

资料来源：中共阿力得尔委员会《关于农业发展、农牧收益分配、春播夏粮、农牧业生产、防护林工作的提纲、通知、讲话、报告、指示》，1966 年 1 月 2 日至 1966 年 12 月 9 日。

（三）林业发展情况

1965 年，阿力得尔人民公社，造林面积 944 垧，其中用材林 605 垧、防护林 71 垧。零星植树 46045 株，补植面积 210 垧，重造面积 30 垧。幼林抚育作业面积 60 垧。可见，阿力得尔公社很重视林业生态建设问题，防火集体有 5 个、造林集体有 5 个，从而出现护林防火先进集体 10 个。

表 2-27　　　　　1965 年农牧林水先进集体个人模范分配表

各嘎查	合计	农业模范（个）			牧业模范（个）			护林防火（个）			水利模范（个）	
		合计	集体	个人	合计	集体	个人	合计	防火	造林	合计	集体
光明	7	4	3	1	1	1		1	1		1	1
太平	3	1	1		1	1		1	1	1		
翁胡拉	6	2	1		1	1		2	1	1		
海力森	4	2	12									
沙布台	7	4	3	1	1	1		1	1		1	1
好田	5	2	1	1	1	1		1	1	1	1	1

续表

各嘎查	合计	农业模范（个）			牧业模范（个）			护林防火（个）			水利模范（个）	
		合计	集体	个人	合计	集体	个人	合计	防火	造林	合计	集体
混度冷	3	2	2								1	1
西合理木	2	1	1					1	1			
公社牧场	1				1	1						
机关	2							2	1	1		
合计	41	18	14	4	6	6		10	5	5	6	6

资料来源：中共阿力得尔委员会《关于农业发展、农牧收益分配、春播夏粮、农牧业生产、防护林工作的提纲、通知、讲话、报告、指示》，1966年1月2日至1966年12月9日。

（四）阿力得尔人民公社收益分配情况

根据1965年版的《科尔沁右翼前旗国民经济统计资料汇总》从1965年的阿力得尔人民公社收益分配和支出情况看，收入远大于支出，剩余564236元，由此，1965年阿力得尔公社农牧业大丰收，为国家输送了诸多粮食、牲畜和资金。本年度生产收入为772958元，其中农业收入554213元、占总收入的71.7%；牧业收入43649元、占总收入的5.64%；副业收入149070元、占总收入的19.3%；其他收入26026元。年末费用开支合计为208724元，生产费用支出196012元、占总支出的93.9%，管理费支出8639元，其他费用支出4073元。本年分配情况，合计564234元，占本年度总收入的72.9%；国家税金57524元、占分配总额的10.2%，其中农业税23840元、农业税占国家税金的41.4%，公积金23842元，公益金13551元，预留下年生产资金15120元，储备粮基金8819元，折旧基金7290元；社员分配438088元、其中实物折价223527元，社员分配占总分配额度的77.6%，占了多数。以此断定，1965年阿力得尔公社农业是主要产业，其次为副业产业，再次是畜牧业，最后是其他产业，由此，阿力得尔公社是多种产业经营的生产集体，为自治区政府经济建设做了不少贡献。

四 1972年与1965年农牧业发展的比较分析

1971年10月18日内蒙古党委发布《关于当前农村牧区若干政策问

题的规定》，提出正确执行"以粮为纲、全面发展"的方针；同年11月18日—12月6日，全区农业学大赛经验交流会在呼和浩特召开。自治区党委书记尤太忠作了《深入开展农业学大赛群众运动，为尽快改变内蒙古自治区农牧业面貌而奋斗》的报告①。在上述政策的指导下，阿力得尔人民公社加快发展了种植业。

（一）种植业结构变化

1972年，阿力得尔人民公社粮豆播种面积为62572亩，其中自留地面积为4234亩、占粮豆总面积的6.8%，集体经营面积为58338亩、占粮豆总面积的93.2%。粮食总产量为669.96万斤、每亩单产为107斤，其中自留地耕地粮食产量为167.35万斤、占粮食总产量的25.0%；集体经营耕地粮食产量为502.61万斤，占粮食总产量的75.0%。与1965年相比，粮豆面积增加8622.1亩，增长15.9%；粮食总产量减少383.83万斤，下降36.4%，原因在于1972年的粮食单产量与1965年粮食单产量低195斤（详见表2-28）。1972年，阿力得尔人民公社征购粮食为104.82万斤，占粮食总产量的15.7%，超购粮达到20.75万斤，其中大豆超购完成6.48万斤；从口粮标准看，全公社人口为13468人，年均每人的标准粮食是383斤，人均每天1.06斤，人均口粮并不宽裕。（详见表2-29）

（二）畜牧业变化趋势

表2-30显示，1972年阿力得尔人民公社役畜和其他大牲畜累计为4148头，较1965年减少4640头，下降52.8%；羊合计为2933只，较1965年减少3102只，下降51.4%；生猪头数大幅度减少，1972年累计为187口，较1965年减少3187口，下降94.5%。

五 1976年与1972年农牧业的比较分析

（一）种植业结构变化

1976年，阿里得尔苏木人民公社农业生产计划，总播种面积66200亩。其中：粮豆作物播种面积58000亩，单产240斤/亩，总产量1392万

---

① 《内蒙古自治区志·农业志》编委会编辑：《内蒙古自治区志·农业志》，内蒙古人民出版社2000年版，第44页。

表 2-28　　　　　　　　　　1972年阿力得尔公社农村生产队粮食基本情况（一）

单位：亩，斤/人，人

项目 队别	粮豆面积 合计	自留地面积	集体经营面积	单产	总产 合计	自留地产量	分配产量 合计	其中:大豆	五年任务 合计	其中:大豆	征购 合计	其中:大豆	超购 合计	其中:大豆
沙布台	10750	943	9807	73	787420	45015	742405	27350	541000	54100	9171			
光明	12847	797	12050	125	1606249	1374000	232249	174098	571000	57100	488333	76714		
混度冷	4563	345	4218	187	854058	45080	808978	53459	218000	21800	188988	27789	190657	47714
翁胡拉	7495	452	7043	95	713110	35460	677650	20512	415000	41500	66470	4775	9760	13389
太平	7459	368	7091	60	441310	45870	395440	32380	340000	33740	23352	7315		
西合理木	5348	368	4980	109	582623	39640	545563	11344	262000	26200	6400			
海力森	7630	459	7171	115	874024	48350	825674	20226	384000	38400	135937	770		
好田	6480	502	5978	130	840788	40100	800688	43165	269000	26900	129551	17782	7058	3681
合计	62572	4234	58338	894	6699582	1673515	5028647	382534	3000000	299740	1048202	135145	207475	64784

资料来源：《阿力得尔苏木政府第四次全国人口普查资料（综合类）》，1990年7月。

表2-29　1972年阿力得尔公社农村生产队粮食基本情况表（二）

单位：人、斤/人、斤、亩、头

项目\队别	合计（斤）	口粮（斤）		粮食	种子（斤）			农村拨粮（斤）		饲料				种畜	
		人口	标准		面积	标准	当种数	合计	马骡	役畜牛	驴	马骡	牛	羊
沙布台	1024320	1938	360	707160	9874	10	98740	218420	103	206	8		6	6
光明	1869068	3341	411	1372485	12015	11	128203	368380	223	260	44			
混度冷	652325	1192	403	480131	4614	11	53614	118580	71	90	24			5
翁胡拉	787136	1527	366	558940	7188	10	67050	161146	76	178	4	1	4	2
太平	784100	1454	370	536120	7138	10	71380	176600	96	133	19			
西合理木	577230	1165	363	423150	4660	10	43800	110280	52	105	12			
好田	733880	1359	386	524910	6323	10	63540	145430	74	141	8			
海力森	783588	1492	378	564708	7238	10	72380	146500	83	166	4			
合计	7211647	13468	383	5167604	59050	10	598707	1445336	778	1279	123	1	10	13

资料来源：《阿力得尔苏木政府第四次全国人口普查资料（综合类）》，1990年7月。

表 2-30　　　　　阿力得尔人民公社畜牧业发展状况（1972 年）

嘎查	役畜（头）	其他大牲畜（头）	羊（只）	猪（口）
沙布台	317	448	669	
光明	517	166	205	12
混度冷	185	20	51	4
翁胡拉	258	261	250	23
太平	248	318	1108	
西合理木	169	237	650	
好田	223	72		42
海力森	253	456		106
合计	2170	1978	2933	187

资料来源：中共阿力得尔人民公社委员会《关于各大队农牧业生产先进集体、个人典型材料》，1972 年 12 月 31 日。

斤，大豆面积 5600 亩，每亩 150 斤，总产量 84 万斤；水稻面积 3000 亩，每亩 350 斤，总产量 105 万斤；小麦面积 3000 亩，每亩 160 斤，总产量 48 万斤；谷子面积 15000 亩，每亩 200 斤，总产量 300 万斤；土豆面积 1000 亩，每亩 200 斤，总产量 20 万斤。油料面积 4000 亩，其中甜菜面积 1500 亩，每亩 1600 斤，总产量 240 万斤；线麻 490 亩，其他作物面积 2210 亩。[1] 与 1972 年相比，粮豆作物播种面积减少 4572 亩，可是每亩单产量多增产 133 斤，所以粮食总产量达到 1392 万斤，比 1972 年多增产 722.05 万斤，增长 107.8%。可见，1976 年阿力得尔人民公社粮食取得了巨大丰收。与 1965 年相比，粮豆面积增加 4050.1 亩，增长 7.5%，粮食总产量增产 338.21 万斤，增长 32.1%，每亩粮食单产量增产 45 斤，增长 23.1%。

（二）畜牧业结构变化

1976 年，阿力得尔苏木人民公社畜牧业生产计划，大牲畜发展头数为 11600 头，存栏头数为 10450 头。其中：牛发展头数为 6910 头、存栏头数 6460 头。小牲畜的羊发展只数为 10500 只、存栏只数为 8540 只；猪发展口数为 11520 口、存栏口数为 8170 口。[2] 1975 年的大牲畜存栏头数与 1972 年相比，增加 6302 头，增长 151.9%；小牲畜羊的存栏只数增加

---

[1] 科尔沁右翼前旗革命委员会：《科尔沁右翼前旗一九七六年农牧业生产计划（草案）》，一九七六年二月二十四日。

[2] 科尔沁右翼前旗革命委员会：《科尔沁右翼前旗一九七六年农牧业生产计划（草案）》，一九七六年二月二十四日。

5607只，增长191.1%；猪存栏口数增长42.6倍。由此，1976年畜牧业发展程度远高于1972年的水平。

（三）林业结构变化

1976年，阿力得尔苏木造林面积3000垧，育苗350垧，四旁植树7.5万株。可见，林业始终是党和国家重视的产业。

1958—1976年，阿力得尔人民公社虽然经过了"大跃进"和"三年特大自然灾害"及10年"文化大革命"，但是阿力得尔人民公社的生产生活仍井然有序进行着。其中最艰难的是1960年至1962年的全旗连续3年遭受严重自然灾害，农业连续3年减产，给农牧民带来巨大困难。例如在对老年人的采访中，了解到1962年亩产只有50千克。一些社队严重缺粮，不得不实行"低标准，瓜菜代"，社员每日人均口粮只有6、7、8两，很多社员靠挖野菜和用玉米秸、玉米穰加火碱熬制的"淀粉"等代替食品充饥度日。到1965年，阿力得尔人民公社农牧业取得大丰收，有效缓解了饥饿状况，粮食总产量由1961年的620.55万斤上升为1965年的853.78万斤，增产233.23万斤，增长37.6%；大小牲畜合计13585头，与1961年相比，增加5897头，增长高达76.7%。到1972年，虽然粮豆面积较1965年大幅增长，可是粮食产量却减少了高达383.83万斤，下降36.4%，主因在于1972年的粮食单产量与1965年粮食单产量相比低195斤。在这种情况下，阿力得尔人民公社依然完成了国家交给的各项任务。1972年，阿力得尔人民公社缴纳国家征购粮104.82万斤，占粮食总产量的15.7%，超购粮达到20.75万斤，其中大豆超购完成6.48万斤。从口粮标准看，全公社人口为13468人，年均每人的标准粮食是383斤，人均每天1.06斤，人均口粮并不宽裕。可见，阿力得尔人民公社在"文化大革命"中勒紧裤腰带，依然支持着国家的发展。到1976年"文化大革命"结束时，阿力得尔人民公社农牧业依然丰收，与1972年相比，虽然粮豆作物播种面积减少4572亩，可是每亩单产量增产133斤，所以粮食总产量达到1392万斤，比1972年多增产722.05万斤，增长107.8%。这些都有力地支持了科尔沁右翼前旗经济社会的发展。

人民公社曾被宣传为农民走向共同富裕道路的"金桥"，在20年里增产不增收，农民年复一年地在贫困线上徘徊。究其原因，都是由人民公社制度造成的，严格的计划经济，以阶级斗争为纲，以粮为纲，平均化分配，使得农民被牢牢地关在集体经营的笼子里，缺乏积极性和创造性。[①] 随着"文化大革命"的结束和改革开放的实施，人民公社走向终结，为家庭联产承包责任制所替代。

因此，农业基本经济制度改革成为必然。

第三节　改革开放初期和市场化改革阶段

1978 年对中国来说是里程碑意义的年份，党的十一届三中全会胜利召开，中国进入改革开放初期阶段。在广大农村地区，逐步推行农地制度改革，在农地制度改革当中出现了三种不同形式的生产责任制，即不联产责任制、联产承包责任制、包干到户等。那么，根据调查了解，阿力得尔人民公社未经过前两个责任制，直接进入包干到户，也就是说家庭联产承包责任制。到 1992 年，中国共产党第十四次全国代表大会明确了我国经济体制改革的目标是"建立社会主义市场经济体制"。报告指出，我国经济体制改革确定什么样的目标模式，是关系整个社会主义现代化建设全局的一个重大问题。这个问题的核心是正确认识和处理计划与市场的关系。社会主义市场经济体制是同社会主义基本经济制度结合在一起的。由此，党的十四大后国民经济发展进入市场化改革阶段，尤其是从 1996 年开始在国民经济各个领域加速市场化改革，在改革当中探索和摸索适合我国经济发展的模式。在这种大背景下，国家对农业生产领域进一步出台了农村土地制度等改革，促进了农业生产力的发展，提高了农业生产效率。

一　从国家角度梳理，生产责任制到家庭承包经营

（一）农村出现三种不同形式的生产责任制

1978 年底召开的党的十一届三中全会，将农业列为首要议题，并发布了《中共中央关于加快农业发展若干问题的决定（草案）》。全会强调：要稳定"三级所有，队为基础"的体制，不得无偿调用和占用生产

---

① 刘豪兴主编：《农村社会学》（第三版），中国人民大学出版社 2015 年版，第 145—146 页。

队的劳力、资金、产品和物资；要严格执行按劳分配，按劳动数量和质量计算劳动报酬。党的十一届三中全会后，一些地方积极试验并推广各种形式的农业生产责任制。归纳起来，有三种不同类型，即不联产责任制、联产承包责任制和包干到户。①

不联产责任制。不联产责任制，是指生产队在统一经营、统一核算前提下，将某个时期的农活承包给作业组或个人，明确规定其应当按质完成的作业数量和应得工分，超额完成的给予奖励，完不成任务或质量不合格，扣工分报酬。不联产责任制的特点是，承包者只对某项或几项作业负责，而不对最终成果负责。②

联产承包责任制。联产承包责任制，是指生产队在统一经营、统一核算前提下，把承包者的利益与最终成果部分挂钩，包产内的产量上缴生产队，由生产队按工分统一分配；超产奖励，减产受罚。联产承包责任制主要有"专业承包、联产计酬""包产到劳"和"包产到户"。顾名思义，常说的家庭联产承包责任制，专指包产到户责任制。家庭联产承包责任制仍然需将产品上缴生产队，将上缴产品折算为工分后，再由生产队统一进行分配，这样的分配办法手续烦琐，同样容易出现"一平二调"③。

包干到户。包干到户，是指生产队将土地承包到户，农户与生产队签订承包合同，按合同规定上缴国家税收、订购任务和集体提留，剩余产品完全归农户自己，简称"交够国家的、留足集体的、剩余都是自己的"。包干到户，是真正意义上的家庭承包经营。由于约定俗成的原因，家庭承包经营（包干到户），一直被称为家庭联产承包责任制，直到1998年中国共产党第十五届三中全会，正式改成家庭承包经营。④

(二) 家庭承包经营的发展历程

1978年秋至1979年冬，推行定额包干责任制，当时不允许包产到户

---

① 廖洪乐：《中国农村土地制度六十年——回顾与展望》，中国财政经济出版社2008年版，第68页。

② 廖洪乐：《中国农村土地制度六十年——回顾与展望》，中国财政经济出版社2008年版，第68—69页。

③ 廖洪乐：《中国农村土地制度六十年——回顾与展望》，中国财政经济出版社2008年版，第69页。

④ 廖洪乐：《中国农村土地制度六十年——回顾与展望》，中国财政经济出版社2008年版，第69页。

和包干到户。

1979年4月，中共中央批转的《〈关于农村工作问题座谈会纪要〉的通知》（七省会议纪要）要求：必须保持农村人民公社"三级所有、队为基础"制度的稳定；在坚持生产资料集体所有，劳动力统一使用，生产队统一核算和分配的前提下，实行生产责任制；生产责任制形式可以多种多样，除特殊情况（如深山、偏僻地区的孤门独户等）经县委批准外，不许包产到户，不许划小核算单位，一律不许分田单干。同年9月，党的十一届四中全会通过的《中共中央关于加快农业发展若干问题的决定》要求：继续稳定"三级所有、队为基础"的体制，人民公社、生产大队和生产队的所有权和自主权应该受到国家法律的保护，任何单位和个人，绝对不允许无偿调用和占用生产队的劳力、土地、牲畜、机械、资金、产品和物资；在人民公社各级组织实行生产责任制，实行按劳分配；不许分田单干，除某些副业生产的特殊需要和边远山区、交通不便的单家独户外，也不要包产到户。[1]

概括起来，农村人民公社各级经济组织可以试行多种类型的生产责任制，这些责任制可以以作业组为单位，可以劳动力为单位，就是不能以农户为单位。不过，从上述两个文件看，在半年时间里，中共中央对包产到户的态度还是有所松动，从不许包产到户，到不要包产到户。可见，包产到户是多么重要的事情。

1980年春至1981年底，是普及责任制，家庭承包经营迅速发展的阶段。在全国激烈讨论农户家庭联产责任制的关键时刻，邓小平充分肯定了包产到户和包干到户。1980年5月3日，邓小平就农村政策发表谈话，他认为一些适宜搞包产到户的地方，包产到户的效果很好，变化很快，包产到户不会影响集体经济的发展。1980年9月27日，中央发布《中共中央印发〈关于进一步加强和完善农业生产责任制的几个问题〉的通知》（以下简称《通知》）。该《通知》充分肯定了各类形式的生产责任制，特别指出在那些边远山区和贫困落后地区，长期"吃粮靠返销，生产靠贷款，生活靠救济"的生产队，群众对集体丧失信心并要求包产到户的，

---

[1] 廖洪乐：《中国农村土地制度六十年——回顾与展望》，中国财政经济出版社2008年版，第70—71页。

应该支持群众要求,可以包产到户,也可以包干到户,并在一个较长的时间内保持稳定。1979 年,全国基本核算单位 479.6 万个,实行生产责任制的基本核算单位 407 万个,其中实行包干到户的核算单位为 0.2 万个。到 1981 年全国基本核算单位 601.1 万个,实行生产责任制的基本核算单位 587.8 万个,其中实行包干到户的核算单位 228.3 万个,占全国核算基本单位的 38.0%。[①] 可见,包干到户政策深得人心民心、具有极强的生命力,所以其发展迅速,极大调动了农民的生产积极性,解放了农村生产力,促进了农村生产力的加快发展。

1982 年春至 1983 年底,为全面推行家庭承包经营阶段。由于包产到户与包干到户增产效果明显,其优越性逐步被广大农民和干部所认可。学术界、理论界和决策界对包产到户、包干到户基本形成共识,将包产到户、包干到户视为集体经济内部的一种生产责任制,家庭承包经营(包干到户)成为社会主义合作经济的一个经营层次。包干到户虽然实行分户经营,但它是建立在土地公有制基础之上,农民不能买卖集体土地,集体和农户保持承包关系,集体向农户收取一定的承包费和提留,有的还由集体统一进行农业基础设施建设。在农地集体所有制条件下,实行包产到户特别是包干到户,有利于将集体统一经营的优越性和农户家庭承包经营的优越性结合起来。[②]

1982 年 1 月 1 日,中共中央批转《全国农村工作会议纪要》,充分肯定了包产到户和包干到户,认为小段包工定额计酬,专业承包联产计酬,联产到户,包产到户、到组,包干到户、到组等,都是社会主义集体经济的生产责任制;包工、包产、包干的区别主要在于计算劳动成果的方法不同。1983 年 1 月 2 日,中央发布《中共中央关于印发〈当前农村经济政策的若干问题〉的通知》充分肯定了联产成包责任制,认为联产承包责任制采取了统一经营和分散经营相结合的原则,这种统分结合的双层经营体制具有广泛适应性,既可适应于当前手工劳动为主的状况和农业生产的特点,又能适应农业现代化进程中生产力发展的需要,并要求林业、牧

---

① 廖洪乐:《中国农村土地制度六十年——回顾与展望》,中国财政经济出版社 2008 年版,第 71—72 页。

② 廖洪乐:《中国农村土地制度六十年——回顾与展望》,中国财政经济出版社 2008 年版,第 72 页。

业、渔业和多种经营都实行联产承包责任制。①

到1983年,全国589万个基本核算单位中,有576.4万个实行了包干到户,占97.9%;全国18523.2万户农户中,实行包干到户的农户为17497.7万户,占农户总数的94.5%。② 全国农村双包到户的比重已占到95%以上③。至此,由家庭承包经营和集体统一经营相结合的双层经营体制基本形成。同年,"家庭联产承包责任制"被庄严地写入第六届全国人民代表大会的政府工作报告中④。家庭联产承包责任制在制度安排上具有以下特点:第一,它以家庭组织(农户)替代了生产队作为农业生产和经营的决策单位;第二,选择了"交足国家的、留够集体的、剩余是自己的"承包合约;第三,在将集体土地包给单个农户时强调了要"坚持土地的集体所有制不变";第四,实行承包制后,单个农户的生产规模较小。⑤

各地分配承包地时,一般采用按人口均分的办法,也有采用按劳动力,或者按人、劳比例分配办法的。土地好坏搭配,承包期短。这种土地分配办法,给农业生产带来诸多不便。比如,地块小而分散,不利于耕作;承包期太短,农民不进行长期投资。为解决这些矛盾,中共中央在1984年的一号文件中要求:土地承包期一般应在15年以上;生产周期长的和开发性项目,如果树、林木、荒山、荒地等,承包期应当更长一些。这项政策被简称为"15年不变",也被称为"第一轮承包"⑥。1984年的中共中央的一号文件同时规定:如群众有土地调整要求的,可以在延长承包期之前,本着"大稳定、小调整"的原则,经过充分协商,由集体统

---

① 廖洪乐:《中国农村土地制度六十年——回顾与展望》,中国财政经济出版社2008年版,第7页。

② 廖洪乐:《中国农村土地制度六十年——回顾与展望》,中国财政经济出版社2008年版,第73页。

③ 刘豪兴主编:《农村社会学》(第三版),中国人民大学出版社2015年版,第146—147页。

④ 刘豪兴主编:《农村社会学》(第三版),中国人民大学出版社2015年版,第146—147页。

⑤ 刘豪兴主编:《农村社会学》(第三版),中国人民大学出版社2015年版,第146页。

⑥ 廖洪乐:《中国农村土地制度六十年——回顾与展望》,中国财政经济出版社2008年版,第74页。

一调整土地。对 15 年承包期内是否调整承包地，并没有作明确规定。即没有规定 15 年承包期内可以调整承包地，也没有规定 15 年承包期内不可以调整承包地。①

根据调查了解，在 15 年承包期内，阿力得尔苏木嘎查领导班子在保持大局稳定的前提下，小规模地调整了耕地，例如，当时凡是新增加人口的农户都分给嘎查集体留的"机动地"，缓解了"增人不增地"的矛盾。为此，当年的嘎查领导班子，为农村农业的稳定发展，认真执行了中央的相关土地政策，稳住了农民安心生产。

1984 年出台承包期"15 年不变"政策时，并没有明确界定承包起止期限。如果将 1978 年作为起始期，那么到 1993 年就要到期。所以，中央政府必须在 1993 年决定此后家庭承包经营制度的走向。1993 年 11 月，中共中央作出决定：耕地承包期再延长 30 年不变；开垦荒地、营造林地、治沙改土等从事开发性生产的，承包期可以延长。这项政策被简称"30 年不变"，也被称为"第二轮承（延）包"。按照时间计算，第二轮承包最早于 2023 年到期。②

在提出"30 年不变"政策的同时，中共中央提倡 30 年承包期内实行"增人不增地，减人不减地"。所谓"增人不增地，减人不减地"，就是承包期内不再根据人口变化调整土地。早在第一轮承包期内，贵州省湄潭县于 1987 年试行"增人不增地，减人不减地"的办法，试行效果不错。后来，被中共中央决策所采纳。

在第二轮承包期初期，中共中央只是提倡承包期内不再调整土地。于是，有的地方执行"增人不增地，减人不减地"政策，规定 30 年承包期内不再调整承包地；有的地方执行"大稳定，小调整"政策，允许 30 年承包期内继续调整承包地。③ 直到 1997 年中央政府明确提出：30 年不变，指的是土地承包经营期限，至于集体土地实行家庭承包经营，是一项长期

---

① 廖洪乐：《中国农村土地制度六十年——回顾与展望》，中国财政经济出版社 2008 年版，第 74 页。

② 廖洪乐：《中国农村土地制度六十年——回顾与展望》，中国财政经济出版社 2008 年版，第 75 页。

③ 廖洪乐：《中国农村土地制度六十年——回顾与展望》，中国财政经济出版社 2008 年版，第 76 页。

不变的制度。也就是说，30 年承包期内，不要再根据人口变化调整承包地。[1] 由此，第二轮土地承包期应该是从 1998 年起到 2027 年止。至于到 2027 年第二轮承包期到期后怎么办的问题，2008 年党的十七届三中全会《中共中央关于推进农村改革发展若干重大问题的决定》中明确指出："以家庭承包经营为基础、统分结合的双层经营体制，是适应社会主义市场经济体制、符合农业生产特点的农村基本经营制度，是党的农村政策的基石，必须毫不动摇地坚持。赋予农民更加充分而有保障的土地承包经营权，现有土地承包关系要保持稳定并长久不变。"从而，给农牧民吃上"定心丸"，极大调动了农牧民的劳动积极性。

二 从内蒙古自治区角度分析农业生产宏观形势

1978 年 8 月 28 日内蒙古党委发出《关于当前农村牧区若干经济政策问题的规定》，提出正确执行"以粮为纲、全面发展"的方针。

从 1979 年开始，在逐步推行家庭联产承包责任制解决生产关系问题的同时，为粮食增产在生产、流通各领域进行了改革，生产领域如化肥补贴、种子补贴、柴油补贴等；流通领域采取了提高粮食收购价格，其中统购价格提高 20%，超购加价由 30% 提高到 50%；同时开放了粮食集贸市场、实行粮食收购和粮食企业多渠道经营。这期间在自治区出现了粮食生产供不应求的现象，自治区依靠国家调入了部分粮食，1980 年和 1981 年分别调入 190.7 万吨和 138.9 万吨粮食[2]，满足了区内需求。根据《内蒙古统计年鉴》数据（1996 年），到 1984 年全区粮食产量达到 594.4 万吨，为历来之最。

1985 年取消粮食统购，实行合同定购与市场收购结合的"双轨制"，然而政策出台当年，遇到全国粮食大幅度减产，比上年减产 282 亿千克，而且粮食产量连续 4 年徘徊，给粮食供求平衡带来很大困难。在这种形势下，为了鼓励粮食增产采取了供应平价化肥、柴油及发放预购定金"三

---

[1] 廖洪乐：《中国农村土地制度六十年——回顾与展望》，中国财政经济出版社 2008 年版，第 76 页。

[2] 《内蒙古自治区志·农业志》编委会编辑：《内蒙古自治区志·农业志》，内蒙古人民出版社 2000 年版，第 5 页。

挂钩"政策。粮食产量逐步呈现增长态势，1987年达到607.0万吨，同比增长14.6%，1989年，内蒙古自治区结束了20年靠国家调拨粮食的历史，实现了自给有余。1990年，我区粮食购销结余24亿斤，改变了长达21年缺粮的历史①。根据《内蒙古统计年鉴》数据（1996年），1992年达到1046.8万吨，从此内蒙古粮食产量上了1000万吨的新台阶。

1992年，党的十四大确定建立社会主义市场经济体制改革总目标之后，全国范围内先后开放了粮食价格和粮食经营，结束了长达40年的粮食统购统销制度，实行了粮食商品化、经营市场化。根据《内蒙古统计年鉴》（1996年）数据，内蒙古粮食总产量在1992年首次突破1000万吨大关，达到1046.8万吨，较1991年增长9.2%；粮食播种面积为392.5万公顷，较1991年增长1.2%；粮食单产水平达到2667千克/公顷，较1991年增长1.2%；人均粮食达到474千克/人，较1991年增长8.2%。

到1995年，虽然粮食作物播种面积达到414.3万公顷，较1994年增长2.9%，可是全区粮食总产量为1055.4万吨，较1994年减少28.1万吨，下降2.6%，主因在于粮食单产量每公顷为2547千克，较1994年减产143千克/公顷，下降5.3%，同时人均粮食也减少17千克/人。大牲畜头数达到708.3万头，较1994年增加25.9万头，增长3.8%；羊只数达到3561.8万只，较1994年增加292.9万只，增长9.7%。

根据《内蒙古统计年鉴》（2000年）数据计算，1996年，全区粮食总产量首次突破1500万吨大关，达到1535.3万吨，较1995年增产479.9万吨，增长高达45.5%；粮食单产为3470千克/公顷，较1995年增长36.2%；人均粮食占有量为665千克/人，较1995年增长高达43.9%。可是到1997年由于干旱导致全区粮食总产量较1996年减产114.3万吨，下降7.4%，粮食单产量为2896千克/公顷，较1996年减产574千克/公顷，下降高达16.5%，人均粮食占有量也减少到610千克/人，较1996年下降8.3%。1996—1997年，年末大牲畜头数由1996年的734.9万头下降为1997年的714.0万头，减少20.9万头，下降2.8%；羊只数由3561.7万只上升为3712.9只，增加94.9万只，增长2.7%。根据《内蒙古统计年鉴》（2000年）数据计算，1998—1999年，对于内蒙古粮食生产来说是

---

① 王国英：《科技内蒙古农牧业发展的希望之光》，《内蒙古日报》2012年5月30日。

不平凡的一年。在全区部分地区遭受严重洪涝灾害、国内市场出现需求不足以及亚洲金融危机的冲击的不利环境下，内蒙古粮食生产仍然保持了平稳增长。1998年粮食产量较1997年增产154.4万吨。可是1998—1999年，粮食产量由1575.4万吨减少到1428.5万吨，减产146.9万吨，下降9.3%；大牲畜头数由677.3万头下降到667.3万头，减少10.0万头；羊头数由3712.9万只下降到3702.6万只，减少10.3万只；牛肉产量由17.56万吨上升为17.82万吨，增产0.26万吨，增长1.53%；羊肉产量由27.0万吨上升为29.79万吨，增产2.79万吨，增长10.33%。

根据《内蒙古统计年鉴》(2005年)数据计算，2000—2001年，因连续两年遭受旱灾和粮食播种面积调减以及粮食生产受益低迷等直接原因，内蒙古粮食产量有所下降，但仍然保持在1200万吨以上，2001年达到1239.1万吨，较2000年减产2.8万吨。2002年在粮食生产结构调整的情况下总产量达到1406.1万吨，较2001年增加了167万吨，增长13.5%，而2003年因播种面积减少产量有所减少，较2002年减产45.4万吨，下降3.2%。到2004年，粮食产量猛增产到1505.4万吨，较2003年增产144.7万吨，增长10.6%。这一阶段是改革开放以来内蒙古粮食生产历史上生产波动最大的阶段。到2004年全区大牲畜头数达到718.2万头，较2003年增加102.8万头，增长16.7%；牛肉产量为28.72万吨，较2003年增加4.69万吨，增长19.5%；羊达到5318.5万只，较2003年增加868.4万只，增长19.5%；羊肉产量为60.36万吨，较2003年增加15.04万吨，增长24.9%。取得上述成绩的主因在于，改革开放以来，全区以推进农牧业科技创新、提高农牧业生产者科技水平为重点，在不断加快发展的过程中，不断探索生态效益、经济效益、社会效益有机结合的、符合全区实际的农牧业可持续发展之路。近年来，现代生产要素加快引入，先进适用技术广泛应用，农牧业机械化步伐加快，农牧业生产经营方式逐步向依靠科技进步和提高农牧民素质的方式转变。主要出现的亮点：一是农牧业科技创新能力不断增强。改革开放以来，内蒙古先后启动实施了农牧业十大体系中的良种繁育体系、动物防疫体系、农牧科技创新与应用体系、农牧业机械化服务体系，为农牧业的发展发挥了积极作用。大力推广了测土配方施肥、机械化耕作、家畜人工配种等重大农牧业技术，农牧业科技含量不断提高。依托农牧业科技重大项目、重点工程和重大技推广，多层次、多渠道、多形式开展农牧民科技培训。二是农牧业机械化持续稳定发展。改革开放以来，全区努力提高农机装备水平和作业水平，加快推进农业机械化发展，机械化水平和生产率的双提高为确保农产品有效供给、促进农业稳定发展和农民持续增收提供了根本保证。① 这也是阿力得尔人民公社改革开放后农牧业较快发展的主因。下面将论述，土地承包期30年不变政策出台后，1998年至2001年阿力得尔苏木种植业和畜牧业结构变动过程及1996年、1997年、1999年、2001年、2002年、2003年、2004年被调查农户的缴税基本情况，从而说明农业税取消之前农户的税赋负担过重，导致农户收入增长缓慢甚至负增长，尤其农户无法无力进行再生产的投资，以及种植业结构呈现单一化、畜牧业养殖主要以绵羊数为主的现象。

三 阿力得尔人民公社包干到户后的效益

（一）整体效益

阿力得尔人民公社从1982年开始实施包干到户政策，即土地、生产工具、牲畜都包干到户，1983年初完全结束包干到户工作。农民有了自己的承包地和牲畜及生产工具，从而极大调动了农民的生产积极性，促进了农牧业的加快发展。1982年的阿力得尔人民公社收支情况能够证明土地生产工具牲畜承包到户后促进了农村经济的加快发展。从1982年阿力得尔苏木收益分配情况看：一是全公社总收入为414.4万元：按基本核算单位分，大队收入0.5万元，生产队收入413.9万元；按收入来源分，农业收入347.6万元，其中轮式作物收入288.4万元，经济作物收入59.2万元，林业收入12.9万元，副业收入29.5万元，其他收入23.9万元；在总收入中出售产品的收入220.0万元。② 二是全公社总费用合计（生产队支付、社员自筹）为33.3万元，其中生产费30.8万元，含农业生产费用26.5万元；管理费用2.5万元。③ 三是全公社纯收入为38.11万元，其

---

① 内蒙古自治区统计局编：《腾飞的内蒙古》，中国统计出版社2009年版，第122页。
② 科尔沁右翼前旗统计局编辑：《科尔沁右翼前旗统计年鉴》，1982年，第164—166页。
③ 科尔沁右翼前旗统计局编辑：《科尔沁右翼前旗统计年鉴》，1982年，第166页。

中国家税收10.8万元，含农业税10.8万元；提留16.1万元，集体提留（生产队提留、社员上缴提留）11.2万元，含公积金8.3万元、公益金2.9万元，包干用于明年扩大再生产的资金4.9万元。从社员分配看，社员分配354.2万元，参加分配的户数2726户，人口16099人，每人平均220元。固定资产总值119.6万元。累计欠国家贷款23.4万元。社员超支欠款情况，队数57个、户数1259个，累计超支款1070元。[①]

未扣除价格上涨因素的前提下，对比了全苏木1982年和1965年收入和支出及纯收益情况。1965—1982年，总收入由1965年的77.25万元上升为1982年的414.4万元，增加337.15万元，增长4.36倍，其中农业收入由55.42万元上升为347.6万元，增加292.18万元，增长5.27倍；总支出由20.87万元上升为33.3万元，增加12.43万元，增长59.6%；纯利润由56.42万元上升为381.1万元，增加324.68万元，增长5.75倍；国家税金由5.75万元上升为10.8万元，增加5.05万元，增长87.8%。可见，农村包干到户后极大调动了农民的生产积极性，大力推动生产力的发展，对国家的贡献大幅提高。

1984年，阿力得尔人民公社改称阿力得尔苏木。苏木政府所在地海力森屯[②]。由此，1984年后的分析中统称为阿力得尔苏木。

（二）种植业结构变化趋势

1978—1995年耕地资源的变化。从年末实有耕地面积看，阿力得尔苏木年末实有耕地面积：1978年为66593亩、1982年为66305亩、1985年为66305亩、1990年为67305亩、1995年为66305亩，1990年的耕地面积比1978年增加166亩，较1982年和1985年均增加1000亩，可是1995年比1990年耕地总面积又减少为1000亩，下降1.5%。其中1982年和1985年没有水田和水浇地，只有1990年有水田3100亩、水浇地有1500亩，1995年的水浇地为1200亩。上述是阿力得尔苏木耕地资源的基本情况（详见表2-31）。

由于生产工具的改进促进了耕地面积的增长和生产力的提高。1982年，农牧业机械总动力为3251马力。其中，大中型拖拉机21台845马

[①] 科尔沁右翼前旗统计局编辑：《科尔沁右翼前旗统计年鉴》，1982年，第166—170页。
[②] 冯学忠主编：《科尔沁右翼前旗志》，内蒙古人民出版社1991年版，第73页。

力、轮式拖拉机11台362马力，小型及手扶拖拉机4台48马力，载重汽车3辆270马力；电动机29台468马力，柴油机115台1620马力。机引机械中：大中型拖拉机机引农具42台，小型手扶拖拉机4台。推土机1台，机动脱粒机10台，植树机3台，打草机19台，搂草机3台，饲料粉碎机2台；碾米机45台，磨粉机20台，榨油机1台，挂车（不包括手扶挂车）11台。人畜力机具中，胶轮大车238台，其中二胶车3台；单双轮小胶车500台。① 农田水利业得到较大改善，机井19眼，其中已配套的6眼，电井数1眼，塘坝1处。额尔格吐机井数28眼；农村牧区用电量228千度；农家肥使用面积43955亩，农家肥使用量9.8万吨。② 由此，阿力得尔苏木农业生产条件得到较大改善，极大促进了农牧业的加快发展。

表2-31　　　　　　　　阿力得尔苏木耕地面积变迁　　　　　　　　单位：亩

年份	年初实有耕地面积	新开荒地面积	年末实有耕地面积	水田	旱地	其中：水浇地
1978	66593	28	66621		66621	13320
1982	66305		66305		66305	
1985	66305		66305		66305	
1990	66759	546	67305	3100	64205	1500
1995	66305		66305		66305	1200

资料来源：1982年、1985年、1990年、1995年《科尔沁右翼前旗统计年鉴》数据整理而得。

1978年至1995年种植品种变化的比较。1978—1995年，阿力得尔苏木粮食作物总面积除1978年为6.66万亩、1990年达到6.73万亩外，1982年、1990年和1995年未变化。1978年种植品种有薯类、玉米、谷子、其他杂粮、大豆、小麦等6种，1982年和1985年的种植品种分别为薯类、玉米、谷子、散糜子、梨子、大豆、其他杂粮，较1978年增加了糜子、梨子，而1990年种植品种扩大到薯类、玉米、谷子、糜子、梨子、大豆、其他杂粮、荞麦、稻谷、小麦，多种植了荞麦、稻

---

① 科尔沁右翼前旗统计局编辑：《科尔沁右翼前旗统计年鉴》，1982年，第150—156页。
② 科尔沁右翼前旗统计局编辑：《科尔沁右翼前旗统计年鉴》，1982年，第158—160页。

谷、小麦，1990年在阿力得尔苏木政府推动下，海力森嘎查大力种植稻谷，增加收入。到1995年，粮食作物种植品种又压缩为薯类、玉米、谷子、散糜子、梨子、大豆、其他杂粮。可见，谷子种植面积呈现明显减少趋势，而大豆种植面积呈现显著上升趋势，主因在于大豆价格上涨、农民收益多。同时也说明，阿力得尔苏木政府为增加农民收入而推广的稻谷种植活动以失败告终。

1978年在粮豆播种面积中，薯类面积占2.6%、玉米面积占56.7%、谷子面积占20.4%、大豆面积占5.9%、小麦面积占2.6%、其他杂粮面积占11.7%。1982年粮豆播种面积中，薯类面积占4.9%、玉米面积占46.5%、谷子面积占22.5%、散糜子面积占3.8%、梨子面积占2.4%、大豆面积占12.4%、其他杂粮面积占7.6%。1985年粮豆播种面积中，薯类面积占3.8%、玉米面积占45.5%、谷子面积占16.9%、糜子面积占2.9%、梨子面积占3.3%、大豆面积占16.1%、其他杂粮面积占11.3%。1990年粮豆播种面积中，薯类面积占2.9%、玉米面积占40.8%、谷子面积占12.1%、散糜子面积占的比例很小、梨子面积占3.4%、大豆面积占30.1%、其他杂粮面积占2.5%、荞麦面积占的比例很小、水稻面积占5.1%。1995年粮豆播种面积中，薯类面积占4.7%、玉米面积占50.0%、谷子面积占1.0%、散糜子面积占的0.5%、梨子面积占0.8%、大豆面积占36.0%、其他杂粮面积占7.2%。可见，1978年、1982年、1985年、1990年、1995年粮豆播种面积中玉米面积依然占较大比重，其次是谷子播种面积，谷子播种面积由1978年占粮豆播种面积的比重20.4%下降为1995年的1.0%，下降幅度较大。

1990年的农作物总播种面积为6.73万亩，其粮豆面积为6.11万亩、油料种植面积为2850亩，而1990年的总播种面积比1982年、1985年总播种面积多0.1万亩，油料播种面积分别多1723亩、460亩。这得益于阿力得尔苏木对种植业的投入较大。从农村用电和化肥农药的投入看，农村用电量78.9万千瓦/小时，农用化肥使用量合计225.3吨，农用塑料薄膜使用量9.3吨，农药使用量2.7吨。[①] 从农田打井看，阿力得尔苏木机

---

① 科尔沁右翼前旗统计局编辑：《科尔沁右翼前旗统计年鉴》，1990年，第152—153页。

电井63个，已配套机电井51个，装机51台500千瓦，本年新增配套井14眼。① 所以，阿力得尔苏木农田灌溉面积发展较快，有效灌溉农田面积6770亩，占总播种面积的10.1%，其中当年实灌面积3100亩，牧草灌溉100亩，旱涝保收面积2748亩，机电排灌面积3570亩，水轮泵灌溉面积3200亩。②

根据上述数据分析，从1978—1995年粮豆播种品种看，薯类播种面积由1978年的0.18万亩增长为1982年的0.31万亩和1985年的0.22万亩，可是到1990年薯类下降到1978年的水平，到1995年恢复增长为0.28万亩；玉米播种面积1982年、1985年、1990年、1995年连续下降，依然未到1978年的种植面积；谷子播种面积1982年、1985年、1990年、1995年大幅度下降；散糜子播种面积1982年、1985年、1990年连续下降后1995年恢复增长；梨子播种面积1982年、1985年、1990年连续增长后1995年出现下降趋势；大豆播种面积1978年、1982年、1985年、1990年、1995年呈现持续增长态势；其他杂豆面积1982年、1985年、1990年、1995年都未达到1978年的面积。

从人均粮食看，1982年平均每人粮食产量462千克，1985年平均每人粮食产量247千克，1990年平均每人粮食产量275千克，1995年平均每人粮食产量376千克。可见，1982年的人均粮食产量较多的主因在于土地承包到户开始实施后极大调动了农民生产积极性，所以粮食产量在上述几年当中最高，并且1982年的人口比1985年、1990年、1995年少，为此，1982年的人均粮食产量为历年之最。那么，1995年人均粮食产量迅速增长的原因在于，全苏木采取的粮食增产措施：一是科技培训和良种推广。科技培训人次达0.3万人次，实用粮食增产技术有机械精量播种1.5万亩、抗旱座水种3.0万亩、化学除草1.0万亩、机械深松1.5万亩、施用专用肥0.2万亩、地膜覆盖0.1万亩，四大作物高产优质普及率95.0%，ABT生根粉0.3万亩。二是生产要素的加大投入。农村用电量147.0万度、化肥162吨，农用塑料薄膜使用量3.0吨，农用柴油289吨，农药使用量6吨。③ 三是单产量较大提高。旱地玉米种植面积为4000垧、

---

① 科尔沁右翼前旗统计局编辑：《科尔沁右翼前旗统计年鉴》，1990年，第1158页。
② 科尔沁右翼前旗统计局编辑：《科尔沁右翼前旗统计年鉴》，1990年，第164—165页。
③ 科尔沁右翼前旗统计局编辑：《科尔沁右翼前旗统计年鉴》，1995年，第156—157页。

单产达到 300 千克/亩，大豆播种面积为 1500 亩、单产 130 千克/亩，马铃薯播种面积为 1000 亩、单产 1500 千克/亩，杂豆播种面积为 2000 亩、单产 100 千克/亩。①

表 2-32　　　　　　阿力得尔苏木粮食作物播种面积和产量

单位：万亩、斤/亩、万斤

农作物	年份	1978	1982	1985	1990	1995
总播种面积		6.66	6.63	6.63	6.73	6.63
一、粮豆合计（包括薯折）	面积	6.14	6.30	5.83	6.11	6.00
	单产	173.00	292.00	154.00	174.00	250.00
	总产量	1063.90	1839.60	897.80	1063.10	1500.00
1. 薯类	面积	0.18	0.31	0.22	0.18	0.28
	单产	204.00	517.00	269	576	306
	总产量	37.50	160.30	59.2	103.7	85.7
2. 玉米	面积	3.48	2.92	2.65	2.49	3.00
	单产	210.00	293.00	196	446	348
	总产量	730.90	855.60	519.4	1110.5	1044.0
3. 谷子	面积	1.25	1.42	0.99	0.74	0.06
	单产	117.00	249.00	158	196	70
	总产量	156.60	353.60	156.4	145.0	4.2
4. 散穈子	面积		0.24	0.17	0.005	0.03
	单产		213.00	182	264	66
	总产量		51.1	30.9	1.3	0.2
5. 梨子	面积		0.15	0.19	0.21	0.05
	单产		149	147	192	72
	总产量		22.4	27.9	40.3	0.4
6. 其他杂粮	面积	0.72	0.48	0.66	0.15	0.43
	单产	108.00	242	100	260	90
	总产量	77.40	116.2	66.0	39.0	38.7

---

① 《阿力得尔苏木政府关于示范田、开荒核查、甜菜生产、粮食定购、农业承包生产目标管理责任状、报告、通知、意见》，1995 年 3 月至 1995 年 12 月；科尔沁右翼前旗档案局提供，2014 年 8 月 10 日。

续表

年份\农作物		1978	1982	1985	1990	1995
7. 大豆	面积	0.36	0.78	0.94	1.84	2.16
	单产	138.00	359	170	286	150
	总产量	50.10	280.0	159.8	526.2	324.0

资料来源：1978年、1982年、1985年、1990年、1995年《科尔沁右翼前旗统计年鉴》数据整理而得。

1978—1995年期间，阿力得尔苏木种植的经济作物品种有油料（葵花籽）、麻类、甜菜、蔬菜、瓜果、烟叶、青饲料7种，其油料种植面积基本呈现上升趋势，甜菜种植面积1985年和1995年比较多，1995年达到4700.0亩，这说明甜菜是农民收入的主要来源之一；而蔬菜种植面积急速减少，出现1982年、1985年、1990年未种植瓜果和烟叶，1995年未种植青饲料的现象（详见表2-33）。

表2-33　　　　阿力得尔苏木经济作物播种面积和产量

单位：亩、斤/亩、万斤

年份\经济作物		1978	1982	1985	1990	1995
1. 油料（葵花籽）	面积	2252.0	1127.0	2390.0	2850.0	1300.0
	单产	365.0	450.0	131.0	133.0	41.0
	总产量	80.15	50.7	31.3	37.9	6.9
2. 麻类	面积	443.0	185.0	270.0	40.0	
	单产	237.0	98.0	60.0	38.0	
	总产量	1.15	1.8	1.6	0.15	
3. 甜菜	面积	290.0	40.0	3980.0	2460.0	4700.0
	单产	165.0	3750.0	2400.0	1150.0	358.0
	总产量	66.00	15.0	955.2	282.9	168.3
4. 蔬菜	面积	1623.0	1763.0	1408.0	820.0	200.0
	单产	9516.0	5003.0	4000.0	980.0	1105.0
	总产量	15.45	882.0	563.2	80.4	22.1

资料来源：1982年、1985年、1990年、1995年《科尔沁右翼前旗统计年鉴》数据整理而得。

1998年与1990年种植业结构变化的比较。1998年，阿力得尔苏木农作物播种面积和产量情况：农作物播种面积总计147188亩，经济作物播种面积10359亩，粮食作物播种面积136829亩、亩产81千克、总产11063吨；谷物面积56170亩、亩产90千克、总产5049吨，其中小麦面积3608亩、亩产109千克、总产393吨，玉米播种面积44513亩、亩产90千克、总产4006吨，谷子播种面积5617亩、亩产82千克、总产461吨；豆类面积76326亩、亩产76千克、总产5773吨，其中大豆面积72114亩、亩产77千克、总产5553吨；薯类面积4333亩、亩产56千克、总产241吨。经济作物播种面积和产量情况：油料面积3041亩、亩产36千克、总产109吨；甜菜面积5410亩、亩产68千克、总产367吨；蔬菜瓜果面积1069亩，其蔬菜面积839亩、瓜类面积230亩。[①] 人均粮食产量552千克。与1990年相比，农作物总播种面积增加7.99万亩，粮食作物播种面积增加7.57万亩，人均粮食增加277千克；与1995年相比，农作物总播种面积增加8.09万亩，粮食作物播种面积增加7.68万亩，人均粮食产量增加176千克。1998年，粮食作物播种面积占农作物总播种面积的92.9%。在粮食产量中，1998年豆类产量占52.2%（大豆产量占50.2%）、玉米产量占36.2%、谷子产量占4.2%（虽然谷子播种面积比玉米多，可是产量较低）、小麦产量占3.6%。与1990年相比，1998年粮食产量增加574.7万千克。为此，1998年阿力得尔苏木农作物种植结构中，粮食作物面积占绝对比重，而经济作物播种面积占少量部分。从而说明，阿力得尔苏木是以粮食生产为主的半农半牧区，农民的收入主要来自粮食作物。在粮食作物播种面积中，1998年玉米播种面积占32.5%、小麦播种面积占2.6%、谷子播种面积占4.1%、豆类播种面积占55.9%（大豆播种面积占52.7%）、薯类播种面积占3.2%。可见，粮食品种中豆类播种面积比较多，第二是玉米播种面积，第三是谷子播种面积，第四是小麦播种面积。与1990年比较，1998年玉米播种面积增加1.96万亩，薯类播种面积减少2533亩，谷子播种面积减少1783亩，大豆播种面积增加53714亩。

从经济作物播种面积看，1998年经济作物播种面积占农作物播种总

---

① 科尔沁右翼前旗统计局编辑：《科尔沁右翼前旗统计年鉴》，1998年，第48—46页。

面积的只有 7.1%。在经济作物播种面积中，油料面积（葵花籽）占 29.4%、甜菜面积占 52.2%、蔬菜瓜果面积占 10.3%。与 1990 年相比，1998 年经济作物播种面积增加 191 亩。

从农业主要能源及物资消耗看，1998 年农业主要能源及物资消耗，农村用电量 165.0 万度，农用化肥使用量 205 吨，农用塑料薄膜使用量 6 吨，农用柴油 334 吨，农药使用量 7 吨。与 1990 年相比，农村用电量增加 86.1 万度，农业化肥使用量减少 20.3 吨，农业塑料薄膜使用量减少 3.3 吨，农业使用量增加 4.3 吨。由此推断，1998 年粮食产量高于 1990 年的主因在于扩大耕地面积和大力使用农药除草的结果。

2001 年与 1998 年种植业结构的比较。2001 年，阿力得尔苏木农作物播种面积和产量情况：农作物播种面积总计 135360 亩，粮食作物播种面积 120705 亩、亩产 68 千克、总产 8236 吨；谷物面积 55845 亩、亩产 90 千克、总产 5044 吨，其中小麦面积 5175 亩、亩产 79 千克、总产 407 吨，玉米播种面积 37335 亩、亩产 84 千克、总产 3048 吨，谷子播种面积 4200 亩、亩产 31 千克、总产 130 吨；豆类面积 55230 亩、亩产 38 千克、总产 2093 吨，其中大豆面积 44775 亩、亩产 38 千克、总产 1699 吨，杂豆面积 10455 亩、亩产 38 千克、总产 394 吨；薯类面积 9630 亩、亩产 114 千克、总产 1099 吨；散糜子面积 3795 亩、单产 27 千克、总产 102 吨；荞麦面积 1680 垧、亩产 24 千克、总产 40 吨。经济作物播种面积合计为 14685 亩，其油料面积 4740 亩、亩产 22 千克、总产 104 吨（都是葵花籽面积、产量情况），甜菜面积 4095 亩、亩产 800 千克、总产 3274 吨，蔬菜瓜果面积 1635 亩，蔬菜面积 1635 亩、亩产 414 千克、总产 665 吨，瓜类面积 30 亩；青饲料面积 4185 亩。① 人均粮食 817 千克，与 1998 年相比，人均粮食增加 265 千克，与 1995 年相比人均粮食增加 64 千克，主因在于土地承包合同 30 年不变政策的推动。

2001 年，粮食作物播种面积占农作物总播种面积的 89.2%，与 1998 年相比下降 3.7 个百分点、面积减少 16124 亩。在粮食作物播种面积中，玉米播种面积占 30.9%，与 1998 年相比下降 2.5 个百分点、面积减少 7178 亩；小麦播种面积占粮食作物播种面积的 4.3%，与

---

① 科尔沁右翼前旗统计局编辑：《科尔沁右翼前旗统计年鉴》，2001 年，第 44—63 页。

1998年相比增长1.7个百分点；谷子播种面积占粮食作物播种面积的4.5%，与1998年相比增长0.4个百分点、面积减少1417亩；豆类播种面积占粮食作物播种面积的45.8%，与1998年相比下降10.1个百分点、面积减少21096亩；薯类播种面积占粮食作物播种面积的7.9%，与1998年相比增长4.7个百分点、面积增加5297亩。可见，粮食品种中豆类播种面积最多，其次是玉米播种面积，再次是小麦播种面积，最后是谷子播种面积。

2001年，粮食总产量比1998年减少2827吨，下降25.6%，主因在于粮食播种面积减少16124亩，同时每亩粮食单产量下降13千克、下降16.0%。在粮食产量中，豆类产量占25.4%，与1998年相比下降26.8个百分点；玉米产量占37.0%，与1998年相比上升1.2个百分点；谷子产量占1.6%，与1998年相比下降2.6个百分点；小麦产量占4.9%，与1998年相比增长1.3个百分点；薯类产量占13.3%、与1998年相比增长11.1个百分点。人均粮食产量为408千克，与1998年相比人均粮食产量减少144千克，主因是粮食产量比2001年少并且人口数量比1998年增加119人，所以2001年人均粮食产量比1998年少。

2001年，经济作物播种面积占农作物播种总面积的10.8%，比1998年增长3.7个百分点。在经济作物播种面积中，油料面积（葵花籽）占32.2%、比1998年增长2.8个百分点，甜菜面积占27.9%、比1998年相比下降24.3个百分点，蔬菜瓜果面积占11.3%、与1998年相比增长1个百分点。青饲料面积占经济作物面积的28.5%，这说明，2001年时候农作物播种品种逐步调整，为畜牧业的发展提供着青饲料。

(三) 畜牧业结构变化

1978—1995年畜牧业结构变化趋势。在农村随着土地承包到户的同时耕畜和其他牲畜也承包到户，极大调动了农民发展养殖业的积极性，所以大小牲畜总头数显著增长，为提高农民收入和改善生活水平起了重要作用。

从大小牲畜头数结构变化看，大小牲畜总头数1978年为20126头，到1982年上升为27748头，增长37.8%，1982年的大牲畜和小牲畜头数比1978年分别增加1581头和6041头，增长显著。并且牲畜头数持续增长，牲畜总头数从1982年的27748头上升为1995年的35956头，增加8208头，增长29.6%。其中大牲畜呈现下降趋势，由1990年的14875头减少为1995年的12204头，下降17.9%，在大牲畜里马的数量呈现显著增长，1995年达到4970匹，比1982年增长145.9%，因为马匹的用途比耕牛的用途广，尤其吃的草比牛少；小牲畜数量除1985年下降外其他年份都呈现增长态势，1995年达到22689头，比1990年增加10709头，增长89.4%，其中绵羊数占小牲畜头数的较大比重，1995年绵羊头数占小牲畜总头数的54.6%，而山羊占45.4%；从生猪头数看，1990年生猪数比1982年和1985年数相对较低，可是到1995年生猪数达到11342头，比1990年增加5265头，增长86.6%，那么在农村生猪数较快增长的主要原因在于，农民养殖生猪是一方面解决过年过节的猪肉需求，另一方面白条销售后下水自己消费外解决日常生活的资金需求问题，而农民大量养殖绵羊和山羊的主要目的在于销售羊肉、羊毛和羊绒提高收入，主要用于子女上学或者结婚及治病等，自己很少宰羊消费。为此，这期间阿力得尔苏木牲畜头数结构变化趋势是，大牲畜头数基本逐年下降，而小牲畜头数逐年增长趋势（详见表2-34、表2-35）。从1985—1988年的生态环境建设看，阿力得尔苏木水保治理面积9790垧中，水保林面积为1530垧、人工种草面积4300垧、牧场改造面积3960垧；封山育林面积516垧。[1] 1985年造林面积3255垧，防护林面积3255垧；年末实有育苗面积20垧，四旁植树3000百株。[2] 生态环境的改善是农牧业生产的基础条件，由此，阿力得尔苏木历来重视农牧业生态环境的建设问题。

表2-34　　　　　　　牲畜总头数（日历年度）　　　　单位：头、匹、口、只

年份	大小牲畜合计	大牲畜					小牲畜合计			猪（口）
		合计	牛	马	驴	骡		绵羊	山羊	
1978	20126	12036	6824	2727	2876	109	8090	6778	1311	11400
1982	27748	13617	9451	2021	2061	81	14131	12184	1974	6428
1985	23553	13407	8564	2738	102	2003	10146	8824	1322	9324
1990	25704	14875	8320	3500	180	1728	11980	9233	2747	6077
1995	35956	12204	5854	4970	1084	296	22689	12396	10293	11342

资料来源：1982年、1985年、1990年《科尔沁右翼前旗统计年鉴》数据整理而得。

---

[1] 冯学忠主编：《科尔沁右翼前旗志》，内蒙古人民出版社1991年版，第180页。
[2] 科尔沁右翼前旗统计局编辑：《科尔沁右翼前旗统计年鉴》，1985年，第113—114页。

表 2-35　　　　阿力得尔苏木大小牲畜合计（日历年度）　　　单位：头（只）

牲畜	年份	1982	1985	1990	1995
期末实有头数		27748	23553	25704	35956
期内增加	繁殖仔畜	7114	6181	6167	1971
	其中：成活	5683	5650	5728	1964
	购进	435	675	879	847
	其他		61	2	145
期内减少	成幼畜死亡	2174	786	741	276
	自宰自食	1669	755	630	4
	其中：农牧民自食	1391	755	483	—
	出卖	4713	3128	6747	2522
	其中：卖给国家	7687	673	1705	80
	其他		606		170
在期末实有头数中	能繁殖的母畜	4319	10101	8989	3445
	耕畜	3509		4374	5138
	种公畜	190	261	467	137
	良种牲畜	12	42	175	—
	改良种牲畜	3900	4570	7322	92

资料来源：1982—1995年《科尔沁右翼前旗统计年鉴》不同版本。

大牲畜数量变动趋势。从大牲畜数量头数看，阿力得尔苏木大牲畜头数由1982年的7977头增长到1990年的13724头，增加5747头，增长72.0%；到1995年下降到12204头，比1990年相比减少1520头，下降11.1%。在期内增加的繁殖仔畜1995年高达19871头，可是成活的只有1964头，成活率仅为9.90%；在期内减少中1982年成幼畜死亡571头，农户之间相互销售最多的是1990年达3334头，其卖给国家1025头；在期末实有头数中1982年的能繁殖的母畜达到4319头、占期末实有头数的54.1%，耕畜头数最多的是1995年，达到5148头，占期末实有头数的42.2%（详见表2-36）。

表 2-36　　　　阿力得尔苏木大牲畜合计（日历年度）　　　单位：头（只）

牲畜	年份	1982	1985	1990	1995
期末实有头数		7977	13407	13724	12204

续表

牲畜 \ 年份		1982	1985	1990	1995
期内增加	繁殖仔畜	1821	1901	1999	19871
	其中：成活	1649	1799	1913	1964
	购进	321	465	517	847
	其他		30	—	145
期内减少	成幼畜死亡	571	299	244	276
	自宰自食	53	9	3	4
	其中：农牧民自食	20	9	3	—
	出卖（农民相互之间）	1208	1066	3334	2522
	其中：卖给国家	56	586	1025	80
	其他		271	—	270
在期末实有头数中	能繁殖的母畜	4319	3873	3930	3445
	耕畜	3509	4057	4374	5148
	种公畜	190	223	174	137
	良种牲畜	12	42	11	—
	改良种牲畜	3900	—	63	92

资料来源：1982—1995年《科尔沁右翼前旗统计年鉴》不同版本。

从牛头数的变化看。1982年期末牛实有头数为9451头，全民所有制单位经营150头，集体所有制单位经营281头，农村集体经营281头，农村社员自营8789头，其他231头。改良及改良种用牛，年末实有头数560头，繁殖仔畜111头，其中成活99头，能繁殖的母畜184头。[①] 同时，牛头数呈现下降趋势，到1995年减少到5854头，比1982年下降38.10%；在期末实有头数中耕畜头数和繁殖母畜头数占比例较大，这说明牛是主要生产工具和交通工具之一，对农民生产生活起着重要作用（详见表2-37）。

表2-37　　　阿力得尔苏木牛头数变化趋势（日历年度）　　　单位：头

牲畜 \ 年份	1982	1985	1990	1995
期末实有头数	9451	8564	8320	585

---

① 科尔沁右翼前旗统计局编辑：《科尔沁右翼前旗统计年鉴》，1982年，第98—104页。

续表

牲畜 \ 年份		1982	1985	1990	1995
期内增加	繁殖仔畜	1431	1276	1486	1545
	其中：成活	1311	1203	1428	1539
	购进	162	166	187	288
	其他		4	—	74
期内减少	成幼畜死亡	429	209	176	165
	自宰自食	33	9	3	2
	其中：农牧民自食	—	9	3	—
	出卖	546	738	2393	1591
	其中：卖给国家	56	586	1025	70
	其他		252	—	140
在期末实有头数中	能繁殖的母畜	3093	2499	2687	2266
	耕畜	1991	2411	1868	301
	种公畜	71	54	89	79
	良种牲畜	10	38	11	—
	改良种牲畜	3300	—	63	92

资料来源：1982—1995年《科尔沁右翼前旗统计年鉴》不同版本。注：1995年的数据是牧业年度数据。

期末实有头数马匹数量变动。由1982年的2024匹迅速增长到1995年的4970匹，增加2946匹，增长145.6%。在期末实有头数中，马匹的耕畜用和繁殖母畜的头数数一数二，1995年耕畜头数达到4039匹，占马匹总数的81.3%。从马匹饲养者看，1982年的马在期末实有头数中，集体所有制单位经营214匹，农村集体经营214匹，农村社员自营1760匹。[①] 可见，1982年开始社员是饲养马匹的主力军（详见表2-38）。

表2-38　　　　阿力得尔苏木马头数变化趋势（日历年度）　　　　单位：匹

牲畜 \ 年份	1982	1985	1990	1995
期末实有头数	2024	2738	3500	4970

---

① 科尔沁右翼前旗统计局编辑：《科尔沁右翼前旗统计年鉴》，1982年，第105页。

续表

年份\牲畜		1982	1985	1990	1995
期内增加	繁殖仔畜	186	368	374	357
	其中：成活	156	355	358	356
	购进	134	205	203	426
	其他		24		51
期内减少	成幼畜死亡	29	66	36	81
	自宰自食		—	—	1
	其中：农牧民自食				
	出卖	180	111	594	648
	其中：卖给国家		—	—	9
	其他		8	—	89
在期末实有头数中	能繁殖的母畜	549	813	879	1020
	耕畜	899	1175	1787	4039
	种公畜	25	34	36	36
	良种牲畜	2	4	—	—
	改良种牲畜	600	—	—	—

资料来源：1982—1995年《科尔沁右翼前旗统计年鉴》不同版本。注：1995年的数据是牧业年度数据。

从驴和骡的数量看：驴的数量比骡的数量明显多，驴主要用于磨面加工，而骡主要用于拉胶皮两轮车和耕种。驴和骡的数量比牛马少得多，尤其是骡是驴和马交配的动物，所以数量增长比较缓慢。1982年，驴年末实有头数2061头，农村社员自营2003头，其他58头；骡年末实有头数81头，农村社员自营81头。[①] 从1982年的驴骡数据看，社员是养殖驴骡的主力（详见表2-39、2-40），可是随着经济的发展交通工具不断更新，驴骡的替代工具不断涌现，所以驴骡的头数呈现迅速下降。

---

① 科尔沁右翼前旗统计局编辑：《科尔沁右翼前旗统计年鉴》，1982年，第111页。

表 2-39　　阿力得尔苏木驴头数变化趋势（日历年度）　　　　单位：头

牲畜	年份	1982	1985	1990	1995
期末实有头数		2061	2003	1724	1084
期内增加	繁殖仔畜	204	257	139	69
	其中：成活	182	241	127	69
	购进	11	87	108	81
	其他		2	—	16
期内减少	成幼畜死亡	112	23	32	29
	自宰自食	20	—		1
	其中：农牧民自食	20	—	—	—
	出卖	481	198	347	241
	其中：卖给国家		—		1
	其他		1		36
在期末实有头数中	能繁殖的母畜	677	561	364	159
	耕畜	541	375	566	513
	种公畜	94	135	49	22
	良种牲畜				
	改良种牲畜				

资料来源：1982—1995年《科尔沁右翼前旗统计年鉴》不同版本。注：1995年的数据是牧业年度数据。

表 2-40　　阿力得尔苏木骡头数变化趋势（日历年度）　　　　单位：头

牲畜	年份	1982	1985	1990	1995
期末实有头数		81	102	180	296
期内增加	繁殖仔畜		—		
	其中：成活		—		
	购进	14	7	19	52
	其他				4
期内减少	成幼畜死亡	1	1		1
	自宰自食		—		
	其中：农牧民自食				
	出卖	1	19		42
	其中：卖给国家				
	其他		—		5

续表

年份\牲畜		1982	1985	1990	1995
在期末实有头数中	能繁殖的母畜	—			
	耕畜	78	96	153	285
	种公畜				
	良种牲畜				
	改良种牲畜				

资料来源：1982—1995 年《科尔沁右翼前旗统计年鉴》不同版本。注：1995 年的数据是牧业年度数据。

2001 年，阿力得尔苏木大牲畜头数发展情况：年末实有头数 9049 头，与 1998 年相比减少 4666 头，下降 34.02%，其中牛的头数减少 2773 头、马的匹数减少 1298 匹、驴的头数减少 593 头、骡的头数减少 12 头；年内增加繁殖仔畜 1278 头，比 1998 年相比减少 2465 头、下降 65.9%，其中牛的数量减少 1028 头、马匹数量减少 427 匹、驴的数量增加 243 头；年内减少牲畜中成幼畜死亡、出卖的头数与 1998 年相比下降；在年末实有头数中，能繁殖的母畜和耕役畜及改良种牲畜头数与 1998 年相比显著下降。[①]（详见表 2-41）

表 2-41　　　　　　阿力得尔苏木大牲畜情况　　　　　单位：头、匹、头

年度情况\牲畜		1998					2001				
		大牲畜	牛	马	驴	骡	大牲畜	牛	马	驴	骡
年初实有头数		13715	6426	5881	1103	305	9049	3653	4583	510	303
年末实有头数		11625	6638	3803	880	306	8139	3114	4366	367	292
年内增加	繁殖仔畜	3743	2306	1256	181		1278	1278	829	424	25
	其中：成活	3741	2304	1256	181			829	424	25	
	购进	822	315	363	84	60	428	99	249	47	33
	其他	416	369	34	12	1	206	141	57	5	3
年内减少	成幼畜死亡	238	167	62	8	1	286	212	64	11	2
	自宰自食	6	1	1	4						
	出卖	6068	2141	3410	459	58	2533	1396	883	209	45
	其中：出卖肉畜	756	467	259			2097	1154	709	193	41
	卖给国家	104	103	1	29	1					

[①] 科尔沁右翼前旗统计局编辑：《科尔沁右翼前旗统计年鉴》，2001 年，第 80—81 页。

续表

年度情况	牲畜	1998 大牲畜	牛	马	驴	骡	2001 大牲畜	牛	马	驴	骡
在年末实有头数中	能繁殖的母畜	4114	2052	1911	151		1934	1137	764	33	
	耕畜	4506	68	3746	413	279	3739		3463	39	237
	种公畜	115	79	26	10		167	125	38	4	
	改良种牲畜						6400	3100	3300		

资料来源：1998 年、2001 年《科尔沁右翼前旗统计年鉴》，第 78—107 页。注：牧业年度数据。

根据 1998 年、2001 年《科尔沁右翼前旗统计年鉴》数据，从年末实有大小牲畜总头数和畜群结构看，1998 年大小牲畜总头数为 57463 头，其中绵羊占 35.2%、山羊占 44.5%、牛头数占 11.6%、马匹数量占 6.6%、驴数量占 1.5%、骡数量占 0.5%；2001 年大小牲畜总头数为 105219 头，其中绵羊占 29.9%、山羊占 35.2%、牛头数占 2.9%、马匹数量占 4.1%、驴头数占 0.3%、骡头数占 0.3%。可见，2001 年的牛、马、驴、骡数量比 1998 年显著下降，而山羊和绵羊是 1998 年和 2001 年的主要养畜，并且山羊头数与绵羊头数相比较多，主因在于山羊绒收购价格贵，它是农民的主要收入来源之一。

小牲畜头数变动趋势。根据表 2-42、表 2-43、表 2-44 分析，小牲畜分为绵羊和山羊。绵羊和山羊是阿力得尔苏木农民主要养殖的牲畜，主要用途是提高收入解决生产生活当中的现金短缺问题，而不是主要消费的肉类。所以，绵羊和山羊的头数承包到户后明显增长。例如，1982 年，小牲畜期末实有头数 14131 只，全民所有制单位经营 400 只，集体所有制单位经营 1342 只，农村社员自营 11889 只，其他 500 只。[1] 绵羊，全民所有制单位经营 307 只，集体所有制单位经营 1047 只，这也说农村集体经营头数；农村社员自营 10330 只，其他 500 只。山羊，年末实有头数 1497 只，全民所有制单位经营 93 只，集体所有制单位经营 295 只，农村集体经营 295 只，农村社员自营 1559 只。[2] 所以，小牲畜的头数增长最快，由 1982 年的 14131 只增长为 1995 年的 23752 只，增加 9621 只，增长

---

[1] 科尔沁右翼前旗统计局编辑：《科尔沁右翼前旗统计年鉴》，1982 年，第 111 页。
[2] 科尔沁右翼前旗统计局编辑：《科尔沁右翼前旗统计年鉴》，1982 年，第 111 页。

68.1%。其中,绵羊头数增长较多,由1982年的12184只上升为1995年的13459只,增加1275只,增长10.46%,1995年绵羊头数占小牲畜总头数的56.7%。

表2-42　　　阿力得尔苏木小牲畜只数变化趋势(日历年度)　　　单位:只

牲畜		年份 1982	1985	1990	1995
期末实有头数		14131	10146	11980	23752
期内增加	繁殖仔畜	5293	4280	4168	8401
	其中:成活	4034	3851	3815	8059
	购进	164	210	362	1630
	其他		31	2	19
期内减少	成幼畜死亡	1603	487	497	674
	自宰自食	1616	746	627	2496
	其中:农牧民自食	1371	746	480	1661
	出卖	3505	2062	3413	3061
	其中:卖给国家	7631	87	680	1286
	其他		335	—	212
在期末实有头数中	能繁殖的母畜	7871	6228	5059	10687
	种公畜	120	38	293	592
	良种牲畜	340	—	164	—
	改良种牲畜	8529	4570	7259	11460

资料来源:1982—1995年《科尔沁右翼前旗统计年鉴》不同版本。注:1995年的数据是牧业年度数据。

表2-43　　　阿力得尔苏木绵羊只数变化趋势(日历年度)　　　单位:只

牲畜		年份 1982	1985	1990	1995
期末实有头数		12184	8824	9233	13459
期内增加	繁殖仔畜		3682	3186	4903
	其中:成活		3277	2894	4674
	购进		119	276	911

续表

牲畜	年份	1982	1985	1990	1995
期内减少	成幼畜死亡		416	354	475
	自宰自食		614	506	2270
	其中：农牧民自食		614	382	1542
	出卖		1776	2484	1699
	其中：卖给国家		370	680	710
年末实有头数中	能繁殖的母畜	6696	5416	3896	6019
	种公畜	97		199	320
	良种牲畜	340		164	
	改良种牲畜	8529	4570	7259	11460

资料来源：1982—1995年《科尔沁右翼前旗统计年鉴》不同版本。

表 2-44　　阿力得尔苏木山羊只数变化趋势（日历年度）　　单位：只

牲畜	年份	1982	1985	1990	1995
	期末实有头数	1947	1322	2747	10293
期内增加	繁殖仔畜	634	598	982	3498
	其中：成活	562	574	921	3385
	购进	10	91	88	633
期内减少	成幼畜死亡	196	74	143	199
	自宰自食	348	132	121	226
	其中：农牧民自食	253	132	98	119
	出卖	633	286	929	1367
	其中：卖给国家			67	788
年末实有头数中	能繁殖的母畜	1121	812	1163	4668
	种公畜	23	38	94	272

资料来源：1982—1995年《科尔沁右翼前旗统计年鉴》不同版本。

1998年，阿力得尔苏木牧业年度小牲畜头数情况：年末实有只数45838只；年内增加，繁殖仔畜19599只，其中成活19417只，购进1948只，其他511只；年内减少牲畜，成幼畜死亡730只，自宰自食3870只，出卖7111只，其中出卖肉畜715只，卖给国家677只；在年末实有只数中，能繁殖的母畜 22199 只，种公畜 967 只，改良种牲畜 35419 只。与 1998 年相比，2001 年年末实有头数 97078 只，增加 51240 只，增长 111.7%；年内增加的繁殖仔畜 36874 只，增加 17275 只，增长 46.8%，其中成活、购进的小牲畜分别增加 17062 只、7304 只；年内减少牲畜中成幼畜死亡 2390 只，比 1998 年增加 1660 只，自宰自食头数比 1998 年减少 3164 只，出卖肉畜比 1998 年增加 6285 只；在年末实有头数中，能繁殖的母畜 65142 只，比 1998 年增加 42943 只，种公畜和改良种牲畜分别增加 1003 只和 46581 只。（详见表 2-45）

表 2-45　　　　　　　　阿力得尔苏木小牲畜情况　　　　　　　单位：只、口

牲畜 年度情况		1998 年				2001 年			
		小牲畜	绵羊	山羊	猪	小牲畜	绵羊	山羊	猪
年初实有头数		36449	19128	17321	12859	68597	31559	37038	12891
年末实有头数		45838	20255	25583	13675	97078	40149	56929	12901
年内增加	繁殖仔畜	19599	9402	10197	36874	36874	17011	19863	8577
	其中：成活	19417	9320	10097	36479	36479	16746	19733	8497
	购进	1849	801	1048	9153	9153	2596	6557	1730
	其他	511	11	500	2872	2872	1132	1740	89
年内减少	成幼畜死亡	730	414	316	2390	2390	1102	1288	200
	自宰自食	3870	2489	1381	706	706	504	202	6524
	其中：农牧民自食	1932	1037	895	16927	16927	10278	6649	3582
	出卖	7111	6024	1087	10000	16927	10278	6649	3582
	其中：出卖肉畜	715		715	10000	7000	3000	1500	
	出卖仔畜				1040	1040	501	539	1434
	卖给国家	677	78	599	65142				
在年末实有头数中	能繁殖的母畜	22199	10590	11608	1970	65142	29149	35993	782
	种公畜	967	431	536	82000	1970	772	1198	30
	改良种牲畜	35419	20111	15308		82000	36000	46000	

资料来源：1998 年《科尔沁右翼前旗统计年鉴》，第 124—129 页；注：牧业年度数据。

生猪变动趋势。阿力得尔苏木是半农半牧区，农民又耕种又养殖牛羊，同时还养殖生猪，解决吃肉问题，因为猪肉是农民主要消费的肉，所以猪的头数增长较快，1995 年达到 11342 口，比 1982 年增长 76.4%、比 1985 年增长 21.6%、比 1990 年增长 86.6%。其农民是养殖猪的主力，以

1982年为例，猪年末实有头数6428口，集体所有制单位经营3口，农村集体经营3口，农村社员自营6076口，其他349口。①

表 2-46　　　　阿力得尔苏木猪数量变化趋势（日历年度）　　　　单位：口

牲畜	年份	1982	1985	1990	1995
	期末实有头数	6428	9324	6077	11342
期内增加	繁殖仔畜	2904	4760	4814	4490
	其中：成活	2641	5189	4626	4008
	购进	551	1283	1374	4486
期内减少	成幼畜死亡	1245	331	497	201
	自宰自食	2389	3003	3463	3674
	其中：农牧民自食	2299	3003	2946	1832
	出卖	635	1905	1944	3058
	其中：卖给国家	274	252	419	537
在期末实有头数中	能繁殖的母畜	612	1386	788	877
	种公畜	21	44	28	30
	良种牲畜	25			30

资料来源：1982—1995年《科尔沁右翼前旗统计年鉴》不同版本。注：1995年的数据是牧业年度数据。

畜产品产量的比较。

1990年，阿力得尔苏木畜禽产品产量：出栏肉猪口数5407口，出售和自宰的肉用牛3337头；出售和自宰的肉用羊4040只，出售和自宰的肉用驴347头，出售和自宰的肉用马594匹；肉类总产量1170.5吨，猪肉产量541吨，牛肉产量498吨，羊肉产量498吨，驴肉产量26吨，马肉产量44.5吨，禽肉产量4.0吨；奶类产量33吨，其中牛奶产量33吨；山羊毛产量1吨，绵羊毛产量17吨，其中细羊毛产量4吨，山羊绒产量0.7吨；禽蛋产量34吨；年末实有鸡18698只，鸭2053只，鹅1744只；年内牛皮产量160张，绵羊皮产量740张，山羊皮产量164张；出售肉类总量619吨，其中出售猪肉300吨，出售牛肉273吨，出售羊肉43吨，

---

① 科尔沁右翼前旗统计局编辑：《科尔沁右翼前旗统计年鉴》，1982年，第111页。

出售禽肉3吨；出售羊毛数量14吨，出售家禽数量7760只。①

1995年，阿力得尔苏木畜禽产品产量：出栏肉猪头数5218头，当年出售和自宰的肉用牛119头，出售和自宰的肉用羊2195只、其中山羊1223只，出售和自宰的家禽2934只；肉类总产量570吨，猪肉产量522吨，牛肉产量14吨，羊肉产量28吨；奶类产量40吨，其中牛奶产量40吨；山羊毛产量5吨，绵羊毛产量19吨，山羊绒产量3吨；禽蛋产量100吨，年末实有家禽4.1万只，年内牛皮产量119张，绵羊皮产量1872张，山羊皮产量1872张；出售肉类总量253吨，出售猪肉160吨，出售牛肉6吨，出售羊肉85吨，出售禽肉2吨；出售羊毛25吨，出售家禽数0.2万只，当年出栏的耕役畜头数31头。②

1995年与1990年比较，出栏肉用猪口数、出售和自宰肉用牛、出售和自宰肉用羊都大幅度下降，肉类总产量减少600.5吨，猪肉产量减少19吨，牛肉产量减少484吨，羊肉产量470吨；奶类产量增加7吨，其中牛奶产量增加7吨；山羊毛产量增加4吨，绵羊毛产量增加2吨，山羊绒产量增加2.3吨；禽蛋产量增加64吨，年末实有家禽增加1.9万只；牛皮产量减少41张，绵羊皮产量增加1132张，山羊皮产量增加1708张；出售的猪肉、牛羊肉、家禽均大幅下降。可见，奶类和羊毛之类产量所有增长外其他畜产品均呈现下降趋势。

1998年，阿力得尔苏木畜禽产品产量。出栏肉猪口数4510口，出售和自宰的肉用牛1683头，出售、自宰的肉用羊9310只，其中山羊2683只，出售、自宰的肉用驴36头，出售、自宰的肉用马601匹，出售、自宰的肉用家禽1.25万只。

肉类总产量954吨：猪肉产量451吨，牛肉产量289吨，羊肉产量126吨。奶类产量900吨。山羊毛产量11吨，绵羊毛产量46吨，山羊绒产量4吨。禽蛋产量51吨，年末实有家禽3.9万只。年内牛皮产量1683张，绵羊皮6637张，山羊皮2683张。出售肉类总量为599吨，其中出售猪肉223吨，出售牛肉236吨，出售羊肉64吨，出售禽肉13吨。出售牛羊奶数量360吨。出售羊毛数量57吨，出售家禽只数0.63万只。补充当

---

① 科尔沁右翼前旗统计局编辑：《科尔沁右翼前旗统计年鉴》，1990年，第126—128页。
② 科尔沁右翼前旗统计局编辑：《科尔沁右翼前旗统计年鉴》，1990年，第142—145页。

年出栏的耕役畜头数173头。① 与1995年主要畜产品产量相比，肉类总产量增加384吨，增长67.4%；其中猪肉产量减少71吨、下降1.4%，牛肉产量增加275吨、增长196.4%，羊肉产量增加98吨、增长3.5倍。奶类产量增加860吨、增长21.5倍。山羊毛产量增加6吨、增长1.2倍，绵羊毛产量增加27吨、增长1.4倍。

第四节　农民缴税负担情况的简要分析

此节简要分析1985—2004年农民缴税负担情况，说明这个时期农民缴税负担过重问题。

一　1985—1995年各嘎查农民负担的比较

1985年各嘎查应缴苏木合同款。根据表2-47分析，1985年，阿力得尔苏木各嘎查应上缴苏木合同款负担不轻，上缴合同款的前三名是沙布台嘎查8057.60元、太平嘎查7422.94元、光明嘎查7365.00元，凡是人口多耕地多的嘎查应上缴税较多，并且税收分摊到每户人口身上。由此，上述3个嘎查农民负担比较重。详见表2-47。

表2-47　　　　　　　　应上缴苏木合同款（1985年）

	优抚每垧 0.20元	妇幼保健每人 0.03元	义务工每劳力 15.00元	伙食费每嘎查 200.00元	合计（元）
太平	1415.60	212.34	5595.00	200.00	7422.94
杨家屯	1283.40	192.51	5310.00	200.00	6985.91
光明	1300.00	195.00	5670.00	200.00	7365.00
西合理木	1080.00	162.00	3300.00	200.00	4742.00
混度冷	961.80	144.27	5025.00	200.00	6331.07
好田	1310.40	196.56	4200.00	200.00	5906.96
沙布台	2124.00	318.60	5415.00	200.00	8057.60

① 科尔沁右翼前旗统计局编辑：《科尔沁右翼前旗统计年鉴》，1998年，第140—151页。

续表

	优抚每垧 0.20元	妇幼保健每人 0.03元	义务工每劳力 15.00元	伙食费每嘎查 200.00元	合计（元）
海力森	1513.40	227.01	4800.00	200.00	6740.41
翁胡拉	1469.80	220.47	3735.00	200.00	5625.27
合计	12458.40	1868.76	43050.00	1800.00	59177.16

资料来源：阿力得尔苏木人民政府文件。

1988年各嘎查应缴苏木合同款。根据表2-48分析，1988年，应上缴阿力得尔苏木合同款除优抚（每垧）、妇幼保健（每垧）、义务工（每劳动力）、伙食费外又增加文教卫生（每垧）、畜牧防疫费用，共计六种税费。缴税总量前三名嘎查是沙布台嘎查21629.00元、太平嘎查16791.10元、海力森嘎查16455.40元。由此，上述三个嘎查农民负担比较重。

表2-48　　　　　　　应上缴苏木合同款（1988年）　　　　　　单位：元

项目 各嘎查	优抚每垧0.60	妇幼保健每垧0.10	文教卫生每垧0.50	义务工每劳力15.00	牲畜防疫	伙食费200.00	合计
光明	3900.0	650.00	3250.00	6801.26	1000.00	700.00	16301.26
西合理木	3240.0	540.00	2700.00	5325.00	800.00	700.00	13305.00
混度冷	2885.4	480.90	2404.50	4035.00	900.00	700.00	11405.80
好田	3931.2	655.20	3276.00	4825.50	300.00	700.00	14214.90
沙布台	6372.0	1062.00	5310.00	7185.00	1000.00	700.00	21629.00
海力森	4540.2	756.70	3783.50	5775.00	900.00	700.00	16455.40
翁胡拉	4409.4	734.90	3674.50	5895.00	1000.00	700.00	16413.80
太平	4246.8	707.80	3539.00	6697.50	900.00	700.00	16791.10
杨家屯	3850.2	641.70	3208.50	5131.44	900.00	700.00	14431.84
合计	37375.2	6229.20	31146.00	51697.70	8200.00	6300.00	140948.10

资料来源：阿力得尔苏木人民政府文件。

1995年各嘎查应缴苏木合同款。1995年阿力得尔苏木各嘎查农民缴税情况，税种有农业税、牧业税、屠宰税、教育附加费、防雹费、电视收视费等六种税费。缴纳农业税前三名嘎查是光明嘎查118954.00元、沙布台嘎查93090.70元、海力森嘎查75470.00元，光明嘎查人均农业税52.70元，沙布台嘎查人均农业税42.64元，海力森嘎查人均农业税

39.66 元；缴纳牧业税前三名嘎查是翁胡拉嘎查 9882.0 元、沙布台嘎查 7414.0 元、光明嘎查 4663.5 元，翁胡拉嘎查人均牧业税 4.64 元、沙布台嘎查人均牧业税 3.39、光明嘎查人均牧业税 2.07 元；缴纳屠宰税前三名嘎查是光明嘎查 10289 元、沙布台嘎查 8260 元、海力森嘎查 7940 元，光明嘎查人均屠宰税 4.55 元、沙布台嘎查人均屠宰税 3.78 元、海力森嘎查人均屠宰税 4.17 元；缴纳教育费附加税前三名嘎查光明嘎查 40462 元、沙布台嘎查 39294 元、翁胡拉嘎查 38322 元，光明嘎查人均教育附加费 19.70 元，沙布台嘎查人均教育附加费 18.00 元，翁胡拉嘎查人均教育附加费 18.00 元；缴纳耕地防雹费前三名嘎查是光明嘎查 2031.00 元、沙布台嘎查 1806.10 元、海力森嘎查 1348.7 元，光明嘎查人均防雹费 0.89 元，沙布台嘎查人均防雹费 0.82 元，海力森嘎查人均防雹费 0.71 元；缴纳电视收视费的前三名嘎查是翁胡拉嘎查 3310 元、敖宝屯嘎查 2890 元、沙布台嘎查 2660 元，翁胡拉嘎查人均电视收视费 1.55 元，敖宝屯嘎查人均电视收视费 2.68 元，沙布台嘎查人均电视收视费 1.22 元；上年尾欠的前三名嘎查是海力森嘎查 128420.2 元、翁胡拉嘎查 94203.9 元、太平嘎查 76899.1 元。可见，1995 年农民承担的各种税如此之多（详见表 2-49）。

表 2-49　　　　　　　　　　1995 年各种税收汇总　　　　　　　　单位：元

各嘎查	户数	人口	农业税	牧业税	屠宰税	教育附加费	防雹费	电视收视费	乡统筹提留	村委会提留	上年尾欠
拉斯嘎	290	1377	57804.3	4372.0	5800	24786	1160.4	1660	24786	12393	44293.7
太平	163	709	38397.1	1153.5	3260	12762	725.7	1040	12762	6381	76899.1
杨家屯	235	1122	43488.6	665.5	4700	20196	705.5	1360	20196	10098	9633.4
敖宝屯	228	1077	73209.5	626.5	4560	19386	1141.5	2890	19386	9693	14029.9
光明	514	2257	118954.0	4663.5	10280	40462	2031.0	1560	40466	20313	37557.3
西合理木	325	1595	39959.9	3682.5	6500	28710	794.9	2180	28710	14355	37291.3
混度冷	321	1418	50140.4	4301.0	6540	26604	835.6	2190	26604	13302	60326.4
好田	312	1539	52906.2	4567.0	6240	27702	1084.9	2230	27702	13851	2428.5
沙布台	448	2183	93090.7	7414.0	8260	39294	1806.1	2660	39294	19647	
海力森	397	1903	75470.2	3960.0	7940	34254	1348.7	2280	34254	17127	128420.2
翁胡拉	381	2129	64324.7	9882.0	7620	38322	1174.2	3310	38322	19161	94203.9
直属单位	365	1551		414.5	7300	27918					

续表

各嘎查	户数	人口	农业税	牧业税	屠宰税	教育附加费	防雹费	电视收视费	乡统筹提留	村委会提留	上年尾欠
合 计	3985	18920	707745.5	44911	79700	340560	12814.5	25070	312642	156321	505083.7

资料来源：阿力得尔苏木人民政府文件：《关于完成九五年国家粮食定购任务和农牧业税、教育费附加、乡村两级提留等征收任务的通知》，阿苏政发〔1995〕48号。

二 1996—2004年被调查农户缴税情况

下面以一位农户为例分析1996—2003年每年的农牧业税缴税情况，说明当时农户的缴税负担很重，这是该农民收入增长缓慢甚至负增长和生产生活极其困难的主要原因。

1996年纳税基本情况（据访谈内容）。1996年7月13日，该农户销售羊绒0.8斤，每斤为100.00元，销售80.00元，计税率是10%，羊绒税8.00元，占销售羊绒金额的10.0%；羊毛销售304斤，每斤4.00元，共销售1216.00元，计税10%，缴羊毛税121.60元，占销售羊毛金额的10%。所以，该农户1996年羊绒羊毛税累计为1296元，纳税129.60元。该农户缴的费用有集资建中学教学楼300.00元、教育附加费90.00元、防雹防疫费26.00元，累计为416.00元。为此，1996年该农户给国家缴的税和其他资金累计为555.60元（这是在农民手中仅存的两张收入，还有其他税款，比如羊头税等）。

1997年纳税情况。表2-50显示的是1997年农民家庭上缴国家的各种税和费用的情况。这位农户多年来收藏的各种缴费收据和单子，一年总共缴纳了1454.21元。根据史料中显示的1998年阿力得尔苏木翁胡拉嘎查村人均纯收入758.0元计算，1997年该农户家一年家庭纯收入为3032元，1997年纳税占总收入的48.0%。由此，1997年时农民的负担还比较沉重。

表2-50　　　　1997年普通农民家庭缴纳的各种税和费用

纳税的各种税费	金额（元）
"普八费"（第八次普及法律的宣传和购置资料费用）	100.00

续表

纳税的各种税费	金额（元）
养路费	20.00
防雹费	7.46
甜菜提留统筹款（销售809.6元，提留款236.07元）	236.07
草场费	21.60
牲畜防疫费	15.12
树苗款	37.80
养殖山羊费用（4只，0.6元/只）	2.40
养殖绵羊费用（64只，0.28元/只）	17.92
屠宰税	126.00
草场管理费	51.44
电视费	10.00
教育附加费	150.00
农业税	350.00
牧业税	200.00
农林特产农业税纳税：4只山羊，4.0元/只	16.00
农林特产农业税纳税：64只绵羊，1.6元/只	102.40
总计	1454.21

资料来源：根据农户提供的缴款收据数据整理而得。

1999年纳税情况。表2-51中显示的内容是调查人员从农户手中搜集到的1999年缴税情况单子，缴税累计为940.16元。根据访谈资料，1999年翁胡拉嘎查农民人均收入为758.00元，被调查农户共4口人，年度家庭纯收入为3032元，所以，缴税的940.16元占年度家庭纯收入的31.0%。可见，翁胡拉嘎查农民人均纯收入远低于全区，人均纯收入，二者相差高达1145元，差距为2.5∶1，也就是说全区农民人均纯收入比翁胡拉农民人均纯收入高出2.5倍。由此断定，1999年翁胡拉嘎查农民的生产生活十分困难。

1999年的屠宰税、农业税、牧业税、特产税与1997年相比，屠宰税增加83.60元、增长66.30%，农业税减少183.80元、下降52.50%，牧业税增加111.00元、增长55.50%，特产税增加20.00元、增长16.90%。可见，1999年屠宰税、牧业税、特产税大幅度增长，农业税有所下降。

表2-51　　　　　1999年调查农户缴纳的各种税和费用

种类	金额（元）
树苗款	3.90
屠宰税	209.60
农业税	166.20
防雹费	3.90
牧业税	311.00
特产税	138.40
提留款	62.16
教育附加费	45.00
总计	940.16

资料来源：根据下列图2-1和图2-9的数据整理计算而得。

2001年度缴税情况。根据农户的访谈，2001年被调查农户缴纳，牧业税114.50元（山羊7只，每只3.50元，共24.50元；绵羊30只，每只3.00元，共90.00元）；农业特产税102.00元（山羊绒42.00元，绵羊毛60.00元）；农业税49.28元；还有信用社贷款98.90元。为此，2001年度被调查农户支出上述累计为364.68元。

与1999年相比，牧业税减少196.50元，主要是2001年该农户养殖牲畜头数比1999年少了很多；农业税减少166.92元，主要是2001年阿力得尔苏木遇到罕见的干旱导致农业歉收，所以本年度农业税收较少；农业特产税增加36.40元，主要是2001年度该农户销售的羊绒和羊毛比1999年相对较多，所以农业特产税缴的多。

2002—2004年缴税情况。2002年自治区党委政府根据《中共中央、国务院关于进行农村税费改革试点工作的通知》（中发〔2000〕7号）和《内蒙古自治区农村牧区税费改革试点方案》（内党发

〔2002〕12号），以及《中华人民共和国农业税条例》，制定《内蒙古自治区农业税征收办法（试行）》，自公布之日起执行。《内蒙古自治区农业税征收办法（试行）》第十六条规定：纳税人种植的农作物因遭受自然灾害而歉收的，符合下列规定的给予减税或者免税：（一）歉收五成（含五成）以上的免征；（二）歉收四成（含四成）以上五成以下的，减征应纳税额的60%；（三）歉收三成（含三成）以上四成以下的，减征应纳税额的40%；（四）歉收三成以下的不减征。由于2002年阿力得尔苏木又遇到罕见的干旱自然灾害，所以申请了减免农业税。

根据农户提供的资料统计整理，自从2002年始农民可申请减免农业税，农业税减免率为9.2%，所以农业税为171.9元，牧业税为142.8元。同时，2002年乡镇政府向农户收取乡村办学、计划生育、优抚、民兵训练、修筑道路费用，累计资金为12.8元；嘎查村集体向农户收取公积金、公益金、管理费三项费用，提留资金为19.20元。由此，该农户2002年上缴的各种税总共346.70元，与2001年的364.68元相比减少17.98元，下降4.93%。2003年缴税总额为299.70元，2004年缴税总额为313.93元，2004年比2003年增长4.74%，可喜的是从2004年始阿力得尔苏木农民获得国家农业税补贴，国家补贴了农业税总额的55.0367%，此后从2005年开始全面取消农牧业税的基础上补偿农业补贴，从而极大地带动了农民劳动的积极性，这是粮食连年丰收的主因。

表 2-52　　　　　　　　被调查农户农牧业税缴税情况

2002 年		2003 年		2004 年	
税种	金额（元）	税种	金额（元）	税种	金额（元）
农业税	171.90	农业税	171.90	农业税	163.93
牧业税	142.80	牧业税	127.80	牧业税	150.00
合计	314.70	合计	299.70	合计	313.93

资料来源：从农户提供的缴税单子中搜集的数据，2014年8月14日。注：农业税和牧业税包括了附加税；2004年牧业税按照被调查农户提供的山羊和绵羊数量计算而得。

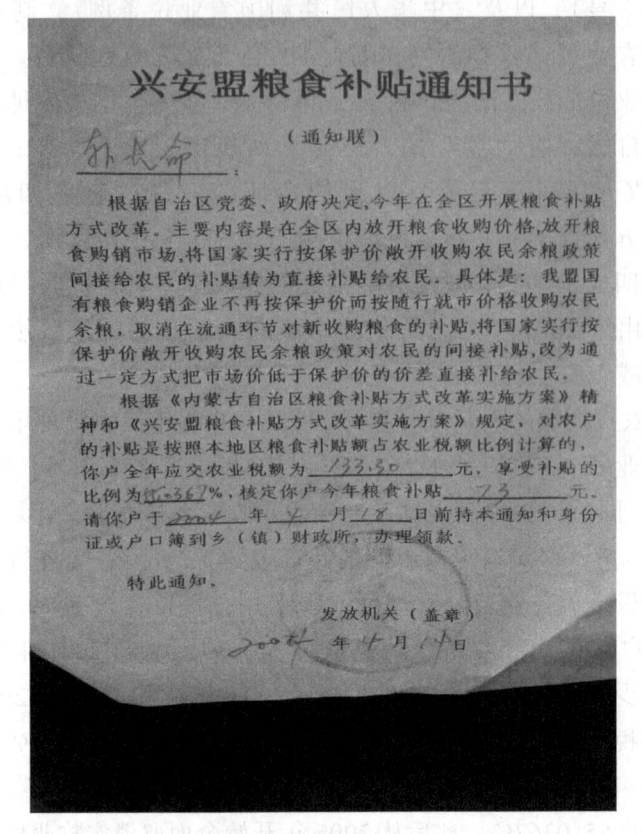

图 2-1　2004 年农户获得国家农业税补贴情况
资料来源：被调查农户提供，2014 年 8 月 16 日。

三　阿力得尔苏木收入的比较分析[①]

1998 年，阿力得尔苏木农村经济收益分配情况。总收入 3565.0 万元，总支出 703.2 万元，净收入 2861.8 万元；其中：国家积金 224.2 万元，集体提留 129.1 万元；农民所得 2861.8 万元，17105 人每人平均 1673 元。与 1998 年相比，2001 年阿力得尔苏木总收入减少 1805.3 万元，下降 50.6%，总支出增加 245.3 万元，增长 34.9%，净收入减少 2050.6 万元，下降 71.6%，农民所得总收入减少 2110.0 万元，下降 73.7%，人

---

① 科尔沁右翼前旗统计局编辑：《科尔沁右翼前旗统计年鉴》，1998 年，第 45 页。

数减少437人，下降2.6%，每人平均收入减少1222.0元，下降73.0%。可见，2001年阿力得尔苏木生产成本支出大于1998年。这是因为2001年阿力得尔苏木遇到特大干旱，农业歉收，所以总收入大幅度减少，净收入和人均收入自然大幅下降。详见表2-53。

表2-53　　　　　阿力得尔苏木农村经济收益分配情况　　　　　单位：万元

年份	总收入	总费用	净收入	其中		农民所得	本表人数（个）	每人平均（元）
				国家积金	集体提留			
1998	3565.0	703.2	2861.8	224.2	129.1	2861.8	17105	1673
2001	1759.7	948.5	811.2	184.8	75.2	751.8	16668	451

资料来源：1998年、2001年《科尔沁右翼前旗统计年鉴》，第45页和第40页。

1996—2004年是我国国民经济各个领域市场化改革阶段，在改革中探索寻找适合本国国情的发展路子。对农牧业的重大改革有两点：一是1997年中央政府明确提出：30年不变，指的是土地承包经营期限，至于集体土地实行家庭承包经营，是一项长期不变的制度。也就是说，30年承包期内，不要再根据人口变化调整承包地。二是为了减轻农民负担开始做试点，逐步增加农民的补贴，减少农业生产成本，为调动农民生产积极性、提高农业生产率和在全国全面减免农业税方面积累了成功经验和科学的政策依据。例如，在阿力得尔苏木农民开始申请农业税减免和获得了粮食补贴，这些都较大地减轻了农民的负担。

第五节　农牧业税取消后的发展阶段

随着我国改革开放的不断深入和社会主义市场经济体制的建立完善，农畜产品生产流通销售市场对外越来越放开，农牧业经济逐步与国际接轨，国际竞争压力加大，农牧民单打独斗生产销售方式已经不适合市场竞争，为应对国际市场的竞争力和提高自身的发展能力，农民生产销售又进入合作化时期。尤其2006年1月1日正式执行全面取消农业税政策，这使中国几千年的农业税已成为历史，进一步解放了农村生产力，促使农牧业加速发展，农民收入较快增长，农畜产品连续丰收，为保障我国农畜产品安全供应起了重要作用。本节重点分析取消农业税后的种植业和畜牧业发展的变动趋势。

一 简要回顾取消农业税的过程[①]

农业税实际上包括农业税、屠宰税、农业特产税、牧业税四种。

1958年6月3日，第一届全国人大常委会第96次会议通过《中华人民共和国农业税条例》。农业税条例实施以来，对于正确处理国家与农民的分配关系、发展农业生产、保证国家掌握必要的粮源、保证基层政权运转等发挥了重要的积极作用，但也在一定程度上加重了农民负担。20世纪80年代中后期，农民负担问题逐步突出，引起中央高度重视。从1990年起，中央开始抓减轻农民负担工作，并取得一定成效。

2000年3月2日，中共中央、国务院下发《关于进行农村税费改革试点工作的通知》，决定率先将安徽全省作为农村税费改革试点地区。

2001年3月24日，国务院发出《关于进一步做好农村税费改革试点工作的通知》，通知要求"扩大试点，积累经验"，具备条件的省份可以全面推开试点。

2001年4月25日，国务院决定暂缓扩大农村税费改革的试点，"集中力量进一步做好安徽省的试点"。

2002年3月27日，国务院办公厅发出《关于做好2002年扩大农村税费改革试点工作的通知》，决定河北、内蒙古、黑龙江、吉林、青海、宁夏等6省（自治区、市）为2002年扩大农村税费改革试点省。加上原来的安徽、江苏（2001年全面推开）、浙江、上海（这两个省、市属于"自费改革"）等，试点扩大到20个省（自治区、直辖市）。

2003年3月27日，国务院发出《关于全面推进农村税费改革试点工作的意见》，要求"各地区应结合实际，逐步缩小农业特产税征收范围，降低税率，为最终取消这一税种创造条件"。当年，税费改革在全国推开，中央财政拿出305亿元用于税费改革的专项转移支付。

2004年1月1日，中共中央发布"一号文件"，提出逐步降低农业税

[①] 《财经》2004年第10期；温家宝：《2006年政府工作报告》，见中国政府网，2006-03-06。引自刘豪兴主编《农村社会学》（第三版），中国人民大学出版社2015年版，第162—163页。

税率，当年农业税税率总体上降低1个百分点，同时取消除烟叶外的农业特产税。

2004年3月5日，国务院总理温家宝在第十届全国人大二次会议上政府工作报告时宣布："从今年起，中国逐步降低农业税税率，平均每年降低一个百分点以上，五年内取消农业税。"

2004年3月23日，中央决定在黑龙江、吉林两省进行免征农业税改革试点，河北、内蒙古、辽宁、江苏、安徽、江西、山东、河南、湖北、湖南、四川等11个粮食生产省（区）的农业税税率降低3个百分点，其余省份农业税税率降低1个百分点。农业税附加税随征税同步降低或取消。

2005年12月29日，十届全国人大常委会第19次会议经表决决定，《农业税条例》自2006年1月1日起废止。

2006年3月5日，国务院总理温家宝在十届全国人大四次会议上作政府工作报告时宣布："今年在全国彻底取消农业税，标志着在中国实行了长达2600年的这个古老税种从此退出历史舞台，这是具有划时代意义的重大变革。"农村税费改革不仅取消了原先336亿元的农业税赋，而且取消了700多亿元的"三提五统"和农村教育集资等，还取消了各种不合理收费，农民得到了很大的实惠。为保证基层政权政策运转和农村义务教育的需要，从2006年起，国家财政每年安排支出1030多亿元，其中中央财政转移支付每年达到780多亿元，地方财政每年安排支出250多亿元。

也就是，2006年1月1日起，中国完全取消了农业四税（农业税、屠宰税、牧业税、农林特产税），在中国延续了千年的农业税成为历史。原定5年内取消农业税的设想提前实现。农业税的取消，给中国农民带来了看得见的物质利益，极大地调动了农民生产积极性，又一次解放了农村生产力，对中国农业发展具有跨时代意义。

二 自治区政府减免农业税后的业绩

2004年以来，对内蒙古农牧民来说是可喜的年份，中央连续发布了11个一号文件，其主题均是围绕"农民增收"。内蒙古自治区也连续下发了相关文件，把农牧业放在国民经济发展重中之重的地位，连续出台了一系列含金量较高的支农惠农政策，切实加大了对农牧业的投入。2003年自治区实行良种补贴，2004年起开始实施农机购置补贴政策，2005年全面取消农业税，2007年自治区被列入国家首批政策性农业保险试点省份，保费补贴品种由最初的4个扩展到目前的小麦、玉米、大豆、马铃薯、油菜籽等7个险种，全区种植业保险承保面积由当年的1911.14万垧增至2011年的8001万垧。在强农惠农政策下2008年内蒙古粮食总产量突破2000万吨大关。到2010年全区粮食产量较快增长，达到2158.2万吨，较2009年增长10.6%；人均粮食占有量达到872斤，较2009年增长8.2%。

2011年达到2387.5万吨、2012年达到2528.5万吨、2013年达到2773.0万吨、2014年达到2753.0万吨。取得上述业绩的缘由是，国家和内蒙古政府持续加大了各种补贴，例如，粮食直补、良种补贴、农机具补贴、农资综合补贴，最低收购价格支持政策、实施农业保险，还有中央政府对产量大县直接奖励政策等。为此，粮食作物播种面积一直稳步上升，粮食产量、粮食单产、人均粮食占有量突破新高。

2014年末，牲畜头数合计7078.6万头（只），较2013年增加335.3万头（只），增长4.97%。其中大牲畜头数839.9万头，较2013年增加20.3万头，增长2.47%。牛肉产量为54.53万吨，较2013年增加2.75万吨，增长5.31%。羊只数为5569.3万只，较2013年增加330.1万只，增长6.3%。羊肉产量为93.33万吨，较2013年增加4.53万吨，增长5.1%。那么，畜牧业发展取得较大成绩的主因在于，国家大幅增加了草原生态环境补贴产生了良好的经济效益和社会效益，再加上科技对畜牧业的贡献率较快提高，尤其设施圈养发展迅速并且出栏率快、产肉量高。因此，畜产品产量较快提高。

三 阿力得尔苏木种植业和畜牧业结构变化

（一）种植业结构的变化

2010年与2005年的比较。从农作物种植品种看，2005年粮食作物播种品种是小麦、玉米、谷子、散糜子、大豆、红小豆、薯类等七种，2010

年粮食作物播种品种是小麦、玉米、谷子、荞麦、散糜子、大豆、红小豆、绿豆、薯类等九种，2010年种植品种比2005年增加了一种；2005年经济作物播种品种是油料（葵花籽）、甜菜、蔬菜、瓜果类、牧草等五种，而2010年经济作物播种品种是油料（葵花籽）、甜菜、蔬菜、瓜果类、药材、牧草等六种，2010年经济作物播种品种比2005年增加一个品种。2014年粮食作物播种品种有小麦、玉米、谷子、荞麦、梨子、糜子、大豆、红小豆、绿豆、薯类等十种，比2005年增加五个品种，比2010年增加一个品种；2014年经济作物播种品种有油料（葵花籽）、种草药材、蔬菜、瓜果类、青饲料等五种，和2005年相等，比2010年减少一种。

2005年，粮食作物播种面积为108994亩，占农作物总播种面积的92.1%，粮食产量达到21393吨，经济作物播种面积为9287亩，占农作物总播种面积的7.9%，经济作物产量1117吨。从各粮食作物品种播种面积占粮食作物播种面积的比重看，小麦占0.93%、玉米占27.81%、谷子占4.04%、散糜子占1.92%、大豆占54.21%、红小豆占2.15%、薯类占8.95%；从各经济作物品种播种面积占经济作物播种面积的比重看，油料面积（葵花籽）占30.82%、甜菜面积占12.72%、蔬菜面积占1.94%、瓜果类面积占1.13%、牧草面积占53.39%。详见表2-54。

表2-54　　　　　2005年农作物种植面积产量情况　　单位：亩、千克/亩、吨

指标名称	播种面积	每亩产量	总产量	指标名称	播种面积	每亩产量	总产量
农作物总播种面积	118369						
一、粮食作物	108994	196	21393	二、经济作物	9287	120	1117
（一）谷物	37833	301	11375	（一）油料	2862	42	120
1. 小麦	1020	120	122	葵花籽	2862	42	120
2. 玉米	30310	347	10505	（二）甜菜	1181	500	590
3. 谷子	4408	115	1347	（三）蔬菜	180	2000	360
4. 散糜子	2095	115	241	（四）瓜果类	105	448	47
（二）豆类 大豆红小豆	61441 59095 2346	88 88 102	5411 5171 240	（五）牧草	4959		
（三）折粮薯类	9720	474	4607				

资料来源：科尔沁右翼前旗统计局编辑：《科尔沁右翼前旗统计年鉴》，2005年，第96—113页。注：2010年数据未包括树木沟乡数据。

2010年，粮食作物播种面积为117467亩（未包括树木沟乡数据），占农作物总播种面积的90.15%，粮食总产量达到23352吨，较2005年增产高达1959吨；经济作物播种面积为12762亩，占农作物总播种面积的9.80%，经济作物产量达到668吨，较2005年减少449吨。从各粮食作物品种播种面积占粮食作物播种面积的比重看，小麦占3.10%、玉米占55.30%、谷子占2.72%、散糜子占1.78%、豆类占33.84%，大豆占18.84%、红小豆占7.97%、薯类占24.26%；从各经济作物品种播种面积占经济作物播种面积的比重看，油料（葵花籽）占31.34%、甜菜占4.7%、蔬菜占0.98%、瓜果类占0.43%、牧草面积占66.6%。可见，2010年阿力得尔苏木小麦、玉米、红小豆、薯类种植面积占粮食作物播种面积的比重较2005年显著增长，只有谷子、散糜子、大豆种植面积占粮食作物播种面积的比重较2005年显著下降。详见表2-55。

表2-55　　　　　　　2010年农作物种植面积产量情况　　单位：亩、千克/亩、吨

指标名称	播种面积	每亩产量	总产量	指标名称	播种面积	每亩产量	总产量
农作物总播种面积	130299						
一、粮食作物	117467	199	23352	二、经济作物	12762	52	668
（一）谷物	67950	261	17748	（一）油料 葵花籽	4000 4000	67 67	268 268
1.小麦	3600	301	1085				
2.玉米	65000	210	13655	（二）甜菜	60	2500	150
3.谷子	3200	109	350	（三）蔬菜	125	1864	233
4.荞麦	350	91	32	（四）瓜果类	55	273	15
5.糜子	2100	188	395	（五）药材	22	91	2
（二）豆类 大豆杂豆 红小豆绿豆	39749 22136 17613 9365 1508	95 97 91 60 50	3761 2151 1610 565 75	（六）牧草	8500		
（三）折粮薯类	9768	192	1873				

资料来源：2010年《科尔沁右翼前旗统计年鉴》，第96—113页。注：2010年数据未包括树木沟乡数据。

2014年与2010年的比较。2014年，粮食作物播种面积为303360亩（包括树木沟乡），占农作物总播种面积的80.0%；经济作物播种面积为76020亩，占农作物总播种面积的20.0%。从各粮食品种播种面积占粮食

作物播种面积的比重看，小麦占 0.49%、玉米占 69.59%、谷子占 1.48%、荞麦占 0.74%、梨子占 0.25%、散糜子占 1.74%、大豆占 15.33%、绿豆占 0.49%、红小豆占 1.49%、薯类占 9.39%；从各经济作物品种播种面积占经济作物播种面积的比重看，油料（葵花籽）占 29.20%、中草药占 5.92%、蔬菜占 0.99%、瓜果类占 0.39%、青饲料占 63.50%。详见表 2-56。

2014 年与 2010 年相比，粮食作物面积占农作物总播种面积的比重下降 10.3 个百分点，而经济作物播种面积占农作物总播种面积的比重增长 10.25 个百分点，玉米播种面积占粮食作物播种面积的比重增长 14.29 个百分点。可见，到 2014 年玉米"独老大"趋势形成，经济作物播种面积逐步增长，尤其青饲料或者牧草播种面积占经济作物播种面积的比重保持 63.0% 以上，说明畜牧业发展对青饲料或牧草的需求量显著增长。

从阿力得尔苏木种植技术发展看，阿力得尔苏木从 2012 年推广地膜覆盖技术以来，2013 年发展到 2200 垧，垧增产粮食平均 200 千克，取得了良好的经济效益。为了更好地发挥地膜覆盖增产作用，阿力得尔苏木以地膜 40 元/垧、覆膜机 2000 元/台，进行价格补贴，鼓励农民采用新技术发展现代化农业。同时采取科技培训讲座、现场指导、电视讲座等方式，让农民尽快真正掌握地膜覆盖技术，从而提高产量、增加收入，为今后全苏木地膜覆盖技术的推广打下了坚实基础。预计 2014 年阿力得尔新建地膜覆盖 2 万垧、实现地膜覆盖全程机械化，以科技为动力，带动更多百姓增收致富。①

表 2-56　　　　　　2014 年阿里得尔苏木农作物种植情况

指标名称	播种面积（亩）	单产（千克/亩）	总产量（吨）	指标名称	播种面积（亩）	单产（千克/亩）	总产量（吨）
农作物总播种面积	379380	597.8	226843	（三）折粮薯类	28500	1680	47880
一、粮食作物	303360	469.3	142395	二、经济作物	76020	1110.8	84448

---

① 内蒙古农牧业信息网：《科尔沁右翼前旗阿力得尔苏木积极推广地膜覆盖促农增收》，网址：http://www.nmagri.gov.cn/zxq/msxxlb/xam/368694.shtml，2014/4/39：28：00。

续表

指标名称	播种面积（亩）	单产（千克/亩）	总产量（吨）	指标名称	播种面积（亩）	单产（千克/亩）	总产量（吨）
（一）谷物	222360	385.3	85695	（一）油料葵花籽	22200	224	4972
1. 小麦	1500	336	504				
2. 玉米	211110	392	82755	（二）中草药材	4500	750	3375
3. 谷子	4500	224	1008	（三）蔬菜（含菜用瓜）	750	4480	3360
4. 荞麦	0	0					
5. 黍子	750	224	168	（四）瓜果类西瓜香瓜（甜瓜）	300	1120	336
6. 糜子	2250	224	504				
（二）豆类 大豆绿豆红小豆	52500 46500 1500 4500	168 168 168 168	8820 7812 252 756	（五）青饲料	48270	1500	72405

资料来源：阿力得尔苏木政府提供，2014 年 8 月 16 日。注：2014 年数据包括了树木沟乡 8 个嘎查村数据，这样阿力得尔苏木数据是 19 个嘎查村的总数。

（二）畜牧业结构的变化

总头数的变化。从期末实有总头数看，1998 年为 71139 头，到 2001 年达到 118118 头，2001 年比 1998 年增加 46979 头，增长 66.0%，主因在于繁殖仔畜成活头数和购进头数远高于 1998 年头数；2005 年为 175552 头，比 2001 年增加 57434 头，增长 48.6%，主因在于 2005 年的繁殖仔畜成活头数和购进头数远高于 2001 年头数；到 2010 年为 64693 头，比 2005 年减少 110859 头，下降 63.1%，主因在于繁殖仔畜头数远低于 2005 年头数。

表 2-57　　　　阿力得尔苏木牧业年度家畜总头数情况　　　单位：头、匹、头

牲畜 \ 年份		1998	2001	2005	2010
期初实有头数		63023	90537	228178	68687
期末实有头数		71139	118118	175552	64693
期内增加	繁殖仔畜	28102	46729	58918	18897
	其中：成活	27847	46254	58499	19843
	购进	9031	11311	28971	26691
	其他	1059	3167	12150	347

续表

牲畜	年份	1998	2001	2005	2010
期内减少	成幼畜死亡	1347	2879	1501	589
	自宰自食	9794	7230	4764	3986
	出卖	16652	23042	84169	46038
	其中：出卖肉畜 出卖仔畜	2828 2028	13597 2474	84169 61862	48643
在期末实有头数中	能繁殖的母畜	27470	67858	68103	27658
	耕畜		3739	2372	2733
	种公畜	1130	2167	1619	681
	改良种牲畜	35419	88440	174040	65262

资料来源：2001 年、2005 年、2010 年《科尔沁右翼前旗统计年鉴》数据整理而得。注：牧业年度数据；2010 年数据未包括树木沟乡数据。

小牲畜变动。从年末实有头数看，2010 年与 2005 年相比，小牲畜头数减少 27499 头，下降 18.9%，主因在于山羊头数大幅减少 37237 只，下降 64.6%，绵羊只数仅增加 9848 只，增长 11.2%；生猪口数也大幅减少 17903 口，下降 79.2%，主因在于绵羊和山羊繁殖率低和饲草供给能力下降（详见表 2-58）。

表 2-58　　　　阿力得尔苏木牧业年度小牲畜情况　　　单位：头、只、口

年度情况	牲畜	2005				2010			
		小牲畜	绵羊	山羊	猪	小牲畜	绵羊	山羊	猪
年初实有头数		207394	91320	116074	13241	27131	11324	15807	4898
年末实有头数		145525	87772	57643	22517	118026	97620	20406	4614
年内增加	繁殖仔畜	54320	34748	19572	3104	20121	4776	5284	5118
	其中：成活	54011	34521	19490	3055	6931	4579	5201	5062
	购进	14986	8435	6551	12949	10629	4964	10321	13821
	其他	11681	8715	2966	62	236	366	212	36
年内减少	成幼畜死亡	1251	490	761	75	862	170	176	160
	自宰自食	1971	425	1346	2793	566	486	72	4837
	出卖肉畜	78946	32207	46757	3238	23546	16876	10082	18924
	其他	60471	21897	38574	684				

续表

年度情况 \ 牲畜	2005 小牲畜	2005 绵羊	2005 山羊	2005 猪	2010 小牲畜	2010 绵羊	2010 山羊	2010 猪
在年末实有头数中 能繁殖的母畜	65398	38889	26509	765	26322	14846	11977	1387
在年末实有头数中 种公畜	1416	780	636	58	986	487		92
在年末实有头数中 改良种牲畜	145285	87693	57592	21506	36786	17683	20010	3201

资料来源：2005年、2010年《科尔沁右翼前旗统计年鉴》，第152—165页、第146—161页。注：牧业年度数据；2010年数据未包括树木沟乡数据。

大牲畜变动。从年末实有头数看，大牲畜头数呈现下降趋势，2010年比2005年减少1814头，下降20.04%，主因在于牛的头数减少295头、下降21.72%，其他马头数减少1725匹，只有驴数增加530头、骡增加176头，所以，2010年大牲畜总的头数呈现显著下降态势。其中值得一提的是，大牲畜结构性发生了变化，马、驴、骡的使用率高于牛，并且饲喂的成本低于牛，由此牛的数量大幅度下降，而马、驴、骡的头数有所增长。

值得一提的是阿力得尔苏木奶业经济有所发展趋势。黑白花乳用牛头数占了牛总数的一定比例，2005年黑白花乳用牛年初实有头数为423头、年末实有头数为1746头，年内增加1023头、购进300头，能繁殖母畜1023头。[①] 年末实有乳用牛头数占牛头数的40.9%，所以2005年时候阿力得尔苏木奶业经济发展状况较好。可是，到2010年末时奶业经济一落千丈，2010年黑白花乳用牛年初实有头数为13107头，到年末实有头数减少到1307头[②]，下降90.0%，从2005年年末头数1746头减少到2010年年末的1307头，下降高达25.1%。奶业经济下滑的主因在于2008年三聚氰胺事件后在全区整顿了不合格的、规模较小的奶站，多数奶站被清出市场后，很多散户受到严重影响，不得不出售奶牛。所以，阿力得尔苏木奶业经济直线下滑。

[①] 科尔沁右翼前旗统计局编辑：《科尔沁右翼前旗统计年鉴》，2005年，第126—149页。注：牧业年度数据。

[②] 科尔沁右翼前旗统计局编辑：《科尔沁右翼前旗统计年鉴》，2010年，第124—145页。注：牧业年度数据。

表 2-59　　　　　　　　　　阿力得尔苏木大牲畜情况　　　　　　　单位：头、匹、头

年度情况	牲畜	2005					2010				
		大牲畜	牛	马	驴	骡	大牲畜	牛	马	驴	骡
年初实有头数		7543	3659	3407	237	240	5729	2864	1682	767	416
年末实有头数		7620	4266	2887	235	232	6548	1647	3741	871	289
年内增加	繁殖仔畜 其中：成活	1464 1433	1089 1089	378 317	27 27		1862 1841	386 397	542 540	217 111	
	购进	1036	721	230	45	40	962	582	342	186	46
	其他	407	376	26	4	1					
年内减少	成幼畜死亡	175	23	150	2		11	3	3	8	
	出卖	1967	995	855	68	49	1870	1842	15	306	
	其中：出卖肉畜 出卖仔畜	167 657	995 561	855 88	68 8	49	1366 6	1642	12	216	
在年末实有头数中	能繁殖的母畜	1940	1491	429	20		3280	1867	1332	623	
	耕畜	2373		2163		209	3021	460	1940	469	
	种公畜	145	131	11	3		120		20	106	
	改良种牲畜	7249	4216	2817	216			1622	2638	967	

资料来源：2005 年、2010 年《科尔沁右翼前旗统计年鉴》，第 126—149 页、第 124—145 页。注：牧业年度数据；2010 年数据未包括树木沟乡数据。

阿力得尔苏木与树木沟乡合并之前和之后的畜牧业发展状况。1961年 8 月，从乌兰毛都人民公社划出，单独建立阿力得尔人民公社。1962年，树木沟乡划出。2006 年 5 月阿力得尔苏木与树木沟乡合并成为阿力得尔苏木。苏木政府所在地依然是海力森屯。下面，从阿力得尔苏木和树木沟乡合并之前和合并之后的角度分析牲畜头数变化。需要说明，前面分析的 2006 年后的数据是只有苏木原 11 个嘎查的累计数据，就是全苏木数据，其中未包括树木沟乡的 8 个村委员会数据。

阿力得尔苏木和树木沟乡合并之前 11 个嘎查畜牧业发展情况。从牲畜总头数看，2014 年度，期初实有头数 217503 头，到期末实有头数增长到 260288 头，增加 42785 头，增长 19.7%。牲畜总头数增长的主因在于 2014 年度农民购进了 21227 头牲畜和仔畜成活较高。大牲畜从年初的 6072 头上升到年末的 6636 头，增加 564 头，增长 9.3%，其中牛、马、驴分别增加 504 头、60 匹、3 头，主因在于 2014 年之前牛的行情高，所以农民养殖牛积极性高。小牲畜羊从年初的 203232 只上升到年末的 245240 只，增加 42008 只，增长 20.7%，其中绵羊头数增加 41608 只，

表 2-60　2014年阿力得尔苏木 11 个嘎查畜牧业发展情况

单位：头、匹、只、口

指标	期初实有头数	期内增加					期内减少					期末实有头数	在期末实有头数中			
^	^	繁殖仔畜	其中成活	购进	其他	成幼畜死亡	自宰自食	出卖	其中			其他	^	能繁殖的母畜	耕役畜	种公畜	改良种性畜
^	^	^	^	^	^	^	^	^	出卖肉畜	出卖仔畜	^	^	^	^	^	^
牲畜总头数	217503	111119	111056	21227	9104	526	3863	78002	65275	12727	16211	260288	137396	4	4530	260288
(一) 大小牲畜合计	209304	105916	105916	19207	9078	475	1617	73460	61575	11885	16077	251876	136448	4	4482	251876
1. 大牲畜	6072	2060	2060	534	265	6	2	1910	1675	235	377	6636	3267	4	216	6636
牛	5092	1816	1816	457	247	6		1635	1430	205	375	5596	2891		156	5596
马	837	222	222	58	18			238	208	30		897	332		51	897
驴	138	22	22	19			2	36	36			141	44		9	141
2. 羊	203232	103856	103856	18673	8813	469	1615	71550	59900	11650	15700	245240	133181	×	4266	245240
绵羊	147060	79707	79707	14554	6877	176	1225	45761	37300	8461	12368	188668	102428	×	3035	188668
山羊	56172	24149	24149	4119	1936	293	390	25789	22600	3189	3332	56572	30753	×	1231	56572
(二) 猪	8199	5203	5140	2020	26	51	2246	4542	3700	842	134	8412	948	×	48	8412

资料来源：阿力得尔苏木政府提供，2014 年 8 月 16 日。

增长 28.3%，羊头数增加 400 只，增长 0.71%。绵羊头数大幅增长的原因在于 2014 年之前绵羊行情高、山羊绒价格行情比往年好，农民的主要收入来源，秸秆饲料和玉米都可以自己供给，养殖成本低于牧区，所以农民养殖绵羊和山羊的积极性高。

从养殖户看，阿力得尔苏木 11 个嘎查农户总户数为 5422 户，其中无畜户为 1421 户、占总户数的 26.2%，有畜户为 4001 户、占总户数的 73.8%。有大畜和羊为 3360 户，占农户总户数的 61.9%，也就是说，阿力得尔苏木农户的一半以上农户都养殖着大牲畜和羊，是典型的半农半牧区。

表 2-61　2014 年阿力得尔苏木 11 个嘎查一个社区大小牲畜养殖户情况

分类	户数	单位	分类	户数	单位	分类	户数	单位
一、农户总户数	5422	户	④201—300 头	198	户	2. 养猪户	2677	户
（一）无畜户	1421	户	⑤301—400 头	87	户	（1）1—5 口	2287	户
（二）有畜户	4001	户	⑥401—500 头	35	户	（2）6—10 口	316	户
1. 有大畜和羊户	3360	户	⑦501—600 头	20	户	（3）11—20 口	66	户
其中：兼养猪户	2447	户	⑧601—700 头	13	户	（4）21—30 口	4	户
①1—50 头	1085	户	⑨701—800 头	12	户	（5）31—50 口	2	户
②51—100 头	905	户	⑩801—1000 头	6	户	（6）101—200 口	1	户
③101—150 头	602	户	⑪1001—1500 头	2	户	（7）201 口以上	1	户

资料来源：阿里得尔苏木政府提供，2014 年 8 月 16 日。

阿力得尔苏木和树木沟乡合并之后 19 个嘎查村畜牧业发展情况。由于树木沟乡生产结构也是以农牧业为主的典型半农半牧区，农民在种植农作物的同时养殖牲畜增加收入，所以树木沟乡的生产结构基本与阿力得尔苏木生产结构相似。由此，牲畜总头数和大小牲畜头数都呈现增长态势，其大牲畜的牛马数量增长，而驴和骡的数量呈现下降，小牲畜的绵羊头数显著增长，而山羊只数显著下降。猪的口数也呈现下降。从养殖户看，有畜户占农户总户数的 78.72%，有大畜和养殖羊的户数占总户数的比重 67.14%，养猪户占总户数的 61.71%。可见，阿力得尔苏木和树木沟乡合并之后农户继续大力养殖大小牲畜和生猪（详见表 2-62、表 2-63）。

四 阿力得尔苏木收入的比较分析

2005年，阿力得尔苏木农村牧区经济收益分配情况：总收入2866.2万元，总支出852.8万元，净收入2013.4万元；本次调查人数16768人，每人平均纯收入1200元。[①] 到2010年，阿力得尔苏木农村牧区经济收益分配情况：总收入3612万元，总支出1659万元，净收入3094万元，本次调查人数16539人，每人平均纯收入1870元。[②] 2010年与2005年比较，总收入增加735.8万元，增长26.0%；总支出增加806.2万元，增长94.5%；净收益增加1080.6万元，增长53.7%；农民平均收入增加670元，增长55.8%。可见，到2010年全苏木总收入、总费用、净收益和农民人均纯收入比2005年有较大幅度增长。到2012年，总收入为3709万元，总费用为1660万元，净收入为3124万元，参与本次调查人数为16576人，每人平均纯收入1884元。[③] 2012年与2010年相比，总收入增加97.0万元，增长2.68%；总支出仅增加1.0万元；净收益增加30.0万元，增长0.97%；农民平均纯收入增加14元，增长0.75%。可见，到2012年全苏木总收入、总支出、净收益和农民人均纯收入较2010年增长速度并不快。因为，农牧业税取消后，极大调动了农民的生产积极性，进一步解放了农村生产力，促进农村生产力加快发展，农业的粮食产量迅速提高，同时粮食销售价格上涨，较大提高了农民收入。而畜牧业发展波浪起伏较大，11个嘎查的2010年大牲畜头数和小牲畜头数较2005年全面减少，可是到2014年11个嘎查的牲畜总头数与2010年显著增长，主因在于2012年以来受到全区牲畜价格全面上涨的影响，农牧民养殖牲畜的积极性较高，农民收入也显著增长。因此，2005—2014年阿力得尔苏木农牧业经济得到前所未有的发展。

---

① 科尔沁右翼前旗统计局编辑：《科尔沁右翼前旗统计年鉴》，2001年，第94页；每人平均纯收入数据=全苏木净收入/本次调查人数。

② 科尔沁右翼前旗统计局编辑：《科尔沁右翼前旗统计年鉴》，2010年，第93页；每人平均纯收入数据=全苏木净收入/本次调查人数。

③ 科尔沁右翼前旗统计局编辑：《科尔沁右翼前旗统计年鉴》，2012年，第112页；每人平均纯收入数据=全苏木净收入/本次调查人数。

表 2-62　2014年阿力得尔苏木19个嘎查畜牧业发展情况

单位：头、匹

指标	计量单位	期初实有头数	期内增加			期内减少						期末实有头数	在期末实有头数中		
			繁殖仔畜	其中：成活	购进	其他	成幼畜死亡	自宰自食	出卖	其中：				能繁殖的母畜	种公畜	改良种牲畜
										出卖肉畜	出卖仔畜	其他			
牲畜总头数	头	411716	257520	257520	43727	6219	3680	12661	199554	168040	31514	17579	485438	236713	7368	485438
大小牲畜合计	头	398319	244812	244812	42468	5887	3660	7221	191764	163370	28394	16568	472273	235086	7290	472273
1. 大牲畜	头	10227	3802	3802	1665	347	21	9	4843	4123	720	383	10785	4828	270	383
牛	头	8249	3214	3214	1405	330	21	4	4126	3443	683	281	8766	3935	193	281
马	匹	1716	530	530	240	15			628	591	37	70	1803	818	65	70
驴	头	253	58	58	20	2		5	85	85		32	211	75	12	32
骡	头	9							4	4			5	×	×	×
2. 羊	只	388092	241010	241010	40803	5540	3639	7212	186921	159247	27674	16185	461488	230258	7020	461488
（1）绵羊	只	298813	189810	189810	38403	4820	3219	5372	136519	115195	21324	12350	374386	184937	5304	374386
（2）山羊	只	89279	51200	51200	2400	720	420	1840	50402	44052	6350	3835	87102	45321	1716	87102
（二）猪	口	13397	12438	12438	1259	332	20	5440	7790	4670	3120	1011	13165	1627	78	13165

资料来源：阿里得尔苏木政府提供，2014年8月16日。

表 2-63　阿力得尔苏木 19 个嘎查大小牲畜养殖户情况总汇总

分类	户数	单位	分类	户数	单位	分类	户数	单位
一、农户总户数	8380	户	⑤201—300 头	310	户	2. 养猪户	5171	户
（一）无畜户	1783	户	⑥301—400 头	147	户	（1）1—5 口	4612	户
（二）有畜户	6597	户	⑦401—500 头	67	户	（2）6—10 口	433	户
1. 有大畜和羊户	5626	户	⑧501—600 头	30	户	（3）11—20 口	110	户
其中：兼养猪户	4611	户	⑨601—700 头	20	户	（4）21—30 口	12	户
①1—50 头	2207	户	⑩701—800 头	19	户	（5）31—50 口	2	户
②51—100 头	1476	户	⑪801—1000 头	9	户	（6）51—100 口		户
③101—150 头	811	户	⑫1001—1500 头	2	户	（7）101—200 口	1	户
④151—200 头	528	户				（8）201 口以上	1	户

资料来源：阿里得尔苏木政府提供，2014 年 8 月 16 日。

总之，从种植业结构变动趋势看，1948 年至 2014 年，粮食作物播种面积和粮食总产量走势曲线基本一致。随着粮食作物播种面积的增长粮食产量也在增长，这说明，阿力得尔苏木粮食产量增长是主要依赖扩大种植面积来实现的，是属于外延式增长方式。从种植业结构变化看，截至目前，阿力得尔苏木种植业种植品种变化不大，只是各品种的种植面积占农作物播种面积的比重有较大变化，主要以玉米为主导的种植结构，20 世纪 80 年代以前种植结构是玉米占 60%左右、谷子占 10%左右、大豆和小豆占 20%左右、经济作物占 10%的比例；20 世纪 80 年代以后种植结构是玉米占 70%左右、豆类（大豆、小豆）占 20%左右、经济作物及饲草料占 10%左右的比例，因而形成种植业结构是玉米"独老大"的结构。因为玉米种植领域广泛使用了农机械和化肥农药，大幅提高了劳动生产率和耕地生产力，对农民来说又省事又省力又有可观的收入，可是也带来了土地板结、水土流失、农业生态环境遭受严重污染等负面效应。根据调查得知，如果农民每年种植玉米不增加化肥使用量玉米就不增产，致使玉米生产与化肥农药的使用已经进入恶性循环状态。虽然 2011 年以来风调雨顺玉米连年丰收和玉米收购价格年年增长，农民获得可观效益，提高了收入。可是种植玉米的劳动力成本、生产要素成本、包租价格也在较快增长，农民生产玉米已进入高成本时代。更糟糕的是，2014 年以来玉米收购价大约由 1.0 元/斤左右下降到 2016 年的 0.4 元/斤左右，导致农民收入大幅减少。可以说，阿力得尔苏木大部分农民通过扩大种植玉米摆脱贫困的梦想又遭到市场的严重打击，收入明显下降。由此，单一的种植业结构、种植成本高及市场行情的不佳是阿力得尔苏木大部分农民难以摆脱贫困的原因之一。

从畜牧业结构变化趋势看，根据史料记载，1948年至2014年，牲畜总头数增长趋势与小牲畜（羊）头数增长趋势一致，换言之，牲畜总头数的增减主要依赖小牲畜头数的增减数量，而大牲畜头数的变化较大，可是与牲畜总头数增减趋势与大牲畜头数的变化关系并不大。草原五畜是骆驼、牛、马、绵羊、山羊，可是翻阅史料在阿力得尔苏木未养殖过骆驼，而草原传统牲畜结构从牛、马、绵羊、山羊结构演变牛、马、绵羊、山羊、驴、骡、猪等，驴、骡、猪牲畜增加说明农耕文化进入阿力得尔苏木，阿力得尔苏木开始从纯牧区的阿力得尔高勒努图克演变为半农半牧区的阿力得尔苏木。截至2014年，阿力得尔苏木农牧民养殖的牲畜结构未变化，只是牲畜头数变化较大，所谓的大牲畜（牛、马、驴、骡）头数随着时代的发展尤其农业机械的普及大牲畜的应用价值减弱从而数量呈现锐减，而小牲畜（绵羊、山羊）头数的经济价值远高于大牲畜，所以小牲畜的头数大幅增长，成为牲畜总头数的主体。从大牲畜头数占牲畜总头数比例看，大牲畜头数数量占总头数的比重为由1948年的82.3%逐渐下降为1995年的33.9%，下降48.4个百分点，尤其到2001时下降到7.7%，与1995年相比下降26.2%，一直减少到2014年的2.6%。与大牲畜头数相反的是小牲畜头数逐渐增长，小牲畜头数占总头数的比重由1948年的17.7%增长为1995年的63.1%，增长45.4%，到2001年增长为92.2%，比1995年增长29.1%，到2014年小牲畜头数占总头数的比重达到97.4%，比2001年增长5.2%。这说明，农业机械加快发展后代替了牲畜耕畜牛马驴骡，再加上草牧场的大幅度减少，大牲畜养殖数量锐减，而小牲畜（以绵羊为主）大幅增长的主因是小牲畜销售价格加快增长，并且养殖成本远低于大牲畜，也低于纯牧区的养殖成本，成为农民收入的重要来源之一，几乎每家都养殖着不同规模的绵羊。从而阿力得尔苏木农民边发展种植业的同时发展养羊业，典型的半农半牧经济类型，即农牧交错经济。虽然阿力得尔苏木农民发展农牧交错经济获得了较高的经济效益，可是随着小牲畜头数的加快增长大家使用的公共草场出现严重超载放牧，呈现草牧场严重退化甚至出现寸草不生的现象，产生了"公地悲剧"。加之，2014年以来绵羊收购价格连年下降到2016年收购期，活羊收购价格跌到农民亏损养殖，得知大部分农民无法持续养殖羊，部分农民有意向全部销售以减少损失。在阿力得尔苏木草牧场严重退化的同时活畜收购价格大幅度下跌，导致为农民收入增长贡献较大的养殖业进入衰退阶段，农民收入持续增长的难度进一步加大！

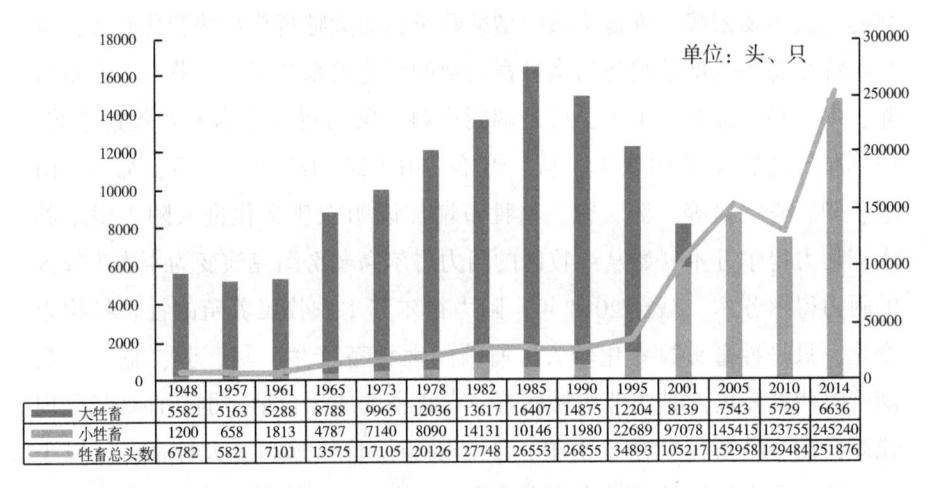

	1948	1957	1961	1965	1973	1978	1982	1985	1990	1995	2001	2005	2010	2014
大牲畜	5582	5163	5288	8788	9965	12036	13617	16407	14875	12204	8139	7543	5729	6636
小牲畜	1200	658	1813	4787	7140	8090	14131	10146	11980	22689	97078	145415	123755	245240
牲畜总头数	6782	5821	7101	13575	17105	20126	27748	26553	26855	34893	105217	152958	129484	251876

图 2-2　阿力得尔苏木牲畜头数变迁趋势

数据来自：在本章分析用的各表格中整理而得。

第三章　劳动生产率变化

　　1947年内蒙古自治区政府成立以后，阿力得尔苏木农民主要以互助组的劳动方式合作生产提高劳动生产率和发展生产力，从土地上获得食物，不但满足本地区的食物需求，还有剩余输送国家，以自己的绵薄之力支持着国家经济建设。本章分为三节来论述：第一节，介绍人地关系的概念；第二节 1948年至1973年的劳动生产率，因为1966—1976年期间是"文化大革命"，所以未找到1974年、1975年、1976年的相关资料，由此，第二节只论述到1973年的劳动生产率；第三节论述改革开放后的劳动生产率。

第一节　人地关系的概念

　　生存与发展的主体贯穿人类发展的全过程。在此期间，人类从未停止过对自身生存发展之路的探索，而这些探索大多是与人口快速增长引出的诸多问题相互联系的，其中最为基本的问题是人地关系，即人口与土地的关系。人口和土地的关系本质上说，是劳动力以什么样的劳动方式在土地上劳动，从土地上获得需要的食物，满足日益增长的人口的食物需求。换言之，采取适合本地区生产力的生产方式劳动，推动着生产力的发展。

　　人地关系，简单地说，就是人口与土地的关系。但它绝不是简单的人口数量与土地面积的关系，主要是指人类在土地上劳动获得自己需要的食物。人地的有效结合促进人类经济社会的发展，同时人类经济社会的发展受制于人口数量、质量、分布及土地的面积、质量、土地利用方式。因为人口和土地是生产力的基本要素，所以人口和土地直接影响生产力的发展，而生产力的发展水平影响人类经济社会的发展程度。由此，人地关系是并不简单的人口与土地的关系而是很复杂的互动和制约关系。

从人口概念上说，它意味着一定的人口数量，又意味着一定的人口质量；既意味着一定时期内的人口增长、人口转变，又意味着一定时期内的人口结构、人口分布。人口与经济社会因素相联系，它既是经济社会发展的结果，又是经济社会发展的条件和基础，还对经济社会发展起促进或限制作用，并且在经济社会结构中体现出来，诸如城镇化、迁移、经济社会结构形成等。[1]

从土地概念上说，它意味着一定的土地面积，又意味着一定的土地质量；既意味着一定时期内的土地利用、土地变化，又意味着一定时期内的土地价值、土地限制。与经济社会因素相联系，它是经济社会发展过程中土地使用的结果，又为经济社会发展提供生存资料、生产资料和活动空间，还对经济社会发展起着基础的限制作用，并且在经济社会发展过程中体现出来，诸如土地城镇化、土地生产力变化、土地利用模式形成等。[2] 作为生产力的基本要素，人口是主体要素，为生产力发展提供劳动力数量和质量，提供人力资源；土地是客体要素，为生产力发展提供土地数量和质量，提供土地资源。人口具有异质性、结构性、能动性和再生产性等特征，又具有生产和消费的二重性；土地具有原生性、固定性、有限性和可重复利用等特征，又具有生产客体和消费载体的二重性。[3]

人口与土地的关系，从两者同作为生产力要素来说，是人力资源与土地资源的关系（广义地，是人口与资源的关系）；从两者作为消费和消费品提供者来说，是人口与食物供应的关系（广义地，是人口与生活资料的关系）。[4]

无论是作为生产力要素，还是作为消费的主客体要素，两者的关系都受一定社会生产方式的制约，并且在不同的社会生产方式下表现出不同的特点。判断两者关系是否协调，必须视其是否与一定的社会生产方式相适应。因而，不论是人口与资源的关系还是人口与生产资料的关系，在一定社会生产方式下，均表现为人口与生产资料的关系，更广泛的是人口与环

---

[1] 刘豪兴主编：《农村社会学》（第三版），中国人民大学出版社2015年版，第69页。
[2] 刘豪兴主编：《农村社会学》（第三版），中国人民大学出版社2015年版，第69页。
[3] 刘豪兴主编：《农村社会学》（第三版），中国人民大学出版社2015年版，第69页。
[4] 刘豪兴主编：《农村社会学》（第三版），中国人民大学出版社2015年版，第69—70页。

境，人口、环境与人类社会可持续发展的关系。①

也就是说，人地关系概念具有不同层次的含义：在基本层次上，它是一般的人口与土地关系，是人口数量与土地面积的关系；在中间层次上，它是人力资源与土地资源的关系（人口与资源的关系），同时也是人口与食物供应的关系（人口与生产资料的关系）；在综合层次上，它是人口与经济发展的关系，还是人口、环境与可持续发展的关系。② 由此可见，人地关系问题是一个复杂的跨学科问题，不同学科可以从不同角度、不同层次上进行探讨，发表不同见解。

劳动方式必须适合社会生产方式，在一定的社会生产方式下，劳动者在作为生产资料的土地上以某种方式劳动并获得自己需要的物质资料，促进人口增长和经济的发展。随着人口素质的提高，人类不断创造新生产工具。改变生产方式产生新的生产方式，人类在土地上劳动的劳动方式也不断改进，以适合新的生产方式。新的社会生产方式促进生产力的发展，随着生产力的发展，劳动生产率提高，人类生产生活水平持续获得改善，由此，人口结构发生较大变化，即低素质的人口数量增长进入缓慢阶段而高素质的人口较快增长，在有限的土地面积前提下，人类的土地利用方式和劳动方式更加科学合理，人类社会实现可持续发展。下面的表3-1、图3-1简要说明了，随着阿力得尔苏木人口的增长，耕种面积、粮食产量、牲畜头数也在增长，其中生产工具的改进对提高劳动生产率起了重要作用。

表3-1　　　　　　　1948—2010年人口等指标的变动趋势

年份	总户数（个）	总人口（人）	蒙古族（人）	汉族（人）	粮食作物播种面积（亩）	粮食总产量（万斤）	牲畜总数		
							（头）	大牲畜	羊只
1948	929	6536	2108	4428	4259.4	61.52	6782	5582	1200
1957	1670	7785	2170	5615	6243.8	722.08	5821	5163	658
1961	1579	8610	5625	2937	4299.1	620.57	7101	5288	1813
1965	1797	10385	6758	3501	62721.0	683.20	13585	8788	4787
1973	2414	14556	8871	5422	61858.0	1657.78	17105	9965	7140

---

① 刘豪兴主编：《农村社会学》（第三版），中国人民大学出版社2015年版，第70页。
② 刘豪兴主编：《农村社会学》（第三版），中国人民大学出版社2015年版，第70页。

续表

年份	总户数（个）	总人口（人）	蒙古族（人）	汉族（人）	粮食作物播种面积（亩）	粮食总产量（万斤）	牲畜总数（头）	大牲畜	羊只
1978	2728	16098	9670	6151	61415.0	1063.90	20126	12036	8090
1982	3017	17621	10800	6398	63000.0	1839.60	27748	13617	14131
1985	3188	18171	11368	6158	58300.0	897.80	23553	13407	10146
1990	3684	19274	12198	6297	61100.0	1063.10	25704	14875	11980
1995	4095	19901	12737	6625	60000.0	1500.00	35956	12204	22689
2001	4590	20145	13278	6083	120705.0	1647.20	105217	8139	97078
2005	5009	19997	13204	5996	108994.0	4278.60	152958	7543	145415
2010	5992	19804	13202	5835	117467.0	4670.40	123755	5729	118026

资料来源：各年《科尔沁右翼前旗统计资料》和课题当中运用的历史资料。注：2010年数据未包括树木沟乡资料。

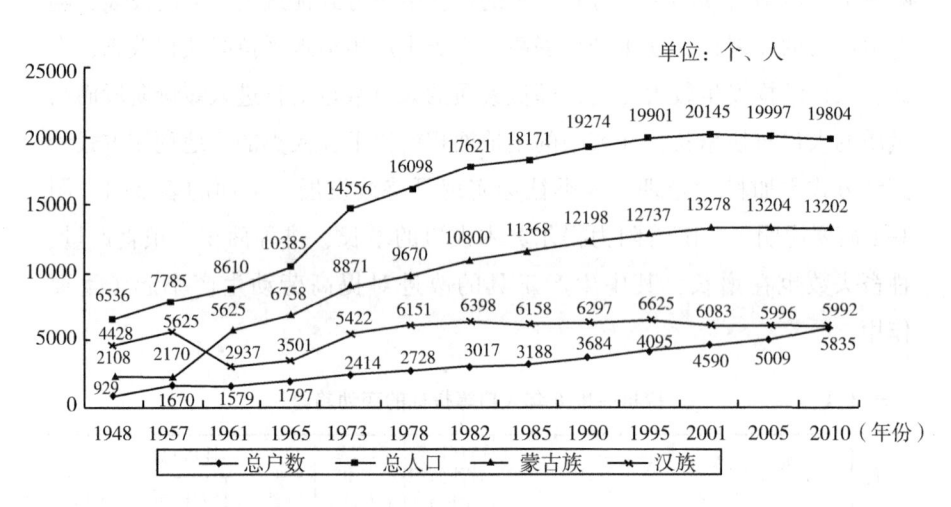

图 3-1 阿力得尔苏木总户数、总人口变化趋势

数据来源：在本章分析用的各表中整理而得。

第二节　1948 年至 1973 年的劳动生产率

内蒙古自治区先后于 1947 年至 1948 年和 1951 年至 1952 年在东西部地区进行土地改革运动。1953 年全国土地改革基本结束时内蒙古自治区的土地改革也基本结束。土地改革完成后，广大农村又产生了新的问题，例如大部分贫困农户虽然得到了耕田，但多数贫困农户没有农具、有的缺乏劳动力、有的缺少役畜，尤其农田水利设施建设无法单个农户完成。所以农业生产急需发展合作生产，才能顺利完成农忙时节的工作，保障农业生产。由此，农村经济体制经历了一个所有制的不断变革过程。即由互助组（临时互助组和常年互助组）、初级农业生产合作社、高级农业生产合作社到人民公社的升级，土地由私有变为公有，生产资料也由原先的农民所有变为人民公社所有。在上述经济制度变迁过程中也产生了不少问题，可是在发展当中及时纠正了问题促进了生产。总的来说，党中央和自治区政府带领广大农民声势浩荡地实施土地经营制度改革后，改变了广大农民从被迫劳动转变为积极劳动，激发了广大农民的生产积极性，提高了劳动生产率，推动了农村经济社会的发展。

一 1948年的劳动生产率

（一）从人口结构看

根据表3-2分析，1948年建立阿力得尔高勒努图克的行政辖区包括树木沟乡。阿力得尔高勒努图克管辖设兴隆嘎查、胜利嘎查、复兴嘎查、兴盛嘎查、新立嘎查、太平嘎查、永盛嘎查等七个嘎查。阿力得尔高勒努图克的蒙古族户数272户，男性1097人，女性1005人，男女合计为2102人，男女比例为1.09∶1，劳动力708人、占总人口的33.7%；与汉族人口相比蒙古族人口明显少，汉族户数为1032户、比蒙古族户数多760户，男性为2669人、比蒙古族男性多1572人，女性人口为2154人、比蒙古族女性多1149人，男女人口合计为4823人，比蒙古族人口数多2721人，劳动力为1338人、比蒙古族劳动力多630人，汉族劳动力占汉族总人口的27.7%；男女比例为1.24∶1，很明显，汉族男女比例失衡状态。汉族人口和蒙古族人口比例为2.29∶1。可见，从劳动力比例看，蒙古族劳动力占蒙古族人口的比例明显高于汉族劳动力占汉族人口的比重，蒙古族劳动力人数超过蒙古族人口的1/3，而汉族劳动力占汉族人口的比重还不到1/3。由此推测，1948年阿力得尔高勒努图克总人口中无劳动能力的老人和孩子数量较多，劳动力显著不能满足农业生产需求，在这种前提下，有的农户即使有耕地、生产工具和耕畜，可是缺乏劳动力就无法从事农业生产，只能找其他缺乏生产工具和耕畜的农户建立合作关系，以互助合作的方式顺利完成农忙时节的工作，只有这样才能从土地上获得必需的食物维持生产生活。

表3-2　　　　　阿力得尔努图克人口情况（1948年）　　　　单位：户、人

人口 嘎查	蒙古族				汉族			
	户数	男	女	劳动力	户数	男	女	劳动力
兴盛	24	68	41	31	206	610	463	282
新立	100	295	227	137	110	314	264	151
太平	90	228	197	97	110	107	90	46
复兴					191	541	469	251
隆兴	22	71	27	27	114	317	296	151
胜利	123	392	278	170	70	212	182	97
永盛	13	43	185	246	231	558	390	360
合计	272	1097	1005	708	1032	2669	2154	1338

资料来源：中共阿力得尔努图克委员会：《春耕生产、种植面积、产量调查表》，1948年7月31日。

（二）组织起来的劳动力、生产工具、运输工具情况

根据表3-3分析，1948年阿力得尔高勒努图克情况，户数1922户，人口7280人；土地面积4458.32垧；劳动力1669人；役畜1986头；大中小车1158辆（大车21、中车142、小车995）；犁杖，已组织的350个、未组织的328个；换工生产小组212个；组织起来的劳动力当中全劳动力870个、半劳动力127个、合计为997个，未组织起来的劳动力当中、全劳动力729个、半劳动力121个、合计为850个；新开荒地346.35垧，耕种熟地3746.13垧。由此推断，1948年时阿力得尔高勒努图克在土地经营制度改革当中开始组织农民，整合农业生产工具、运输工具和役畜，边开荒边种地合作生产，单枪匹马进行生产的农户占少数。

表3-3　　　阿力得尔高勒努图克各项指标的基本情况（1948年）

各嘎查 分类	兴隆 嘎查	胜利 嘎查	复兴 嘎查	兴盛 嘎查	新立 嘎查	太平 嘎查	永盛 嘎查	总计
户数（户）	735	186	199	229	210	102	261	1922

续表

分类 \ 各嘎查		兴隆嘎查	胜利嘎查	复兴嘎查	兴盛嘎查	新立嘎查	太平嘎查	永盛嘎查	总计
人口数（人）		759	1041	1085	1269	1148	604	1374	7280
土地（垧）		517.07	560.27	632.88	746.76	616.71	331.64	1052.99	4458.32
劳动力（人）		176	245	245	263	263	137	340	1669
役畜（头）		128	299	391	345	350	162	311	1986
车辆（役牛马车，辆）	大车	4	1	7	6			3	21
	中车	18	16	26	27	8	6	41	142
	小车	62	155	176	195	193	105	109	995
	合计	84	172	209	228	201	111	154	1158
犁杖（个）	已组织	37	60	26	48	64	47	68	350
	未组织	33	50	100	68	13	21	43	328
	合计	70	110	126	116	77	68	125	692
换工生产小组		34	25	12	26	51	21	43	212
组织起来的劳动力（人）	全劳动力	91	110	60	105	242	100	162	870
	半劳动力	2		10	75	8	12	20	127
	合计	93	110	70	180	250	112	182	997
未组织起来的劳动力（人）	全劳动力	82	119	210	141	16	29	132	729
	半劳动力	1	14	60	10	3	5	29	121
	合计	83	133	270	151	19	34	161	850
换工组的情况	上	2		5	4	10	4	7	32
	中	14	8	4	14	23	7	20	90
	下	18	15	3	8	17	10	16	87
新开荒地（垧）		12.55	40.2	10.1	77.9	58.5	53.4	93.7	346.35
耕种熟地（垧）		449.68	548.23	121.00	746.76	616.71	331.44	932.31	3746.13

资料来源：中共阿力得尔高勒努图克委员会：《春耕生产、各种面积、产量调查表》，1948年12月25日。

根据表3-3和表3-4分析，1669劳动力，种植谷子1281.2垧、产量为1747.0千斤，种植玉米1266垧、产量为1771千斤，种植大豆241.2垧、产量为444.5千斤，种植散糜子644.2垧、产量为1421.7千斤，种植荞麦827垧、产量为768.0千斤，谷子、玉米、大豆、散糜子、荞麦种植面积累计为4259.6垧，其中灾害面积累计为1781垧，占总播种面积

表 3-4 阿力得尔高勒努图克粮食种植情况表（1948年）

单位：垧、千斤

品种 嘎查	谷子 播种面积	谷子 灾害面积	谷子 产量	玉米 播种面积	玉米 灾害面积	玉米 产量	大豆 播种面积	大豆 灾害面积	大豆 产量	散糜子 播种面积	散糜子 灾害面积	散糜子 产量	荞麦 播种面积	荞麦 灾害面积	荞麦 产量
兴盛嘎查	206.4	47.1	292.3	189	96	453	29.8	5.6	55.1	81.1	39.1	240.2	102	11.1	234.4
新立嘎查	215.3	91.6	340.9	34	16	195	20.9	12.5	49.1	130.2	81.8	126.5	138	76.2	204.1
太平嘎查	117.9	45.4	197.9	135	47.8	190	22.3	8.3	111.1	59.0	28.2	714.0	86	16.8	62.3
复兴嘎查	193.8	6.0	250.0	126	19	130	22.6		110.0	106.0	16.0	90.0	135	70.0	23.0
隆兴嘎查	133.8	52.3	168.3	111	79	148	50.6	22.4	43.8	58.1	22.5	45.7	199	71.0	80.0
胜利嘎查	205.4	105.2	226.4	278	172	212	43.2	28.7	22.8	59.6	57.0	57.4	54	9.6	54.5
永盛嘎查	208.6	115.1	271.2	393	181	443	51.8	23.3	52.6	150.2	70.5	147.9	113	36.9	109.7
总计	1281.2	462.7	1747.0	1266	610.8	1771	241.2	100.8	444.5	644.2	315.1	1421.7	827	291.6	768.0

资料来源：中共阿力得尔努图克委员会：《春耕生产、种植面积、产量调查表》，1948年7月31日。

4259.6 垧的 41.8%，也就是说播种面积的 41.8% 遭受灾害，粮食产量大幅减产，由此粮食产量累计仅为 6152.2 千斤。由此，1669.5 个劳动力生产了 6152.2 千斤粮食，平均劳动生产率为 3686 斤/人，劳动生产率很高，平均每亩产量约 136.0 斤，人均占有粮食为 845.08 斤，远远满足家庭需求。

二 1951—1961 年的劳动生产率

（一）农业生产互助组的出现

通过土地改革，无地或少地的农民分到了土地。对农民来说，这还不够，还必须解决劳动力、农机具、农田水利和田间道路设施不足等问题。土地改革完成后，许多农户因为没有农机具，农业生产受到严重影响。为解决农业生产面临的各种困难，中共中央于 1950 年 11 月作出了关于农业生产互助合作的决定，要求在新、老解放区广泛开展农业生产互助合作。[①] 1951 年 12 月，中共中央发出了《关于农业生产互助合作的决议（草案）》，进一步促进了规范了农业生产互助组顺利发展。

那么，土地改革后的农业生产互助合作，主要有三种形式。一是农户自发组织的临时性互助合作。农民在农忙季节，经常互换人工和换牛工，农忙过后停止合作。这种合作形式已有很长历史，农民非常熟悉。二是组织常年固定的劳动互助。将农户的人力、耕畜统一调配使用，剩余劳动力从事副业生产。这种合作形式以土地和农具等生产资料个人所有为基础，但使用方式由个人使用方式变为共同使用；劳动成果分配方式也有所改变，农业收获物完全归个人所有，副业所得按各户所付出的劳动进行分配，并可能预留一部分公共积累。三是组织初级农业生产合作社。农户将私有土地、耕畜、农具等折为股份，由初级农业生产合作社统一使用，农民按劳动时间获得工分，劳动成果按工分和入股股份分配。[②] 根据史料，在阿力得尔苏木地区未发现上述第三种农业生产合作形式。

[①] 廖洪乐：《中国农村土地制度六十年——回顾与展望》，中国财政经济出版社 2008 年版，第 40—41 页。

[②] 廖洪乐：《中国农村土地制度六十年——回顾与展望》，中国财政经济出版社 2008 年版，第 42—43 页。

内蒙古自治区的农业互助发展情况。内蒙古自治区党委政府按照1951年12月中共中央发出的《关于农业生产互助合作的决议（草案）》精神，自治区各地本着积极领导，稳步发展的方针，引导农民走"组织起来，发展生产"的道路，使互助合作运动迅速发展起来。至1952年底，内蒙古自治区已组织起来各种类型的互助组达13.9万个，其中常年互助组占34.3%，参加各类互助组的农户有68万多户，占总农户的51.6%[①]；有70%的农户已组织起来，并办起了17个土地入股、统一经营的农业生产合作社。[②]

农业生产互助组的形式，主要分临时互助组（或季节互助组）和常年互助组。临时互助组，有的地方叫换工插犋组，其特点是生产资料私有，大多数通过亲朋好友关系，资源组织起来。互助形式灵活多样，有的插犋具换工，有的以畜换工，有的义工换工，互助组规模一般3—5户，4—5个劳动力，3—4头牲畜。记工算账简单易行，大都在春耕、夏锄、秋收等农忙季节在一起互助集体劳动。[③] 常年互助组比季节性临时互助组形式较高级一些，规模一般在10户左右，10个左右劳动力，8—9头牲畜。有简单的生产计划和农活技术分工，评功记分较细致，有的还有实行农业和副业向组合的劳动互助。[④]

在半农半牧区和民族杂居地区，还出现一批蒙汉族农牧民联合组成的农牧业结合的生产互助组。各族农牧民在资源互利的基础上，取长补短，发扬团结互助精神，走组织起来、共同发展农牧业生产的道路。原临河影罗圈湾村高铭国蒙汉族联合互助组，汉族组员帮助蒙古族组员五十八耕62.5垧地，而五十八帮蒙古族组员放牧65只羊，发挥了各族农民的特长，使互助组的农牧业得到共同发展。[⑤]

科尔沁右翼前旗的农业互助发展情况和农业互助组的出现。土地改革后，广大雇农、贫农、下中农耕种自己的土地，生产积极性高涨，但由于生产资料短缺、劳动力不足，大部分农户在生产过程中存在很多困难，少

---

① 《内蒙古自治区志·农业志》，内蒙古人民出版社2000年版，第119页。
② 《内蒙古自治区志·农业志》，内蒙古人民出版社2000年版，第27页。
③ 《内蒙古自治区志·农业志》，内蒙古人民出版社2000年版，第119页。
④ 《内蒙古自治区志·农业志》，内蒙古人民出版社2000年版，第119页。
⑤ 《内蒙古自治区志·农业志》，内蒙古人民出版社2000年版，第119页。

数村屯出现了出租土地、雇工等现象。1948年初，旗委派出工作队，深入农村动员、组织农民建立互助合作组织。最先出现的是换工插犋组织，即人工、畜力互换使用，后由换工插犋组逐渐发展成为互助组，互助组是在农业生产资料私有制基础上，带有社会主义萌芽性质的劳动互助团体，以"自愿互利，等价交换，民主管理"为原则。一般由3—5户、十几户组成。季节性、临时性互助组主要是在农忙时节等价交换人工、畜力，产品收入归己；常年互助组则是共同劳动，产品共同分配。生产活动由选出的互助组长负责管理，组内的生产、生活事务由全体互助组成员共同协商、讨论决定。集体劳动、劳动计工（人工、畜工），年终结算。1948—1952年，全旗农村互助组发展到2492个。① 详见表3-5。

表3-5　1949—1955年科尔沁右翼前旗农牧业生产互助组发展状况　　单位：个、户

年份	互助组 合计 组数	户数	常年互助组 组数	户数	季节互助组 组数	户数
1949	38	177			38	177
1950	2789	10129	870	4354	1918	5774
1951	3333	17026	902	5416	2430	11610
1952	3646	19313	1994	10994	1652	8318
1953	3180	15074	1455	8904	1725	6170
1954	1782	12302	1058	4324	723	7978
1955	1410	11793	956	9512	452	2281

资料来源：冯学忠主编《科尔沁右翼前旗志》，内蒙古人民出版社1993年版，第285页。

阿力得尔高勒努图克的农业互助发展情况。

1951年，阿力得尔高勒努图克互助组为66个，其中复兴嘎查5个、新立嘎查为7个、兴盛嘎查为13个、太平嘎查为8个、永盛嘎查为10个、共和嘎查为10个、胜利嘎查为10个、兴隆嘎查为7个。② 同年，阿力得尔高勒努图克总人口为8017人，其中蒙古族人口2048人、占总人口的25.5%，汉族人口5969人、占总人口的74.5%。③

---

① 冯学忠主编：《科尔沁右翼前旗志》，内蒙古人民出版社1991年版，第284页。
② 中共阿力得尔努图克委员会：阿力得尔努图克基本情况、秋收、夏助农业资料总结，1951年8月23日。
③ 阿力得尔高勒努图克委员会：《党员组织情况统计表》，1951年3月26日。

根据表3-6分析，1952年，阿力得尔高勒努图克农业户口1315户，农业人口7247人，其中男性3877人，占农业人口的53.5%，女性3267人，占农业人口的45.1%，男女比例为1.27∶1；农业劳动力总数为3052人，占农业人口数的42.1%。可见，农业人口的57.9%是老人或者孩子，属于无收入来源的消费型人群，换言之，42.1%的劳动力养活着57.9%的农业人口，还间接为非农业人口提供食物，在农业劳动力中男性劳动力占56.6%，剩余43.4%是女性劳动力，男性劳动力和女性劳动力比例是1.3∶1；农业劳动力3052人种植4441垧耕地，人均种植耕地1.46垧，户均种植耕地3.38垧；役畜总头数为2166头，每头役畜平均种植耕地2.05垧，平均每户占有役畜头数为1.6头，就是1户至少有1头役畜，可是1头役畜无法满足农业生产需要；农业运输车辆总数为1287辆，平均每户车辆为0.97辆，也就是说至少28农户没有农业运输车辆；农具累计为972个，1315农户中至少343农户没有农具。可见，1952年时阿力得尔高勒努图克，有的农户缺乏役畜、有的农户缺乏运输车辆、有的农户缺少农业生产工具，所以农户之间必须互助合作生产才能不误农忙时期的种植、镗机、除草、秋收等劳动，顺利完成农忙时节。这是属于既是临时性季节性互助合作又是长期互助合作的形式。

1953年，阿力得尔高勒努图克管辖有8个嘎查，76个自然屯，总户数1636户，总人口8593人，其中男性人口4575人、占总人口的53.2%，女性人口4018人、占总人口的46.8%；男性劳动力人数为1706人，占男性人口的37.3%，耕畜头数为1996头，总耕地面积为3560.2垧，已播种面积为3507.78垧；全努图克农业生产合作社5个，常年互助组112个，季节性互助组32个，已组织起来的农户占总农户的80%；改良农具134个，其中，点葫芦118个，刨楂57.1垧，挑楂76.61垧，捡楂171.7垧，丰产田149.6垧，高产田27.12垧地，宽播地190.8垧地。播种的农作物，小麦707.25垧、大豆133.7垧、玉米1556.53垧、谷子352.25垧、土豆310.25垧、棉麻105.85垧、小麻子75.0垧、向日葵101.51垧、糜子361.34垧、其他224.32垧，累计种植面积为3927.8垧。[①] 可见，1953

---

① 阿力得尔高勒努图克：《阿力得尔高勒努图克五三年，分配、互助合作工作总结汇报》，1953年12月26日。

表 3-6　阿力得尔高勒努图克农业生产基本情况统计报表（1952 年）

项目 嘎查	农业户口（户、人）				农业劳动力（个）			耕地面积（垧）				役畜（头、匹）						车辆（辆）				农具（个）		
	户数	人口	男	女	总数	男	女	总面积	旱地面积	水浇地	总数	牛	马	骡	驴	胶皮	花轮	木车	铁车	新衣	犁杖	耙
太平	116	646	369	277	320	222	98	394.5	386.6	7.9	168	109	35	9	15	111	14	91	1	1	71	2
兴隆	136	775	410	312	328	186	142	548.3	540.0	8.3	183	128	4	1	50		32	25	4	1	92	2
兴盛	290	1607	837	720	565	312	253	901.7	901.7		452	79	194	12	167		45	227	5		180	
新立	244	1407	765	642	576	307	269	808.0	756.0	52.0	505	382	78	12	33	1	9	252	5		215	
共和	126	642	346	296	292	159	133	476.1	460.7	15.4	170	69	50	8	43		39	27			75	2
永盛	189	993	540	453	482	266	216	682.4	682.4		173	48	85	9	31	3	58	35		3	185	3
复兴	214	1177	610	567	489	274	215	630.0	565.0	65.0	515	228	118	35	134	9	52	236	6	2	142	5
合计	1315	7247	3877	3267	3052	1726	1326	4292.4	4292.4	148.6	2166	1043	564	86	473	124	249	893	21	7	960	14

资料来源：中共阿力得尔高勒努图克委员会：《阿力得尔高勒努图克关于农业生产基本情况、护林防火工作总结》，1952 年 11 月 14 日。

年阿力得尔高勒努图克农民劳动方式是常年互助形式和季节性互助形式合作劳动生产，相互补充短板，尤其在农田水利建设方面互助组合作的劳动方式起了重要作用，顺利完成农忙时节的各个流程，保障农业稳定生产。同时，在互助组合作生产当中也积极改造了地主和富农，拉他们进入互助组，有效发挥着地主和富农的聪明才智。

表3-7　阿力得尔高勒努图克总人口和选举权利的人口情况（1953年）　单位：人

项目 嘎查	总户数	总人口 总计	男	女	十八岁以上 合计	有选举权者 小计	参选者	未参选者	无选举权者 小计	被剥夺者	精神病患者
胜利	223	1223	641	582	686	673	583	90	13	10	3
永盛	212	1035	559	476	556	549	523	26	7	4	3
兴盛	319	1672	914	758	830	819	718	101	11	8	3
复兴	210	1177	614	563	598	595	475	120	3		3
新立	276	1442	776	666	806	802	626	136	4	2	2
太平	115	597	322	275	324	324	297	27			
共和	130	655	348	307	343	338	286	52	5	4	1
兴隆	151	772	400	372	408	400	340	60	8	5	3
合计	1636	8593	4575	4018	4551	4500	3848	652	51	33	18

资料来源：《中共阿力得尔努图克委员会：年度、互助合作、转社、夏锄工作总结报告、汇集、统计表》，1953年11月。

表3-8　阿力得尔高勒努图克改变的地主、富农户数人口情况（1953年）

单位：户、人

项目 嘎查	户数 地主	富农	人口 地主	富农	年满18岁以上 地主	富农	积极分子 地主	富农	家庭出身 地主	富农	以法定续改变者 地主	富农	续剥未改变者 地主	富农
胜利	12	7	92	41	40	21	14	4	26	17	6	4	9	1
永盛	10	4	47	23	26	9		4	14		6	4	6	
兴盛	8	8	37	47	22	22	10	11	5	14	6	7	4	4
复兴	4	9	30	67	15	30	9	10	21	20	9	10		5
新立	19	10	105	52	50	23	24	8	26	15	24	6		2
太平	5	2	25	4	13	4	7		18	4	7			
共和	8	10	59	52	29	27	10	8	19	19	9	7	2	2

续表

项目\嘎查	户数 地主	户数 富农	人口 地主	人口 富农	年满18岁以上 地主	年满18岁以上 富农	积极分子 地主	积极分子 富农	家庭出身 地主	家庭出身 富农	以法定续改变者 地主	以法定续改变者 富农	续剥未改变者 地主	续剥未改变者 富农
兴隆	10	6	33	29	20	11	9	8	11	3	8	6		3
合计	76	56	428	315	215	147	93	53	140	98	75	44	19	17

资料来源:《中共阿力得尔努图克委员会:年度、互助合作、转社、夏锄工作总结报告、汇集、统计表》,1953年11月。

1956年,阿力得尔高勒努图克农业互助组发展到51个,即复兴嘎查建5个、新立嘎查建5个、兴盛嘎查建14个、太平嘎查建3个、胜利嘎查建7个、永盛嘎查建8个、共和嘎查建5个、兴隆嘎查建4个。[①] 到1957年,阿力得尔高勒努图克在1956年农业互助组的基础上又新建立了农业互助组26个,这样1957年阿力得尔高勒努图克农业互助组共成立77个。各嘎查新建的互助组数量,即复兴嘎查建3个、新立嘎查建4个、兴盛嘎查年建5个、太平嘎查建3个、胜利嘎查建3个、永盛嘎查建5个、共和嘎查建1个、兴隆嘎查建2个。[②] 可见,阿力得尔高勒努图克互助组的加快发展,不断整合劳动力、生产工具、役畜、耕地等生产要素,推动生产组织的发展壮大、劳动方式的改变及劳动生产率的提高。

根据上述资料和表3-10分析,1957年的阿力得尔高勒努图克77个互助组,粮食作物种植6036.98垧,生产粮食602.8万斤,单产量每垧地998.5斤;种植土豆206.9垧,产量为119.28万斤;油料种植290.9垧,产量为48.21万斤;尤其本年度余粮66.36万斤。这是阿力得尔高勒努图克历来最高业绩。取得上述业绩的主因在于,一是有效整合土地、劳动力、生产工具、役畜等生产要素,发展壮大生产组织,以互助的劳动方式相互补充各自的短板,调动了农民劳动积极性,提高了劳动生产率;二是当年必定是风调雨顺的年份。由此,农民之间的互助合作生产对小规模农业生产来说意义非同小可。

---

① 中共阿力得尔努图克委员会:《阿力得尔努图克委员会会议记录》,1956年9月24日—1957年10月19日。

② 中共阿力得尔努图克委员会:《阿力得尔努图克委员会会议记录》,1956年9月24日—1957年10月19日。

农业生产互助组合作对单打独斗的农民意义重大。纵观历史资料，在中国农村，农民有在农忙季节相互换（帮）工的传统习俗。出现互换（帮）工习俗的根本原因在于：土地耕种者没有耕畜、农具，或者耕畜、农具和劳动力不够，单靠农户自家力量，难以抢、赶农时。传统互换（帮）工，不改变土地、耕畜、农具、劳动力和劳动成果的私人占有，仅仅是利用劳动分工与合作的好处。目前，中国农村各地仍然存在这种传统的换（帮）工习俗。[①]

农业生产既需要土地、劳动力和农机具等生产要素，也需要农田水利、田间道路等基础设施。农业生产互助合作，可以给小规模农业带来四大好处。第一，互助合作有利于劳动分工，也有利于劳动联合，因而有利于提高劳动生产率。第二，互助合作可以在农户间相互调剂农机具。第三，互助合作可以获得规模效应。[②] 第四，互助合作可以较大降低交易成本，加快劳动进度，提高生产率。比如，以农田水利建设为例，对小规模农业来说，在农田水利等基础设施建设方面进行合作，意义非同寻常。单家独户的农户修建水利设施的成本非常高，这种高成本主要体现在两个方面：一是资金和劳动需要量大，小规模农户承担不起。二是交易成本高，小农单独修建农田水利设施困难重重。[③] 为此，农业生产互助合作对小农意义重大。

（二）农业生产合作社的出现

农业生产合作社。初级农业生产合作社（以下简称"初级社"），是在互助组的基础上，扩大自愿入社而建立起来的。1952—1953年，在五个村镇产生了农业生产合作社。初级社的特点是土地和其他生产资料仍为私有，但以土地入股的形式统一经营，按比例分红（土地为40%，劳动力为60%）。土地不准买卖，初级社可以用公共积累购买公有的牲畜、农具。生产资料的所有权和使用权分离，如有的牲畜、农具作价归社，有的私有公

---

① 廖洪乐：《中国农村土地制度六十年——回顾与展望》，中国财政经济出版社2008年版，第38页。

② 廖洪乐：《中国农村土地制度六十年——回顾与展望》，中国财政经济出版社2008年版，第39页。

③ 廖洪乐：《中国农村土地制度六十年——回顾与展望》，中国财政经济出版社2008年版，第39页。

用。从生产关系上看，集体和私有并存，属于有半社会主义性质的组织。初级社生产管理为统一管理，统一安排，统一劳动。分配形式是评工计分，按劳取酬。初级社由民主选举正、副社主任，同时设会计和现金出纳员。①

科尔沁右翼前旗农业生产合作社发展情况。1954—1955年冬，科尔沁右翼前旗合作化出现高潮，普遍建立初级社。车辆、农具、牲畜及一些生产资料一律作价入社，打破土地界线，实行土地国有，集体统一使用。全旗建社334个，入社农户共8931户，全旗95%以上的农民入社。1956年，随着全国农业合作化高潮的到来，全旗农村开始在初级社的基础上发展高级农业生产合作社（简称"高级社"）。1956年6月30日，第一届全国人民代表大会第三次全体会议通过并颁布的《高级农业生产合作社示范章程》，规定社员私有的主要生产资料转为集体所有，把农村土地从个体农民所有转变为社会主要劳动群众集体所有。高级社基本是一个嘎查或者若干自然屯为一社，农民入社要缴纳生产费股金、公有化股金，还有把生产、农具、车辆等生产资料作价归社。高级社下设管理作业区，作业区下设若干个作业组，实行统一生产，统一种植，统一管理，统一收益分配。社员劳动评工记分，年终农、牧、林、副总收入扣除生产总费用、农业税和提留的公积金、公益金，其余部分按社员工分多少进行分配。1956年全旗建立143个高级社，入社农民共有30496户，占全旗农户的99.2%。由于在一年中普遍建立了高级社，经验不足，管理不善，部分高级社收益分配预算过高，年终不能兑现，引起少数社员不满，1957年春，曾出现部分社员拉马退社现象，后经说服、教育，使局面稳定下来。②

阿力得尔高勒努图克农业生产合作社发展情况。1954年4月1日，内蒙古自治区人民政府农牧部颁发内蒙古自治区1954年农业生产互助合作运动方案。按照这个方案精神阿力得尔高勒努图克农业生产合作社发展迅速，改变了以往的单打独斗的劳动方式，组合集体力量促进生产力的发展。1954年，阿力得尔高勒努图克的农业生产合作社，共有红光合作社、光明合作社、东方红合作社、乌兰合作社、建国社合作社等五个合作社。入社户数为115户，社内人口643人，社员数218人，社员实有旱地

---

① 冯学忠主编：《科尔沁右翼前旗志》，内蒙古人民出版社1991年版，第284页。
② 冯学忠主编：《科尔沁右翼前旗志》，内蒙古人民出版社1991年版，第285页。

411.3 垧，男劳动力 130.5 人，女劳动力 84.5 人，入社旱地 350.65 垧，自留地有 19.15 垧，入社成分佃农 17 人、贫农 63 人、中农 30 人、手工工人 5 人，社内党员 17 人、团员 12 人、劳模 7 人，入社耕畜中牛 61 头、马 24 匹、骡 3 头，农机具基本都入社公用。①

表 3-9 显示 1956 年阿力得尔高勒努图克建立的 10 个生产合作社，粮款欠款数和购置大型农机具的贷款及对供销社的物资欠款情况。这说明，1956 年农业合作化后整合了耕地资源，具备了大型农机具作业的条件，所以春耕时节对大型农机具的需求量上升出现了各社借贷款购置大型农机具，用大型农机具代替部分劳动力，改变劳动方式，提高了劳动生产率。

表 3-9　　　各农社的欠款数和还款明细（1956 年）　　　单位：元

项目 社名	1956 年的预期粮款		大型农机具贷款		供销社的物资		合计	
	欠款数	准备收回	贷款数	准备收回	欠款数	准备收回	欠款数	准备收回
建国社	2933.84	2933.84	5150.09	500.00			8083.93	3433.84
乌兰社	9321.77	7846.00	7511.65	600.00	4624.92	2000.00	21458.34	10446.00
太平社	2811.52	1393.60	3452.07	300.00	1496.10	750.00	7759.69	2443.60
红光社	3000.00	2188.00	5363.55	300.00	4610.62	1000.00	12974.17	4488.00
光明社	7909.00	4344.00	5342.99	700.00	1335.79	1335.79	14587.78	6379.79
东方升社	4073.20	1073.20	3310.66	300.00	348.69		7732.55	1373.20
东方红社	1200.00	1200.00	3165.40	400.00			4365.40	1600.00
永盛社	2711.10	2000.00	3904.49	400.00	353.08	200.00	6968.67	2600.00
永丰社	3361.76	3361.76	3971.80	500.00	867.91	300.00	8102.47	4161.76
共和社	5200.00	4000.00	5331.12	500.00	596.54	300.00	11127.66	4800.00
合计	42522.19	30340.40	46503.82	4500.00	14134.65	6885.79	103160.66	41726.19

资料来源：中共阿力得尔苏木委员会：年度整社、秋收、分配工作总结计划表，1957 年 3 月 24 日。

到 1957 年，阿力得尔高勒努图克农业生产合作社发展迅速，共建立了 10 个社。以复兴嘎查、太平嘎查为例：

复兴嘎查，农业总户数 208 户，农业总人口 1242 人，共有社数 1 个、人口 1242 人，属于农牧结合社，全嘎查 208 户和 1242 人口全部入社，总

---

① 中共阿力得尔努图克委员会：阿力得尔努图克农业生产基本情况登记表，1954 年 4 月 10 日。

耕地面积为629.3垧，入社地615.3垧、占总耕地面积的97.8%，原有社数4个、户数115户，整改合并社后社数1个、户数增加到208户，5个自然屯全部建立社，已挖井4口，原有肥料的面积400垧、积肥100垧、已送达的粪20垧地，锄草2万斤，种子3.5万斤，草料数4万斤，修理农具10件，副业收入5000元。① 可见，复兴嘎查农户和农业人口全部加入了生产合作社，劳动力合作劳动生产629.3垧地，人均耕地面积5.1亩，人均副业收入4.02元。

太平嘎查，总户数110户，农业人口610人，共有2个汉族社，户数104户，人口592人，民族联合社2个、其中蒙古族户数67个、汉族户数38个、人口536人；总耕地331.94垧，入社地320.94垧，占总入社耕地的96.7%；原有社数3个、户数53个，合并3个社建立了1个社、户数96户，新建1个社、户数9个，建立了高级社1个、户数96户，自然屯是4个，合作化的屯是3个，一个屯未合作化。挖井3口，原有肥料面积210垧、积肥15垧、已送达的粪2垧，拖拉子垧数234垧。锄草3.5万斤，种子数6.15万斤，草料数17.3万斤，修理农具5件，购置农具22件。副业收入为15100元。可见，虽然太平嘎查建立2个社，可是加入社的户数为104户，其余6户未加入社，未加入社的人口有18个，平均人均耕地为5.4亩，平均人均副业收入24.7元。②

由于1956年农业生产合作化进入高潮，所以高效整合了耕地、劳动力、生产工具等生产要素，为1957年的丰收打好了基础。1957年，阿力得尔高勒努图克，总户数1670户，其中蒙古族406户、汉族户1264户，分别占总户数的24.3%、75.7%；土地数，耕地6668.2垧、自留地390.2垧，合计为7058.4垧；劳动力，男性1886人、女性753人，共计2639人；人口，男性4893人、女性4381人，共计9274人；耕畜中，马166匹、骡99头、牛1861头，共计2126头（匹）；散畜里，马207匹、牛214头、骡6头、羊658只，共计1085头；车辆，胶皮车21辆、木车541辆、胶轮车226辆，共计788辆；水泵、犁杖、耘锄、劐蹚机等农机

---

① 中共阿力得尔努图克委员会：《阿力得尔努图克委员会农业合作社银行，整建社，合群放牧总结、统计表格》，1956年1月26日。

② 中共阿力得尔努图克委员会：《阿力得尔努图克委员会农业合作社银行，整建社，合群放牧总结、统计表格》，1956年1月26日。

具共1141个。① 上述是阿力得尔高勒努图克经济社会发展基础。在此基础上，阿力得尔高勒努图克农牧业加快发展，各社出现粮食剩余情况，1957年，阿力得尔高勒努图克13个社中剩余粮食累计为66.36万斤，其中剩余粮食最多的是永盛社达到23.9万斤，这些剩余粮食是阿力得尔高勒努图克和科尔沁右翼前旗可持续发展的有力保障。详见表格3-10。

从以上分析资料得知，阿力得尔高勒努图克的农业互助组和农业生产合作社同时发展，从农业合作社的初级社直接到了人民公社阶段，未经过农业生产合作社的高级社，因为1956年，农业合作化出现高潮，到1956年底，全区建立农业生产合作社（高级社）9622个，83%农户加入合作社。② 这样全区基本实现对农业的社会主义改造。由此推断，阿力得尔高勒努图克农业生产提前完成了社会主义改造任务。也就是说，从农业互助组和农业生产合作社同时发展当中实现了农业社会主义改造任务。

（三）1958—1961年的劳动生产率

1961年8月，阿力得尔高勒努图克从乌兰毛都人民公社划出，单独建立阿力得尔人民公社。根据历史档案资料，当时阿力得尔人民公社管辖8个大队、共52个小队（艾力），总人口8354人。需要说明的是，人民公社管辖分为大队，大队下面又分小队，即光明大队（8个小队）、太平大队（7个小队）、混度冷大队（4个小队）、西合理木大队（4个小队）、海里森大队（8个小队）、翁胡拉大队（7个小队）、沙布台大队（8个小队）、好田大队（6个小队）。

1962年，树木沟乡从阿力得尔苏木划出，建立树木沟乡，原1948年阿力得尔努图克成立初期的兴盛嘎查、新立嘎查、永生嘎查、復兴嘎查、胜利嘎查、兴隆嘎查等7个嘎查组成一个树木沟乡，只有太平嘎查未分出。由此推断，1963年至1996年，阿力得尔人民公社管辖的大队共有光明大队（8个小队）、太平大队（7个小队）、混度冷大队（4个小队）、西合理木大队（4个小队）、海里森大队（8个小队）、翁胡拉大队（7个小队）、沙布台大队（8个小队）、好田大队（6个小队）等8个大队（嘎查），52个自然屯。

---

① 中共阿力得尔苏木委员会：年度整社、秋收、分配工作总结计划表，1957年3月24日。
② 《内蒙古自治区志·农业志》编委会编辑：《内蒙古自治区志·农业志》，内蒙古人民出版社2000年版，第31页。

表3-10　　　　　　　　　　1957年阿力得尔高勒努图克粮食产量、销售调查统计表　　　　　　　　　　单位：斤/亩

分社	播种面积（亩）			粮田单产	总实际产量（万斤）			人口数	耕畜（头）			消费量（斤）					饲料	余粮
	粮田	土豆	油料		粮食	土豆	油料		牛	骡	驴	口粮		种子		油料		
												粮食	土豆	粮食	土豆			
共和社	533.7	29.6	44.5	88.1	46.98	10.32	3.01	785	64	86	4	384660	439600	40028	59200	1557	43680	1458
个体户	2.78	0.2		60.0	0.35	0.06		1	1			540		209	400		240	940
光明社	783.4	9.5	13.8	105.2	82.41	8.07	1.36	1438	122	99	3	636038	61700	58755	19000	483	101010	28258
红光社	409.0	9.5	9.2	58.9	24.10	13.57	11.73	615	59	61	3	144863	116710	30575	19000	322	58530	6932
东方红社	483.6	6.5	10.1	112.3	54.23	2.15	0.64	719	97	64	4	388260	96820	36277	12920	353	69960	27364
东方升社	320.7	9.6	59.4	157.1	50.27	11.60	11.88	608	67	73	2	254690	96820	24050	19180	2079	68940	155059
包力高社	5.3		0.7		0.05		0.08							23		25		745
乌兰社	1087.2	16.4	27.6	84.7	92.03	4.19	3.78	1756	198	246	29	695868	9220	81557	31720	966	138700	4689
永盛社	395.2	50.5	52.2	190.2	75.12	31.48	6.19	633	55	79	11	341820		29635	100940	1826	70080	239137
永丰社	487.6	65.2	55.2	139.5	67.94	32.10	8.35	693	73	64	15	374220		36570	130460	1932	65850	193213
赵树春社	22.3	0.3			0.28	0.23		6	1			1703	1700	167	600		240	698
建国社	1065.3	3.8	18.2	62.6	66.70	0.76	1.19	1290	111	180		440305	105	79900	7520	637	156240	598
太平社	440.9	5.8		96.0	42.34	4.75		714	79	47	5	335554	36000	33018	11500		50390	4468
合计	6036.98	206.9	290.1	998.5	602.8	119.28	48.21	9258	927	999	76	3998521	761855	450764	412440	10180	823860	663559

资料来源：中共阿力得尔苏木委员会：《年度整社，秋收、分配工作总结计划表》，1957年3月24日。

阿力得尔人民公社劳动生产率。人口是劳动力的源泉。从总人口数量看，1957年为7785人、1958年为7868人、1959年为7971人，连续两年增长，1960年与1959年相比减少55人，1961年恢复性增长为8354人口，与1960年相比增加438人，其中农业人口除1959年同比减少外其他年份均增长，到1961年达到8002人，占总人口的95.8%。耕地面积从1957年至1960年一直增长，1960年达到4685垧地，可是到1961年减少为4299垧地，原因在于未开荒新耕地，平均农业人口耕地面积1959年达到6.3亩，到1961年下降为人均5.3亩。农业劳动力数量1957年2155人，1958年2087人，1959年为2074人，与1957年相比，1958年、1959年分别下降68人和81人，到1960年增长为2084人，比1959年增加10人，到1961年为2236人，比1960年增加152人，平均劳动力耕地面积1961年最少19.2亩，因为1961年的劳动力数量最多并且耕地面积最少。那么，从粮食总产量看，1957年、1958年、1959年一直增产，尤其1959年达到1197.96万斤，为1957—1961年当中最高产量，此后1960年和1961年粮食产量连续下滑，到1961年粮食产量仅为596.39万斤，与1960年比减少193.51万斤，人均粮食生产量与粮食总产量趋势基本一致。平均劳动生产率趋势也与粮食总产量基本一致，1957年为4075斤/人，1958年为4518斤/人，到1959年达到5776斤/人，1960年与1959年相比减少1988斤/人，1961年为2667斤/人，与1960年相比减少1121斤/人。可见，1959年的劳动生产率最高。详见表3-11。

表3-11　　　　阿力得尔人民公社劳动力生产率情况

年份\项目	总人口（人）	其中：农业人口（人）	耕地面积（垧）	当年开荒（垧）	平均农业人口耕地面积（亩/人）	农业劳动力（人）	平均劳动力担负的耕地面积（亩/人）	粮食总产量（斤）	按总人口生产粮食（斤/人）	劳动力生产率（斤/劳动力）
1957	7785	7341	4376	170.0	5.9	2155	20.3	8782900	1128	4075
1958	7868	7378	4431	123.0	6.0	2087	21.2	9431122	1199	4518
1959	7971	7328	4621	250.2	6.3	2074	22.3	11979598	1502	5776
1960	7916	7444	4685	261.3	6.2	2084	22.5	7896137	998	3788
1961	8354	8002	4299	0.0	5.3	2236	19.2	5963879	714	2667

资料来源：中共阿力得尔公社委员会：《阿力得尔公社1957—1961年人口、耕地面积、粮食产量、牲畜数量调查统计表》，1962年6月30日。

从 1961 年的生产大队、生产队数及其规模分组看，101 户至 200 户的生产大队有 5 个、201 户至 300 户的生产大队有 2 个、301 户以上大队有 1 个；生产队数总共 51 个，其中 20 户以下的 8 个、21 户至 30 户的 18 个、31 户至 50 户的 20 个、51 户至 100 户的 5 个。① 可见，有的大队和生产队农户较多，有的大队和生产队农户较少，农户较少的生产队比较容易组织和管理农户进行生产作业，吃"大锅饭"现象较少，农户较多的生产队组织农户比较难，容易出现"大锅饭"现象，缺乏调动农户劳动的积极性；社内劳动力三级使用情况，三级使用人数为 2365 人，其中公社一级的 23 人、占总劳动力的 1.0%，大队一级的 61 人、占总劳动力的 2.6%，生产队一级的 2281 人、占总劳动力的 96.4%。② 可见，劳动力在生产队里劳动的占绝对比例。从人民公社耕作生产能力看，耕地面积为 4229 垧，农业劳动力 1360 人，畜力车 175 辆，耕畜 1820 头，每个农业男劳动力负担耕地 3.1 垧，每台畜力车平均负担耕地 24.2 垧，每头耕畜平均负担的耕地 2.3 垧，粮食总产量为 596.39 万斤，平均每亩耕地粮食产量为 138 斤。粮食生产措施包括，合理密植面积为 1627 垧、占耕地面积的 38.5%，良种播种面积 1257 垧、占耕地面积的 29.7%，选种数量 248 千斤，施肥总量 6223 万斤，施肥面积 1667 垧、占耕地面积的 39.5%，化学肥料施肥面积 21 垧、占耕地面积的 0.5%。③ 可见，1961 年时阿力得尔人民公社虽然已使用化肥，可是化肥使用量很少，仍然使用以牲畜粪肥为主的肥料，所以土壤有机质和湿度温度保持良好。按人口平均牲畜粮食数看，包括大豆计算，按总人口计算人均生产 738 斤，按农业人口计算人均生产粮食 839 斤；不包括大豆计算，按总人口计算的人均生产粮食 690 斤，按农业人口计算的人均生产粮食 785 斤；每个农业人口平均向国家缴售粮食 490 斤。④ 为此，阿力得尔苏木农民 20 世纪 50 年代和 60 年代以来

---

① 科尔沁右翼前旗计划委员会：《科尔沁右翼前旗国民经济统计资料汇编》，1961 年版，第 16 页。

② 科尔沁右翼前旗计划委员会：《科尔沁右翼前旗国民经济统计资料汇编》，1961 年版，第 17 页。

③ 科尔沁右翼前旗计划委员会：《科尔沁右翼前旗国民经济统计资料汇编》，1961 年版，第 54 页。

④ 科尔沁右翼前旗计划委员会：《科尔沁右翼前旗国民经济统计资料汇编》，1961 年版，第 48 页。

为国家的发展做出了自己的贡献。

各生产大队劳动生产率的分析。

海力森生产大队。1957年至1961年之间，海力森大队总人口数量增长缓慢，1959年总人口与1958年仅增加1个人，到1960年下降为992人，与1959年相比下降84人，到1961年增长到1024人，较1960年增加32人，人口数量出现有增有减，在这个时间段总人口数量实际上呈现下降趋势；农业人口1958年为1075人，1959年下降到1018人，减少57人，1960年和1961年均920人，与1959年比减少98人，由此，农业人口呈现下降趋势，这不利于农业劳动力人数的增长，在机械化并不发达的前提下，重劳动力人数的下降趋势必定影响劳动生产率。从农业劳动力数量看，1957年为300人，1958年下降到290人，1959年恢复到311人，1960年又减少到311人，1961年又减少到302人，从而粮食总产量趋势和劳动力生产率趋势完全一致，1959年劳动力数量最高的同时粮食产量最高，达到179.6万斤和劳动生产率达到5756斤/劳动力，可是到1961年劳动生产率下降为2149斤/劳动力，粮食总产量和劳动生产率下降的主因在于粮食生产遇到特大干旱灾害所致。详见表3-12：

表3-12　　　　　　　　海力森生产大队劳动生产率等指标

项目 年份	总人口（人）	其中：农业人口（人）	耕地面积（垧）	当年开荒（垧）	平均农业人口耕地面积（亩/人）	农业劳动力（人）	平均劳动力负担的耕地面积（亩/人）	粮食总产量（斤）	按总人口人均占粮食（斤/人）	按农业人口人均生产粮食（斤/人）	农业劳动力生产率（斤/劳动力）
1957	1024	1024	555		5.4	300	18.5	750000	732	732	2500
1958	1075	1075	583	15	5.4	290	20.1	128600	119	119	443
1959	1076	1018	598	21	5.6	312	19.2	1796000	1669	1764	5756
1960	992	920	638	25	6.4	311	20.5	953300	960	1036	3065
1961	1024	920	584		5.6	302	19.3	649064	633	705	2149

资料来源：中共阿力得尔公社委员会：《阿力得尔公社1957—1961年人口、耕地面积、粮食产量、牲畜数量调查统计表》，1962年6月30日。

光明生产大队。光明大队总人口和农业人口数量趋势好于海力森大队。总人口和农业人口数量趋势基本一致，总人口数量1958年和1959年连续两年呈现减少趋势，到1960年总人口数量超过1957年的数量，大队总人口1763人，较1959年增加117人，到1961年达到1932人，较1960年增加高达169人，这也说明光明大队生产生活条件好于海力森大队，所以人口增长速度远超出海力森大队。人口数量的增长较快说明，农业劳动力数量也在较快增长，除1958年农业劳动力数量较1957年仅减少22人外其他年份较快增长，到1961年时农业劳动力数量达到535人，占农业人口的29.2%；由于1959年和1960年新开荒了耕地，所以这两年的耕地面积较上年均增长，而其他年份未开垦耕地，同时总人口数量和农业劳动力人口数量基本呈现增长态势，由此，平均劳动力负担的耕地面积均呈现下降趋势；粮食总产量趋势和农业劳动力生产率趋势一致，1958年粮食产量为194.2万斤，较1957年增产3.9万斤，1959年达到231.0万斤，较1958年增产36.8万斤，可是1960年的粮食产量下降为174.5万斤，较1959年减产56.5万斤，尤其到1961年粮食产量下降为25.8万斤，降幅达14.8%；农业劳动力生产率1959年达到5775斤/劳动力，这几年当中最高，1960年和1961年连续两年下降，1961年下降到2779斤/劳动力。

表3-13　　　　　　　　光明生产大队劳动生产率等指标

年份 项目	总人口(人)	其中：农业人口(人)	耕地面积(垧)	当年开荒(垧)	平均农业人口耕地面积(亩/人)	农业劳动力(人)	平均劳动力负担的耕地面积(亩/人)	粮食总产量(斤)	按总人口人均占粮食(斤/人)	按农业人口人均生产粮食(斤/人)	农业劳动力生产率(斤/劳动力)
1957	1725	1464	741.5		5.0	391	18.9	1902944	1103	1299	4866
1958	1656	1395	666.9		4.7	369	18.1	1942264	1172	1392	5263
1959	1646	1451	700.0	33.1	4.8	400	17.5	2310127	1403	1592	5775
1960	1763	1593	797.9	97.9	5.0	514	15.5	1745394	990	1095	3395
1961	1932	1827	775.3		4.2	535	14.5	1486853	769	813	2779

资料来源：中共阿力得尔公社委员会：《阿力得尔公社1957—1961年人口、耕地面积、粮食产量、牲畜数量调查统计表》，1962年6月30日。

好田生产大队。好田生产大队总人口数量1958年、1959年较1957年分别减少35人和42人，农业人口数量1958年、1959年较1957年分别减少37人和49人；农业劳动力由1957年的237人下降为1958年的220人，减少17人，1959年较1958年增加7人，到1960年又下降为203人，较 1959 年减少 24 人，1961 年增加到 230 人，较 1960 年增加 27 人；与劳动力数量相反的是平均劳动力负担的耕地面积，比如，1960 年劳动力较 1959 年减少 24 人，可是平均劳动力负担的耕地面积较 1959 年增加 4.4 亩；粮食总产量趋势和农业劳动生产率趋势一致，粮食总产量由 1957 年的 7.2 万斤上升为 1959 年的 110.8 万斤，增加 37.6 万斤，同时劳动生产率由 1957 年的 3088 斤/劳动力上升为 1959 年的 4880 斤/劳动力，增加 1792 斤/劳动力，此后 1960 年和 1961 年的粮食总产量及农业劳动力生产率连续下降。详见表 3-14。

表 3-14　　　　　　　好田生产大队劳动生产率等指标

年份\项目	总人口（人）	其中：农业人口（人）	耕地面积（垧）	当年开荒（垧）	平均农业人口耕地面积（亩/人）	农业劳动力（人）	平均劳动力负担的耕地面积（亩/人）	粮食总产量（斤）	按总人口人均占粮食（斤/人）	按农业人口人均生产粮食（斤/人）	农业劳动力生产率（斤/劳动力）
1957	928	890	489		5.5	237	20.7	732085	788	822	3088
1958	893	853	556	67	6.5	220	25.3	772750	865	905	3512
1959	886	841	516		6.1	227	22.7	1107980	1250	1317	4880
1960	890	857	551	35	6.4	203	27.1	854507	960	997	4209
1961	938	901	496		5.5	230	21.6	816384	870	906	3549

资料来源：中共阿力得尔公社委员会：《阿力得尔人民公社 1957—1961 年人口、耕地面积、粮食产量、牲畜数量调查统计表》，1962 年 6 月 30 日。

混度冷生产大队。混度冷生产大队总人口和农业人口数趋势一致，1957—1961 年农业人口数分别占总人口数的 96.2%、95.3%、96.2%、94.1%、97.1%，农业劳动力分别占农业人口的 35.8%、24.6%、33.9%、30.4%、26.9%；由于耕地面积相对于好田大队少，所以平均劳动力负担的耕地面积也较少；从粮食总产量看，1957 年的 125.6 万斤下降为 1958 年的 84.9 万斤，减少 40.7 万斤，1959 年较 1958 年增产 5 万斤，到 1960 年和 1961 年连续两年减产，分别比 1959 年减产 21.9 万斤和 14.9 万斤；按照总人口人均占有粮食趋势和按农业人口人均生产粮食趋势一致；只有农业劳动力生产力趋势与其他指标有所不同，由 1957 年的 5147 斤/劳动力上升为 1958 年的 5447 斤/劳动力，增加 300 斤/劳动力，1959—1961 年农业劳动力生产率较 1958 年连续三年下降，到 1961 年时农业劳动力生产率仅为 2655

斤/劳动力，较1958年下降高达2792斤/劳动力。详见表3-15。

表3-15　　　　　　　　　混度冷生产大队劳动生产率等指标

年份\项目	总人口（人）	其中：农业人口（人）	耕地面积（垧）	当年开荒（垧）	平均农业人口耕地面积（亩/人）	农业劳动力（人）	平均劳动力负担的耕地面积（亩/人）	粮食总产量（斤）	按总人口人均占粮食（斤/人）	按农业人口人均生产粮食（斤/人）	农业劳动力生产率（斤/劳动力）
1957	708	681	425.0	70	6.2	244	17.4	1256000	1774	1844	5147
1958	665	634	387.4		6.1	156	24.8	849864	1277	1340	5447
1959	647	623	352.6		5.6	211	16.7	899139	1389	1443	4261
1960	709	667	397.4	26	5.9	203	19.6	680233	959	1019	3350
1961	764	742	299.4		4.1	200	14.9	531050	695	715	2655

资料来源：中共阿力得尔公社委员会：《阿力得尔公社1957—1961年人口、耕地面积、粮食产量、牲畜数量调查统计表》，1962年6月30日。

沙布台生产大队。沙布台生产大队总人口数量仅次于光明生产大队人口数量。1957年至1961年，不但人口数量较多，耕地面积也较多，1958年总人口达到1293人，基本高出混度冷大队的1倍，农业人口平均的耕地面积7亩以上，1957年的农业人口平均耕地面积高达7.7亩，高出混度冷大队的1.5亩；平均劳动力承担的耕地面积23.6亩以上，1961年平均劳动力承担的耕地面积达到26.9亩，高出混度冷大队的12亩；粮食总产量102.4万斤以上，1959年粮食产量高达205.3万斤，比混度冷大队1957年的最高产量高出79.7万斤；农业劳动力生产率1959年高达6455斤/劳动力，每个农业劳动力较光明大队多生产680斤粮食，劳动力生产率较高，可是1960年和1961年劳动生产率也与其他生产大队同步，呈现下降趋势。详见表3-16。

表3-16　　　　　　　　　沙布台生产大队劳动生产率等指标

年份\项目	总人口（人）	其中：农业人口（人）	耕地面积（垧）	当年开荒（垧）	平均农业人口耕地面积（亩/人）	农业劳动力（人）	平均劳动力负担的耕地面积（亩/人）	粮食总产量（斤）	按总人口人均占粮食（斤/人）	按农业人口人均生产粮食（斤/人）	农业劳动力生产率（斤/劳动力）
1957	1215	1150	884		7.7	368	24.1	1753540	1443	1524	4765
1958	1293	1233	884		7.1	375	23.6	1620905	1253	1314	4322

续表

年份\项目	总人口（人）	其中：农业人口（人）	耕地面积（垧）	当年开荒（垧）	平均农业人口耕地面积（亩/人）	农业劳动力（人）	平均劳动力负担的耕地面积（亩/人）	粮食总产量（斤）	按总人口人均占粮食（斤/人）	按农业人口人均生产粮食（斤/人）	农业劳动力生产率（斤/劳动力）
1959	1217	1176	847		7.2	318	26.6	2052817	1686	1745	6455
1960	1137	1096	846	25	7.4	324	26.1	1128650	992	1029	3488
1961	1199	1170	794		7.0	295	26.9	1023908	853	875	3470

资料来源：中共阿力得尔公社委员会：《阿力得尔公社1957—1961年人口、耕地面积、粮食产量、牲畜数量调查统计表》，1962年6月30日。

翁胡拉生产大队。翁胡拉生产大队总人口呈现缓慢增长态势，1957—1961年之间，1957年885人、1958年895人，1958年较1957年增加10人，1959年总人口增长到905人、较1958年增加10人，1960年总人口上升为982人、较1959年增加77人，1961年总人口为987人、较1960年仅增加5人，4年累计增加102人，农业人口数与总人口数趋势一致；1957年至1960年一直开荒，累计开荒223垧，1960年耕地面积达到642.0垧，可是到1961年减少到546.87垧，估计1961年撂荒的较多；1957—1961年间，农业劳动力人口并不多，分别占农业人口的23.7%、25.1%、27.1%、26.8%、26.6%，可见农业劳动力数量不到农业人口的1/3；粮食总产量只有1961年未超过百万斤大关，仅生产了58.0万斤，1959年粮食产量达到143.3万斤，高于混度冷和好田生产大队产量水平；劳动力生产率水平由1957年的平均每劳动力生产5883斤上升为1959年的6151斤，每劳动力生产的粮食增产268斤，此后1960年和1961年平均每劳动力生产的粮食连续两年下滑，到1961年每劳动力仅生产2257斤粮食。可见，农业劳动力生产率趋势与粮食总产量趋势一致。详见表3-17。

表3-17　　　　　　　　翁胡拉生产大队劳动生产率等指标

年份\项目	总人口（人）	其中：农业人口（人）	耕地面积（垧）	当年开荒（垧）	平均农业人口耕地面积（亩/人）	农业劳动力（人）	平均劳动力负担的耕地面积（亩/人）	粮食总产量（斤）	按总人口人均占粮食（斤/人）	按农业人口人均生产粮食（斤/人）	农业劳动力生产率（斤/劳动力）
1957	885	885	537.66	100	6.1	210	25.6	1235600	1396	1396	5883

续表

年份	项目 总人口（人）	其中：农业人口（人）	耕地面积（垧）	当年开荒（垧）	平均农业人口耕地面积（亩/人）	农业劳动力（人）	平均劳动力负担的耕地面积（亩/人）	粮食总产量（斤）	按总人口人均占粮食（斤/人）	按农业人口人均生产粮食（斤/人）	农业劳动力生产率（斤/劳动力）
1958	895	895	558.66	21	6.3	225	24.8	1166920	1303	1303	5186
1959	905	859	640.00	60	7.0	233	27.5	1433400	1583	1668	6151
1960	982	936	642.00	42	6.9	251	25.6	1005923	1024	1074	4007
1961	987	967	546.87		5.6	257	21.3	580166	587	599	2257

资料来源：中共阿力得尔公社委员会：《阿力得尔公社1957—1961年人口、耕地面积、粮食产量、牲畜数量调查统计表》，1962年6月30日。

西合理木生产大队。西合理木生产大队的自然生态环境在阿力得尔人民公社当中是最好的地区，该大队不但有粮食生产，畜牧业也较发达。这里只分析粮食生产水平。1957—1961年之间，西合理木大队的总人口数量在全阿力得尔人民公社最少的大队，到1961年才715人，仅占光明大队的37.0%，农业人口数量趋势也与总人口趋势基本一致，农业人口数量最多的是1961年的697人，仅占翁胡拉大队的72.0%，也就是说，西合理木大队的人口较少，人均占有自然资源较多；农业劳动力数量也在全公社里最少，属于缺乏劳动力的大队，最多年份是1958年才165人，所以人均耕地面积较多，1959年人均耕地面积达到31.3亩，劳动力占农业人口的比重分别为43.1%、42.6%、31.9%、39.5%、39.3%；农业劳动力生产率除1959年高于翁胡拉大队外，其他年份均低，1959年平均每个劳动力生产10394斤粮食，到1960年减少到5827斤粮食，到1961年又减少到2741斤粮食，劳动生产率较低。详见表3-18。

表3-18　　　　　西合理木生产大队劳动生产率等指标

年份	项目 总人口（人）	其中：农业人口（人）	耕地面积（垧）	当年开荒（垧）	平均农业人口耕地面积（亩/人）	农业劳动力（人）	平均劳动力负担的耕地面积（亩/人）	粮食总产量（斤）	按总人口人均占粮食（斤/人）	按农业人口人均生产粮食（斤/人）	农业劳动力生产率（斤/劳动力）
1957	668	643	366.8		5.7	158	23.2	561531	841	873	3553
1958	683	673	386.8	20	5.7	165	23.4	604029	884	884	3660

续表

年份	项目 总人口（人）	其中：农业人口（人）	耕地面积（垧）	当年开荒（垧）	平均农业人口耕地面积（亩/人）	农业劳动力（人）	平均劳动力负担的耕地面积（亩/人）	粮食总产量（斤）	按总人口人均占粮食（斤/人）	按农业人口人均生产粮食（斤/人）	农业劳动力生产率（斤/劳动力）
1959	686	676	456.7	69.9	6.7	146	31.3	1517574	2212	2245	10394
1960	688	670	395.0		5.9	156	25.3	913758	1328	1364	5857
1961	715	697	381.4		5.5	150	25.4	411195	575	589	2741

资料来源：中共阿力得尔公社委员会：《阿力得尔公社1957—1961年人口、耕地面积、粮食产量、牲畜数量调查统计表》，1962年6月30日。

太平生产大队。太平生产队是阿力得尔人民公社成立较早的生产大队，坐落于归流河附近，农业灌溉条件较好。1957—1961年，总人口数增长非常缓慢、甚至1959年总人数与1958年持平，也就是说1959年较1958年人口未增长，都是708人，到1961年才增长到795人，较1960年增加40人，农业人口增长趋势与总人口增长趋势一致；耕地面积和人均耕地面积仅多于西合理木大队，耕地面积最多年份是1960年，447.0垧，仅占沙布台大队的52.8%，平均农业人口耕地面积1959年6.5亩，低于西合理木大队；农业劳动力数量与西合理木大队相比比较多，平均劳动力负担的耕地面积普遍低于西合理木大队，1960年人均劳动力耕地面积才20.1亩，低于西合理木大队5.2亩；粮食总产量未超过百万斤大关，1959年才86.3万斤，仅占西合理木大队的56.9%，1960年开始与其他大队同步呈现连续两年下滑；农业劳动力生产率更低，1959年是最高生产率，每个劳动力平均产量仅为3799斤，每个劳动力与西合理木大队相比少生产6595斤，就是仅占西合理木大队劳动生产率的36.5%，到1961年下滑到2647斤，可见太平生产大队农业劳动力生产率较低。详见表3-19。

表3-19　　　　　　　　太平生产大队劳动生产率等指标

年份	项目 总人口（人）	其中：农业人口（人）	耕地面积（垧）	当年开荒（垧）	平均农业人口耕地面积（亩/人）	农业劳动力（人）	平均劳动力负担的耕地面积（亩/人）	粮食总产量（斤）	按总人口人均占粮食（斤/人）	按农业人口人均生产粮食（斤/人）	农业劳动力生产率（斤/劳动力）
1957	632	604	376.8		6.2	213	17.7	591200	935	978	2775

续表

年份	项目 总人口（人）	其中：农业人口（人）	耕地面积（垧）	当年开荒（垧）	平均农业人口耕地面积（亩/人）	农业劳动力（人）	平均劳动力负担的耕地面积（亩/人）	粮食总产量（斤）	按总人口人均占粮食（斤/人）	按农业人口人均生产粮食（斤/人）	农业劳动力生产率（斤/劳动力）
1958	708	642	376.8		5.9	238	15.8	752120	1062	1171	3160
1959	708	684	443.0	66.2	6.5	227	19.5	862548	1218	1261	3799
1960	755	705	447.0	4.0	6.3	222	20.1	614672	814	871	2768
1961	795	778	422.1		5.4	267	15.8	706896	889	908	2647

资料来源：中共阿力得尔公社委员会：《阿力得尔公社1957—1961年人口、耕地面积、粮食产量、牲畜数量调查统计表》，1962年6月30日。

  为此，1951—1961年的10年当中，农村的经济体制经历了一个所有制的不断变革过程。1960年以前随着互助组（临时互助组和常年互助组）、初级农业生产合作社、高级农业生产合作社到人民公社的升级，土地由私有变为公有，生产资料也由原先的个人所有变为人民公社所有。阿力得尔人民公社是随着互助组的发展壮大、生产合作社的建立发展起来的，推动了农村经济的发展，可是阿力得尔人民公社基本未经过高级社阶段，从生产合作社发展到一定程度后直接进入了人民公社阶段。人民公社建立之后，劳动力成为一般农民家庭收入的唯一来源，家庭的生产职能消失了，成了单一的消费型家庭。这就产生了两方面的情况：一方面，土地等生产资料归公社一级，在各生产队之间进行平调，农民家庭占有这些收入来源的欲望受到了抑制。另一方面，由于家庭成了单一的消费型家庭，孩子越多，消费越多，在孩子长大成人之前不会给家庭带来任何收益。孩子多的家庭连年亏损，拖欠生产队粮款，生产水平长期低下。[1] 阿力得尔人民公社总人口出现下降趋势。根据分析，1959年到1961年的自然灾害使人口下降幅度更大。例如，阿力得尔人民公社1960年总人口7916人，较1959年减少55人，可是农业人口未减少反而增长，1960年农业人口较1959年增加116人，农业人口增长的主因估计是半农半牧的缘故，因为即使粮食歉收畜产品也可代替粮食，解决饥饿问题。

---

[1] 刘豪兴主编：《农村社会学》（第三版），中国人民大学出版社2015年版，第79页。

三 人民公社时期的劳动生产率

从1961年初至1976年12月，人民公社实行"三级所有，队为基础"的管理体制。实行各尽所能，按劳分配，多劳多得，不劳动不得的原则。允许社员自留地和家庭副业。1966年6月，"文化大革命"开始后，强调以粮为纲，把自留地、自留畜、家庭副业当作"资本主义尾巴"来割。在劳动管理上，批判"三自一包"（自留地、自留畜、自留树，包产到户）、"物质刺激""工分挂帅"，普遍推行"大寨式"的劳动管理制度，否定按劳分配的原则，取消劳动定额。1976年10月后，大部分生产队实现"三包一奖四固定"（包产量、任务、质量，固定土地、劳动、耕畜、农具车辆，超产有奖），少部分生产队实行定额管理或小包工。这种管理体制虽然比以前有所改进，但由于实行统一经营，集中管理，集体劳动，评工记分，统一分配，搞"大帮轰"，吃"大锅饭"，搞平均主义，挫伤了农民生产积极性，阻碍生产的发展。[①]

（一）1962年蒙古族贫困人口状况

1961年8月阿力得尔人民公社正式成立，同时建立阿力得尔人民公社委员会，驻地海力森。当年管辖的大队（嘎查）有沙布台、混度冷、西合理木、光明、太平、海力森、好田、翁胡拉等八个。1962年进入正常运行，贯彻落实"三级所有，队为基础"的管理体制。

表3-20显示了1962年阿力得尔人民公社各大队蒙古族贫困人口情况，全公社蒙古族贫困人口分布在50个大队中，贫困户1140户，贫困人口达6501人，土地面积为16489.4亩，农民获得的平均分值为1.04元。其中，沙布台大队的蒙古族贫困户数和人口最多，9个小队中都分布着蒙古族贫困人口，贫困户达到238户，占全公社蒙古族贫困户的20.9%，贫困人口1268人，占全公社贫困蒙古族人口的19.5%，土地面积为710.3亩，平均土地面积仅为0.56亩，平均分值为1.04元；贫困户数量第二位的是海力森大队，贫困户数为207户，占全公社蒙古族贫困户的18.2%，蒙古族贫困人口为1110人，占蒙古族贫困人口的17.1%，蒙古族贫困人口的土地面积为

---

① 冯学忠主编：《科尔沁右翼前旗志》，内蒙古人民出版社1991年版，第287页。

505.7亩，人均土地面积仅为0.46亩，1962年分值为0.85元；贫困人口数量第三是翁胡拉大队，贫困人口达到1066人，占蒙古族总贫困人口的16.4%，土地面积为1084.8亩，人均土地面积为1.02亩，略高于沙布台大队、海力森大队人均土地面积；贫困人口数量第四位是好田大队，好田大队贫困人口的土地面积在全公社最少仅为456.6亩，人均土地面积为0.46亩。可见，沙布台大队、海力森大队、翁胡拉大队及好田大队贫困人口较多的主因除了人均土地面积较少外也与生产工具和劳动力生产效率较低有关，尤其部分劳动力"吃大锅饭"，缺乏调动劳动积极性的可能性存在。

表3-20　　　　阿力得尔人民公社蒙古族贫困人口统计（1962年）

大队名称	蒙古族贫困人口分布的小队（个）	蒙古族贫困户数（户）	蒙古族贫困人口（人）	土地面积（亩）	1962年分值（元）
沙布台	9	238	1268	710.3	1.04
混度冷	3	53	227	1102.0	1.02
西合理木	6	138	787	5412.0	0.81
光明	1	30	165	726.0	1.10
太平	10	166	877	6492.0	0.99
海力森	8	207	1110	505.7	0.85
好田	7	165	1001	456.6	1.16
翁胡拉	6	143	1066	1084.8	1.35
合计	50	1140	6501	16489.4	1.04

资料来源：阿力得尔人民公社委员会：《阿力得尔人民公社各生产大队贫困人口生产情况调查表》，1963年1月23日。注：1962年分值数据，各大队的分值数据是各小队累计数据的平均数据，合计数据是各生产大队分值累计值的平均数据。

（二）1964年劳动生产率

1964年第二次人口普查资料显示，阿力得尔人民公社人口总计9812人，其中，蒙古族6374人，占总人口的65.0%；汉族3353人，占总人口的34.2%；满族832人，占总人口的8.5%；达斡尔族3人。[1] 可见，1964年时阿力得尔人民公社的蒙古族人口占总人口的一半以上，这说明部分蒙古族边养畜边耕种，属于农牧结合的生产方式。

从参加公社的户数和人口及劳动力情况看，表3-21显示，1964年底，

---

[1] 冯学忠主编：《科尔沁右翼前旗志》，内蒙古人民出版社1991年版，第208页。

表 3-21　阿力得尔人民公社的户数、人口、劳动力表（1964年底）

大队名称	参加公社的户数 合计（户）	其中：农业	其中：牧业	参加公社的人口 合计（人）	其中：农业	其中：牧业	经常参加社内的劳动力 合计（人）	男	女	其中：农业劳动力（人）	其中：男（人）	其中：农业劳动力租负耕地（亩/人）	牧业劳动力（人）	其中：男（人）
合计	1683	1551	81	9527	8913	528	2205	1770	435	2098	1670	30.4	83	79
光明	392	369	23	2211	2064	147	565	400	165	532	369	23.4	27	27
西合理木	155	149	6	886	841	45	140	112	28	131	104	43.8	7	7
混度冷	187	145	4	877	824	14	214	189	25	204	179	23.7	10	10
海力森	212	189	12	1147	1020	80	332	219	113	314	203	24.2	13	13
好田	169	160	9	1032	981	51	204	160	44	190	146	38.2	9	9
沙布台	236	233	3	1310	1293	17	271	271		267	267	43.2	3	3
翁胡拉	167	157	10	1149	1065	84	287	227	60	274	216	29.1	14	11
太平	165	149	14	915	825	90	192	192		186	186	34.6		

资料来源：中共阿力得尔人民公社委员会：《阿力得尔人民公社粮食征购工作总结，产销，农牧业生产主要指标，六四工作要点》，1964.03.05—1964.12.08。

阿力得尔人民公社参加公社的户数1683户,其中农业户1551户、占参加公社户数的92.2%,牧业户数81户、占参加公社户数的4.8%,其他户数占3.0%;参加公社的人口9527人,其中农业人口8913人、占参加公社人口的93.6%,牧业人口528人、占参加公社人口的5.5%;经常参加社内的劳动力2205人,其中男劳动力1770人、女劳动力435人;参加社内劳动力当中,农业劳动力为2098人、占总劳动力的95.1%,其中农业男劳动力为1670人、占农业总劳动力的79.6%,每个农业劳动力负担的耕地面积为30.4亩,牧业劳动力83人、仅占总劳动力的3.8%,在牧业劳动力当中男劳动力79人、占牧业劳动力的95.2%。可见,参加人民公社的户数以农户为主、参加公社的人口以农业人口为主,由此,农业劳动力是总劳动力的主力,承担着又耕种又养殖的重担,牧业户数和牧业劳动力较少,可是牧业劳动力养畜的经验丰富,估计是当时阿力得尔人民公社发展养殖业的主力军。从各大队情况看,光明大队和沙布台大队及海力森大队参加公社的户数、人口居全公社前三位,可是翁胡拉大队经常参加社内劳动力的人数多于沙布台大队,在全公社居第三位,说明翁胡拉大队劳动力人数多于沙布台大队。农业劳动力人数在全公社前三位的大队是光明大队、海力森大队、翁胡拉大队,牧业劳动力在全公社前三位的是光明大队、翁胡拉大队和海力森大队,这说明上述三个大队饲养的牲畜头数较多。人均农业劳动力担负的耕地面积在全公社前三名大队是西合理木大队、沙布台大队、好田大队,分别为43.8亩、43.2亩、38.2亩,这说明,西合理木大队、沙布台大队、好田大队农业劳动力的劳动强度较大。

从阿力得尔人民公社劳动生产率看,表3-22显示,1964年底,全公社粮豆总播种面积为59934亩,单产量150斤/亩,总产量达到约960.96万斤,平均农业劳动力种植的耕地为28.7亩,平均农业劳动力生产率为4580.4斤,换言之,每个农业劳动力种植28.7亩耕地和生产4580.4斤粮食,这说明,阿力得尔人民公社农业劳动力生产率不低。全公社剩余粮食为40.49万斤,参加公社人口人均43斤,并且各大队均有剩余粮食,公社的储备粮达到28.98万斤,按照公社人口人均30斤,由此,农村剩余粮食和储备粮食累计人均73斤。这是人民公社时期公社和大队储存一定数量的粮食,以防农业遭受自然灾害歉收而发生缺粮问题。

表 3-22　　阿力得尔人民公社的劳动生产率（1964 年底）

大队名称	粮豆总播种面积（亩）	单产量（斤/亩）	总产量（斤）	农业劳动力（人）	平均农业劳动力种植的耕地（亩/人）	农业劳动力生产率（斤/人）	农村交国家后剩余粮食（斤）	储备粮合计（斤）
合计	59934	150	9609633	2098	28.7	4580.4	404954	289754
光明	11096	207	2275539	532	20.9	4277.3	162355	108440
西合理木	5336	149	786634	131	40.7	6004.8	3785	19155
混度冷	4390	202	886462	204	21.5	4345.4	75317	31750
海力森	7368	145	1064574	314	23.5	3390.4	20596	29804
好田	6979	132	916751	190	36.7	4825.1	11796	5398
沙布台	11181	132	1462839	267	41.9	5478.8	33310	33310
翁胡拉	7669	160	1226458	274	27.9	4476.1	52055	36438
太平	5915	166	990376	186	31.8	5324.6	45740	25459

资料来源：中共阿力得尔人民公社委员会：《阿力得尔人民公社粮食征购工作总结、产销、农牧业生产主要指标，六四工作要点》，1964.03.05—1964.12.08。

具备较多的耕畜和运输车辆是顺利生产粮食的重要保障。从阿力得尔人民公社耕畜和车辆情况看，表 3-23 显示，1964 年底，全苏木耕畜头数为 1891 头，其中大队牛头数 1220 头，占耕畜总头数的 64.5%，余下的为马、驴、骡，全苏木平均每头耕畜担负的耕地面积为 33.8 亩，其中沙布台大队每头耕畜担负的耕地达到 45.6 亩，占全公社首位，耕畜的负担较重。全公社拥有的农业运输车辆为 333 辆，承担着 63873 亩耕地生产运输任务，每辆车辆承担着 191.8 亩耕地。这些车辆和耕畜保障了全公社农忙时节抢赶时间种植、秋收等农业生产任务的顺利完成。

表 3-23　　阿力得尔人民公社耕地、耕畜、车辆情况（1964 年底）

大队名称	耕地（包括自留地）（亩）	耕畜（头、匹）					耕畜担负的耕地（亩/耕畜）	车辆（辆）		
		合计	牛	马	驴	骡		合计	脚轮大车	花轮车
合计	63873	1891	1220	453	180	38	33.8	333	93	240
光明	12443	426	199	146	79	2	29.2	56	23	33
西合理木	5736	164	121	42		1	34.9	57	8	49
混度冷	4844	140	75	58	1	6	34.6	32	12	20

续表

大队名称	耕地(包括自留地)(亩)	耕畜(头、匹)					耕畜担负的耕地(亩/耕畜)	车辆(辆)		
^	^	合计	牛	马	驴	骡	^	合计	脚轮大车	花轮车
海力森	7613	246	168	32	41	5	30.9	40	10	30
好田	7262	165	119	40		6	44.0	29	7	22
沙布台	11545	253	203	40		6	45.6	57	13	44
翁胡拉	7986	242	164	34	37	7	33.0	23	11	12
太平	6444	229	160	44	21	4	28.1	39	9	30

资料来源：中共阿力得尔人民公社委员会：《阿力得尔人民公社粮食征购工作总结、产销、农牧业生产主要指标，六四工作要点》，1964.03.05—1964.12.08。

大牲畜头数规模的大小直接影响耕畜的来源，大牲畜越多耕畜来源就越有强大的支撑力，而小牲畜主要解决生产生活当中的资金缺口问题，猪是解决肉食问题。表3-24显示，1964年底，阿力得尔人民公社大牲畜头数为9205头，占总牲畜头数的65.9%，小牲畜头数为4766头，占牲畜总头数的34.1%，其中牛头数达到6882头，占大牲畜头数的74.8%，在马、驴、骡等大牲畜的牛、马头数当中包括耕畜和散畜，散畜是耕的来源（母牛、牛犊、母马、马驹等）。可见，1964年牲畜结构中大牲畜占较大比重。而生猪是农户的主要肉食来源，一般情况下每户基本养殖两口猪甚至达到5—8口猪，备肉食的同时还销售以解决生活开支问题。详见表3-24：

表3-24　　　阿力得尔人民公社牲畜总头数（1964年6月末）

单位：头、匹、只、口

大队名称	大小牲畜合计	大牲畜					小牲畜			猪
^	^	小计	牛	马	驴	骡	小计	绵羊	山羊	^
合计	13973	9205	6882	1552	727	44	4766	2593	2173	3509
光明	2727	1520	983	405	130	2	1207	832	375	683
西合理木	765	727	564	107	55	1	38	36	2	295
混度冷	868	666	469	129	62	6	202	184	18	394
海力森	1212	1212	992	115	100	5				418
好田	1349	1055	826	143	80	6	294	141	153	357

续表

大队名称	大小牲畜合计	大牲畜					小牲畜			猪
		小计	牛	马	驴	骡	小计	绵羊	山羊	
沙布台	2280	1200	920	120	153	7	1080	276	804	363
翁胡拉	2094	1244	970	166	96	12	850	356	494	483
太 平	1976	1290	1034	204	48	4	686	438	248	475
乡工业	662	254	109	146	1	1	408	330	78	41

资料来源：中共阿力得尔人民公社委员会：《阿力得尔人民公社粮食征购工作总结、产销、农牧业生产主要指标、六四工作要点》，1964.03.05—1964.12.08。

（三）1965年劳动生产率

农业人口是劳动力的来源。1965年，阿力得尔人民公社总户数为1797户，总人口为10385人，其中男性5469人、占总人口的52.7%，女性4916人、占总人口的47.3%；蒙古族6758人、占总人口的65.1%，汉族3501人、占总人口的33.7%，满族125人，达斡尔族1人，满族和达斡尔族累计人数为126人、占总人口的1.2%；共有8个生产大队，66个生产队，参加公社的农业户数1632户，牧业户73户；参加公社人口，农业人口9366人、占总人口的90.2%，牧业人口506人、占总人口的4.8%；整半劳动力合计，总数为2386人，占农业人口的25.5%，其中男劳动力1760人、占劳动力总数的73.8%，女劳动力626人、占劳动力总数的26.2%；在整半劳动力合计中，农业劳动力2264人，占农业劳动力的24.2%，其中男性1642人，占农业劳动力的72.5%，牧业劳动力122人，其中男性118人，牧业劳动力的多数是男性劳动力。[①] 1965年较1964年，参加公社的农业户数增加75户，牧业户增加8户；参加公社的农业人口增加453人，牧业人口增加22人；农业劳动力增加166人，牧业劳动力增加39人。

1965年，阿力得尔人民公社的年末耕地面积为66756亩，大多属于旱地，其中水浇地3204亩，占旱地的4.8%。农业人口人均耕地面积为7.1亩，农业劳动力人均耕地面积为29.5亩，农业劳动力的劳动强度很大。同年，粮食和大豆播种面积为62721亩，收获面积为59636

---

① 科尔沁右翼前旗计划委员会：《科尔沁右翼前旗国民经济统计资料汇总》，1965年，第2—8页。

亩，占粮豆总播种面积的95.1%，就是有3085亩粮豆面积因受灾未获收成，每亩单产为101斤，总产量为683.2047万斤，人均占有粮食657斤，农业劳动力人均种植粮豆面积为27.7亩，农业劳动力人均生产粮食3017斤。① 换言之，每个农业劳动力种植27.7亩耕地和生产3017斤粮食，在投入重体力劳动的前提下，劳动生产率较1960年和1961年有所提高，可是与1964年相比略有下降。1965年的劳动生产率与1964年相比，粮豆收获总播种面积少种植298亩，粮食总产量少生产277.76万斤，每亩少生产49斤，每个农业劳动力少生产1563.4斤粮食。1965年的劳动生产率较1964年低，主因在于1965年3085亩耕地受灾未收成减产的缘故。

（四）1973年劳动生产率

1971年10月18日，内蒙古党委发布《关于当前农村牧区若干政策问题的规定》，提出正确执行"以粮为纲、全面发展"的方针；同年11月18日—12月6日，全区农业学大寨经验交流会在呼和浩特召开。自治区党委书记尤太忠作了《深入开展农业学大寨群众运动，为尽快改变内蒙古自治区农牧业面貌而奋斗》的报告②。上述政策的指导下，阿力得尔人民公社加快发展了种植业。

由于随着生产力的发展人们的生活水平有所提高，所以人口数量逐年较快增长。1973年，阿力得尔人民公社，总户数2414户，总人口14556人，其中男性7638人、占总人口的52.5%，女性6918人、占总人口的47.5%，男女比例为1.1∶1。蒙古族8871人、占总人口的60.9%，汉族5422人、占总人口的37.2%，满族252人、占总人口的1.7%，达斡尔族和其他民族占0.2%。生产大队8个，生产队64个，自然屯63个，参加人民公社户数2388户，其中农户户数2208户、贫下中农户数1939户。参加人民公社人口14530人，其中农业人口13549人、占参加公社人口的93.2%，贫下中农人口11799人、占参加公社人口的81.2%，可见，农业人口的81.2%是贫困人口。人民公社劳动力3021人，其中男性劳动力2435人、女性劳动力586

---

① 科尔沁右翼前旗计划委员会：《科尔沁右翼前旗国民经济统计资料汇总》，1965年，第28—29页。

② 《内蒙古自治区志·农业志》编委会编辑：《内蒙古自治区志·农业志》，内蒙古人民出版社2000年版，第44页。

人，整劳动力 2237 人，非农业劳动力 39 人，由此推断农业劳动力 2982 人（3021-39）。① 1973 年较 1965 年，总户数增加 617 户，总人口增加 4171 人，其中男性增加 2169 人、女性增加 2002 人，蒙古族人口增加 2113 人，汉族人口增加 1921 人，满族人口增加 127 人；总劳动力人数增加 635 人，其中男性劳动力增加 675 人、女性劳动力减少 40 人。上述是 9 年期间增加的总人口和劳动力情况，其中男性劳动力增加的较多，而女性劳动力有所下降。男性劳动力增加有利于农业生产发展。

从人均耕地资源看，1973 年阿力得尔人民公社总土地面积为 1009200 亩，人均土地面积为 69.3 亩，其中耕地面积 67146 亩、占总土地面积的 6.7%，其中坡耕地 33491 亩、占耕地面积的 49.9%，平川地 33655 亩、占耕地面积的 50.1%，林业用地 326953 亩、占总土地面积的 32.4%；牧业用地 599745 亩、占总土地面积的 59.4%，饲料用地 3500 亩、占总土地面积的 0.3%，其他用地 15356 亩、占总土地面积的 1.5%。在年末耕地面积中，水田 20 亩，旱地 67126 亩，累计为 67146 亩，农业人口人均耕地面积 4.9 亩，整劳动力人均耕地面积 30.0 亩，农业劳动力人均播种面积 22.5 亩，在旱田中水浇地 4970 亩，仅占旱田的 7.4%。公社集体经营 62532 亩，社员自留地 4008 亩，机关团体 606 亩。② 较 1965 年，年末耕地面积增加 390 亩，农业人口耕地面积减少 2.1 亩，农业劳动力人均播种面积减少 5.2 亩。

从劳动生产率看，1973 年阿力得尔人民公社粮食和大豆作物播种面积为 61858 亩，每亩产量为 268 斤，总产量为 1657.7827 万斤，人均占有粮食 1138 斤，农业人口占有粮食 1223 斤，人均总劳动力生产粮食 5487 斤，人均农业劳动力生产粮食 5559 斤，生产大队和生产队实际储备粮达到 106.4127 万斤。③ 这是生产大队和生产队上缴国家粮食后剩余的备用粮食，人均备用粮食为 73.1 斤。社员自留地 4008 亩，粮豆总播种面积

---

① 科尔沁右翼前旗计划委员会：《科尔沁右翼前旗国民经济统计资料汇总》，1973 年，第 8—11 页。

② 科尔沁右翼前旗计划委员会：《科尔沁右翼前旗国民经济统计资料汇总》，1973 年，第 12—14 页。

③ 科尔沁右翼前旗计划委员会：《科尔沁右翼前旗国民经济统计资料汇总》，1973 年，第 20—21 页。

4008亩，每亩产量达到226斤，粮豆总产量为90.5116万斤[①]，这是农民自己的粮食，农业人口自留地产的人均粮食达到66.8斤。较之1965年，粮豆播种面积增加863亩，每亩产量增加167斤，总产量增加974.578万斤、增长142.6%，人均占有粮食增加481斤，农业劳动力人均生产粮食增加2542斤，增长84.3%。可见，1973年农业劳动力生产率较1963年有大幅增长，从而有了较高的收入，也给国家上缴了税金。

从收益分配情况看，1973年阿力得尔人民公社收入总计211.01万元，其中，一是农业收入174.29万元（其中粮豆收入159.47万元），占总收入的82.6%；二是牧业收入9.75万元，占总收入的4.6%；三是副业收入25.00万元，占总收入的11.9%；四是其他收入1.97万元，占总收入的0.9%。支出总计39.69万元，其中，一是生产费用34.71万元，占总费用的87.5%；二是管理费用1.74万元，占总费用的4.4%；三是其他费用3.25万元，占总费用的8.2%。全公社纯收入为总收入减去总支出，即211.01万元—39.69万元=171.32万元。纯收入171.32万元的分配情况，一是国家税金11.19万元（其中农业税10.97万元），占纯收入的6.5%；二是公积金提留23.21万元，占纯收入的13.5%；三是公益金提留7.26万元，占纯收入的4.2%；四是储备粮基金提留5.74万元，占纯收入的3.4%；五是折旧基金提留0.77万元，占纯收入的0.4%；六是分配给社员的120.91万元，占纯收入的70.6%，社员人均收入88元；其他分配2.0万元，占纯收入的1.2%。[②]

1961年初至1976年12月，家庭不但拥有劳动力、自留地，还有其他农业和手工工具，家庭由单一的消费型家庭转化为生产与消费的统一体。由于劳动力还处于人力、畜力和手工工具水平，所以劳动力对一个生产型家庭的重要性突出地显现出来。家庭从生产队获得的持久性收入依靠的是劳动力，从自留地及其他项目的经营中获得的收入依靠的也是劳动力，而且因为家庭可以从事多种项目的经营活动，孩子作为辅助劳动力也可以给家庭带来收益。这样不但补偿了一部分养育费用，而且成为将来的

[①] 科尔沁右翼前旗计划委员会：《科尔沁右翼前旗国民经济统计资料汇总》，1973年，第68页。

[②] 科尔沁右翼前旗计划委员会：《科尔沁右翼前旗国民经济统计资料汇总》，1973年，第128—131页。

家庭持久收入的来源。① 所以，人口较快增长，1964年总人口为9812人，到1965年人口上升为10385人，1965年较1964年增加573人（其中除新出生人口外，还有外来人口的统计数据，这里因缺乏资料无法佐证），增长5.84%，8年后到1973年人口达到14556人，较1965年增加4171人，增长高达40.2%，年均增加约521人。

第三节 从改革开放到至今的劳动生产率

1976年"文化大革命"结束到1978年党的十一届三中全会之前，我国经济社会进入恢复修正时期。1978年12月党的十一届三中全会后我国跨入改革开放阶段，农村进入家庭联产承包责任制时代。农村开始实行集体所有、家庭联产承包经营使用的土地制度。这种变革实现了农村集体土地所有权与经营权的分离，扩大了农民经营自主权，这是一场新的土地改革，也是农村土地经济体制的大变革。从此，农民有了自己经营的土地和生产工具及耕畜，极大调动了农民劳动积极性，进而促进农村经济社会的发展变迁。农民在自己经营的土地上自由劳动，自己掌握劳动时间、劳动方式，到农忙季节时亲朋好友之间互助劳动，相互补充各自的不足，抢赶时间顺利完成农忙时节的各项劳动，将自己承包地的秋收成果各自经营销售。

家庭联产承包责任制在制度安排上具有以下特点：第一，它以家庭组织（农户）替代了生产队作为农业生产和经营的决策单位；第二，选择了"交足国家的、留够集体的、剩余是自己的"承包合约；第三，在将集体土地包给单个农户时强调了要"坚持土地的集体所有制不变"；第四，实行承包制后，单个农户的生产规模较小。②

一 1978—2005年劳动生产率

（一）1978年劳动生产率人民公社的生产队、人口、劳动力情况

阿力得尔人民公社共有生产大队13个，生产队78个，生产队核算单

---

① 刘豪兴主编：《农村社会学》（第三版），中国人民大学出版社2015年版，第79页。
② 刘豪兴主编：《农村社会学》（第三版），中国人民大学出版社2015年版，第146页。

位59个，牧业生产单位1个，自然屯57个。总户数2728户，总人口16098人，其中，男性8351人、占总人口的51.9%，女性7747人、占人口的48.1%，出生人口340人，死亡人口87人，迁入人口297人，迁出人口367人，人口自然增长率15.8‰。汉族6151人、占总人口的38.2%，蒙古族9670人、占总人口的60.1%，满族277人、占总人口的1.7%。人民公社总户数2546户，其中，农业户数2364户、占人民公社总户数的92.9%，贫下中农户数2060户、占人民公社总户数的80.9%，也就是说农业户数的80.9%是贫下中农。人民公社总人口为15054人、占总人口16098人数的93.5%，农业人口14573人、占总人口的90.5%，贫下中农人口12247人、占总人口的76.0%，就是说，农业人口的76.0%是贫下农民。人民公社劳动力总计为2890人，其中，男性劳动力2387人、占总劳动力的82.6%，女性劳动力503人、占总劳动力的17.4%。整劳动力2696人、占劳动力总数的93.3%；农林牧渔业劳动力2735人、占总劳动力的94.6%。[1]

1978年，阿力得尔人民公社年末耕地面积66621亩，旱地66621亩，旱地中水浇地13320亩、占旱地的20.0%，农业人口人均耕地4.57亩。在年末耕地面积中，公社集体经营62613亩，社员自留地4008亩。总播种面积为66621亩，其中粮豆播种面积为61415亩、占总播种面积的92.2%，粮豆单产为173斤/亩，总产量为10639千斤，平均劳动力生产3681斤粮豆（总劳动力）。粮食播种面积为57795亩，占粮豆播种面积的94.1%，粮食单产量175斤/亩，总产量为10138千斤，总劳动力2890个人，人均生产粮食3507斤，男劳动力人均生产粮食4247斤。由此，农民交完国家和集体粮食后，剩余部分自己所有，解决了长期以来为填饱肚子而担忧的问题。

人民公社收入与支出。1978年，阿力得尔人民公社总收入170.7万元。按核算单位分，大队核算单位收入27.6万元、占总收入的16.2%，生产队核算单位收入143.1万元、占总收入的83.8%；按收入来源分，农业收入为129.6万元、占总收入的75.9%，在农业收入中粮豆收入为96.0万元、占农业收入的56.2%，牧业收入为5.9万元、占总收入的

---

[1] 科尔沁右翼前旗统计局编辑：《科尔沁右翼前旗统计年鉴》，1978年，第2—13页。

3.5%，副业收入为30.0万元、占总收入的17.6%，其他收入为5.2万元、占总收入的3.0%。①

1978年，阿力得尔人民公社各项支出总计53.7万元，其中生产费用51.7万元、占各项费用总计的96.2%，农业生产费用41.3万元、占生产费用的79.9%，牧业生产费用1.6万元、占生产费用的3.1%，副业生产费用4.2万元、占生产费用的8.1%，其他费用4.6万元、占生产费用的8.9%，管理费用1.6万元、占各项费用总计的2.8%，其他费用为0.4万元、占各项费用总计的0.7%。②

1978年，阿力得尔人民公社纯收入为117.0万元，其中国家税收收入（农业税）6.4万元、占纯收入的5.5%；集体提留14.8万元、占纯收入的12.6%，包括公益金8.0万元（上缴大队数1.6万元）、生产费基金0.7万元、储备粮基金0.8万元、公益金4.9万元（上缴大队数2.2万元），其他集体提留0.4万元；分配给社员合计95.8万元、占公社纯收入的81.9%，其中现金20.1万元、占分配给社员合计数的20.9%，平均每人收入64元。③

（二）1982年劳动生产率

阿力得尔人民公社基本情况。1982年，阿力得尔人民公社管辖的大队有西合理木、好田、呼格吉勒图、白音乌兰、沙布台、海力森、翁胡拉、太平、杨家屯、敖宝屯、双合、光明、混度冷等13个生产大队，58个生产队（艾力）、57个自然屯、17个五十户以上的屯，以生产队为核算的单位64个。在农村牧区人民公社中，实行大包干的生产队数64个，实行大包干的户数2715户。人民公社户数2899户，人民公社人口16597人，整劳动力3847人、其男劳动力3298人；半劳动力401人、其男劳动力303人；辅助劳动力256人。按部门分组，农林牧副渔劳动力4143人，社办工业劳动力40人，建筑业劳动力15人，商业餐饮业、服务业劳动力30人，文教、卫生和社会福利劳动力20人。④ 与1948年相比，1982年阿力得尔人民公社嘎查数量增加了6个，自然屯增加3个，户数增加1577

---

① 科尔沁右翼前旗统计局编辑：《科尔沁右翼前旗统计年鉴》，1978年，第152—155页。
② 科尔沁右翼前旗统计局编辑：《科尔沁右翼前旗统计年鉴》，1978年，第152—155页。
③ 科尔沁右翼前旗统计局编辑：《科尔沁右翼前旗统计年鉴》，1978年，第152—155页。
④ 科尔沁右翼前旗统计局编辑：《科尔沁右翼前旗统计年鉴》，1982年，第13—19页。

个，人口增加9317人、增长127.9%；与1958年相比，1982年阿力得尔人民公社户数增加1239户、增长74.6%，人口增加3697人、增长28.7%；与1961年相比，1982年阿力得尔人民公社管辖大队增加5个、增长62.5%，小生产队（艾力）增加5个、增长9.6%，总人口增加8240人、增长98.6%。可见，1948年以来农村人口的迅速增长，为农牧业的生产提供着劳动力的保障。

从阿力得尔人民公社全部人口结构看，总户数3017，总人口17621人，男性9144人，女性8477人，总人口中非农业人口1235人，农业人口16386人；自然出生444人，自然死亡65人，自然增长21.8‰。其中，汉族6398人、占总人口的36.3%，蒙古族10800人、占总人口的61.3%，满族422人、占总人口的2.4%，达斡尔族1人。各种文化程度人口数9242人，其中大学毕业8人，大学毕业或在校2人，高中生673人，初中生2217人，小学生6342人。① 可见，小学生文化程度的人数占总人口的35.9%，初中生占总人口的12.6%，高中生占总人口的2.8%，文化程度普遍较低。

1982年，阿力得尔人民公社年末耕地面积为66305亩，较1978年减少316亩，全部旱地66305亩，农业人口人均年末耕地面积为4.1亩，较1978年减少0.47亩，整劳动力人均面积17.2亩。农作物总播种面积为66305亩，其中粮豆面积63025亩、占农作物总播种面积的95.1%，单产量292斤/亩，总产量1846.5万斤。整劳动力人均农作物播种面积17.2亩，整劳动力人均粮豆播种面积为16.4亩，整劳动力人均生产粮豆产量4799斤，农业人口人均粮豆占有量1126斤。较1978年，粮豆总产量增加782.6万斤、增长73.5%，平均劳动力生产的粮豆增加1118斤，粮豆单产量增加119斤②。为此，实施家庭联产承包责任制后农民的劳动积极性非常高，农业生产率显著提升。

阿力得尔人民公社收支情况。1982年，阿力得尔人民公社的总收入为414.4万元，按基本核算单位分大队收入0.5万元、占总收入的0.1%，生产队收入413.9万元、占总收入的99.9%；按收入来源分，农业收入为

---

① 科尔沁右翼前旗统计局编辑：《科尔沁右翼前旗统计年鉴》，1982年，第3—6页。
② 科尔沁右翼前旗统计局编辑：《科尔沁右翼前旗统计年鉴》，1982年，第3—6页。

347.6万元、占总收入的83.9%，其中粮食作物收入288.4万元、占农业总收入的83.00%，经济作物收入59.2万元、占农业总收入的17.0%，林业收入为0.5万元、占总收入的1.2%，牧业收入12.9万元、占总收入的3.1%，副业收入29.5万元、占总收入的7.1%，其他收入23.9万元、占总收入的5.8%。① 较1978年，总收入增加243.7万元、增长142.7%，其中农业收入增加218.0万元、增长168.2%，生产队收入增加270.8万元、增长189.2%，牧业收入增加7.0万元、增长118.6%，副业收入减少0.5万元、下降1.7%。可见，除副业收入外，其他收入大幅度增长。

1982年，阿力得尔人民公社的支出总计为33.3万元，其中生产费用30.8万元、占费用总计的92.5%，其中农业生产费用合计为26.5万元、占生产费用的86.04；管理费2.5万元、占费用总计的8.1%。② 较1978年，各项费用总计减少20.4万元，农业生产费用减少14.8万元，管理费增加0.9万元。管理费增加估计与改革开放后管理层工作人员显著增长有关，所以1982年管理费较1978年增加。而生产费用下降的主因估计是家庭联产承包责任制实施后有的农户对生产要素的投入较少甚至未投资，在承包到户之前生产队统一购置生产资料投资，所以出现1978年时的生产费用高于1982年的生产费用。

1982年，阿力得尔人民公社的纯收入高达381.1万元。其中的项目包括：国家税收10.8万元（农业税）、占纯收入的2.8%；提留16.1万元、占纯收入的4.2%，其中集体提留（生产队提留社员上交提留）11.2万元、占提留基金的69.6%（这里包括公积金8.3万元、公益金2.9万元），包干用于明年扩大再生产的资金4.9万元、占提留基金的30.4%；社员分配354.2万元、占纯收入的92.9%，参加分配的户数2726户，参加分配的人口16099人，每人平均220元。③ 较1978年，1982年纯收入增加264.1万元、增长225.7%，集体提留基金增加1.3万元、增长8.8%，分配给社员的资金增加258.4万元、增长269.7%，平均每人收入增加156元、增长243.7%。可见，从1982年的无论公社纯收入还是农户纯收入看，较1978年大幅度增长，主因在于农村家庭联产承包责任制产

---

① 科尔沁右翼前旗统计局编辑：《科尔沁右翼前旗统计年鉴》，1982年，第164页。
② 科尔沁右翼前旗统计局编辑：《科尔沁右翼前旗统计年鉴》，1982年，第166页。
③ 科尔沁右翼前旗统计局编辑：《科尔沁右翼前旗统计年鉴》，1982年，第166—168页。

生了巨大效益，较大地促进了农村经济社会的繁荣发展，农村生产生活条件得到较大改善。由此，到1985年人口出生率较高，人口数量与1982年相比显著增长。1985年，阿力得尔苏木计划生育基本情况，出生率22.76‰，一胎率32.7‰，二胎率31.50‰，多胎率35.80‰，计生率59.10‰，节育率76.38‰，独生子女领证率3.30‰，晚婚率75.80‰。① 全公社总户数为3188户，较1982年增加171户，总人口为18171人，较1982年增加550人，其中蒙古族人口11368人、占总人口的62.6%、较1982年增加568人，汉族6158人、占总人口的33.9%、较1982年减少240人，满族639人、占总人口的3.5%、较1982年增加217人，乡村户数3030户，比1982年增加131户，乡村人口16843人、比1982年增加246人。② 同时，人均耕地面积呈现下降趋势，人均耕地面积为3.93亩，与1982年相比减少0.06亩。

（三）1990年劳动生产率

1984年，经上级政府批准，把阿力得尔人民公社改为阿力得尔苏木。

人口变动情况。1990年，阿力得尔苏木总户数为3684户，总人口19274人，其中男性10132人、女性9142人，非农业人口1336人，农业人口17938人。本年出生人口267人，其中男性139人、女性128人，本年死亡人口93人，其中男性56人、女性37人，人口出生率13.93‰，人口自然增长率9.08‰。人口变动情况，迁入人口216人，迁出人口91人。在总人口中，蒙古族人口12198人、占总人口的63.3%，汉族人口6297人、占总人口的32.7%，满族人口778人、占总人口的4.0%，藏族7人，鄂温克族1人。③ 由于长期以来，汉族与少数民族在一个自然村或者隔壁邻居村居住，所以出现了很多汉族与少数民族结婚的情况。阿力得尔苏木汉族与少数民族混合家庭户规模，二人户12户、三人户60户、四人户130户、五人户125户、六人户92户、七人户55户、八人户30户、九人户10户、十人及以上户6户。④ 较1985年，总人口增加1103人，蒙古族增加830人，汉族增加139人，满族增加139人，藏族是新增的民族。迁

---

① 科尔沁右翼前旗统计局编辑：《科尔沁右翼前旗统计年鉴》，1985年，第298页。
② 科尔沁右翼前旗统计局编辑：《科尔沁右翼前旗统计年鉴》，1985年，第13—15页。
③ 科尔沁右翼前旗统计局编辑：《科尔沁右翼前旗统计年鉴》，1990年，第2—8页。
④ 科尔沁右翼前旗统计局编辑：《科尔沁右翼前旗统计年鉴》，1990年，第60—61页。

入的人口增加 122 人，迁出的人口减少 78 人。人口自然增长率下降 7.79‰。阿力得尔苏木人口较快增长的原因在于，一是迁入的人口较快增长，二是迁出的人口显著减少，三是二胎率和多胎率累计为 38.06‰，领独生子女证率仅 3.01‰。1990 年，阿力得尔苏木计划生育基本情况是，出生率 19.15‰，一胎率 74.42‰，二胎率 31.50‰，多胎率 6.56‰，计划生率 86.61‰，节育率 86.19‰，独生子女领证率 3.01‰，晚婚率 97.08‰。①

农村牧区基层组织和劳动力情况。基层组织数：村民委员会 9 个，村民小组 58 个。乡村户数 3544 个，乡村人口 18951 人。乡村劳动力合计 4319 人。按照整半劳动力划分，整劳动力合计 3420 人、其中男劳动力 2224 人，半劳动力为 899 人、其中男劳动力 152 人；按照部门劳动力划分，农林牧渔业劳动力 152 人，工业劳动力 60 人、其中村办工业 50 人、村以下工业 10 人，建筑业劳动力 23 人，商业饮食服务业 48 人，房地产管理公用事业居民咨询服务业 17 人，教育文化艺术广播电视业 14 人，乡经济组（社务）管理人 18 人。②

1990 年，阿力得尔苏木年初实有耕地面积为 66759 亩，其中新开荒 546 亩。年末实有耕地面积为 67305 亩，其中，水田 3100 亩、占年末耕地面积的 4.6%，旱地 64205 亩、占年末耕地面积的 95.4%，旱地中水浇地面积为 1500 亩、占旱地的 2.3%。③ 农业人口人均耕地面积为 3.8 亩，乡村劳动力人均耕地面积 15.6 亩。较 1982 年，年末实有耕地面积增加 1000 亩，农业人口人均耕地面积减少 0.3 亩，劳动力人均耕地面积 1.6 亩。农业人口人均耕地面积和劳动力人均耕地面积减少的主因在于 1990 年的人口比 1982 年大幅增长，而耕地面积增长有限所致。

1990 年，阿力得尔苏木农作物播种面积为 67305 亩，其中粮豆面积为 61135 亩、占农作物播种面积的 90.8%，亩产量 174 斤，总产量 1061.6 万斤，主要种植品种包括水稻、小麦、薯类、玉米、谷子等五种。农业人口粮豆占有量 591.8 斤，劳动力人均生产粮豆 2457.9 斤。④ 较 1982 年，

---

① 科尔沁右翼前旗统计局编辑：《科尔沁右翼前旗统计年鉴》，1990 年，第 374 页。
② 科尔沁右翼前旗统计局编辑：《科尔沁右翼前旗统计年鉴》，1990 年，第 18—19 页。
③ 科尔沁右翼前旗统计局编辑：《科尔沁右翼前旗统计年鉴》，1990 年，第 22—23 页。
④ 科尔沁右翼前旗统计局编辑：《科尔沁右翼前旗统计年鉴》，1990 年，第 36 页。

农作物总播种面积增加1000亩，粮豆播种面积减少1890亩，亩产量减少118斤，总产量减少784.9万斤，农业人口粮豆占有量减少534.2斤，劳动力人均生产粮豆减少2341.1斤。可见，1990年劳动生产率与1982年相比大幅下降，主因在于1990年阿力得尔苏木遭遇前所未有的严重干旱，农作物产量大幅减产所致。

收益分配情况。1990年，阿力得尔苏木的总收入为961.0万元，总支出为148.8万元，净收益为812.2万元，其中国家税金为24.8万元，集体提留23.0万元。社员所得总额为944.4万元，分配人口为18674人，每人平均506人元。①

较1982年，1990年总收入增加2.3倍，总费用增加4.5倍，净收入增加2.1倍，人均收入增加286元。那么，1990年粮豆产量与1982年大幅下降的前提下收入大幅增长的主要原因，估计一是1990年的物价水平远高于1982年，二是阿力得尔苏木农民收入当中除粮豆收入外还有其他副业收入、打工收入、销售畜产品收入等，收入来源多元化。

（四）2001年劳动生产率

人口变动情况。2001年，阿力得尔苏木总户数4590户，总人口20145人，其中，男性10330人、女性9815人，男女比例1.1∶1，非农业人口1088人，农业人口19057人、占总人口的94.6%。本年度出生128人，其中，男性58人、女性70人。本年度死亡人数75人，其中，男性46人、女性29人，可见男性的死亡率远高于女性。本年度迁入人口85人，迁出人口230人。在总人口中，蒙古族人口13278人、占总人口的65.9%，汉族人口6083人、占总人口的30.2%，满族人口775人、占总人口的3.8%，回族8人、鄂温克族1人。② 与1990年比较，2001年总户数增加906户，总人口增加871人，非农业减少248人，农业人口增加1119人，男性人口增加198人，女性人口增加673人，出生人口减少139人，死亡人口减少18人，迁入人口减少131人，迁出人口增加139人。

蒙古族人口增加1080人，汉族人口减少214人，满族人口减少3人。

---

① 科尔沁右翼前旗统计局编辑：《科尔沁右翼前旗统计年鉴》，1990年，第33页。
② 科尔沁右翼前旗统计局编辑：《科尔沁右翼前旗统计年鉴》，2001年，第25—30页。

可见，到2001年，11年间总人口仅增加871人，年均增加约79人，值得注意的是，男性人口增加数量比女性人口增加数量少475人、迁入人口大幅减少、迁出人口较快增加、汉族人口大幅减少，而蒙古族人口较快增加。这说明，阿力得尔苏木人口总体趋势是逐渐减少，因为出生率下降的同时迁出的人口增加，由于贫困导致有知识有能力的人口迁出的较多，尤其汉族人口的迁出，估计占迁出人口的多数。

2001年，阿力得尔苏木农作物播种面积为135360亩，其中粮食作物播种面积为120705亩，亩产136斤，总产量823.6万斤。[①] 与1990年比较，农作物播种面积增加68055亩，增幅高达101.1%，粮豆播种面积增加59570亩，增长高达99.2%，可是由于阿力得尔苏木1990年以来遭遇严重干旱，所以粮食产量大幅度减产，2001年粮食单产量与1990年比较每亩减产38斤、降幅达21.8%，粮食产量与1990年比减产238.0万斤、降幅高达22.4%。由于缺乏本年度的劳动力人数，所以只能用农业人口人均占有粮食来说明劳动生产率问题。2001年，农业人口人均粮食占有量432.1斤，较1990年农业人口人均占有粮食减少159.7斤、降幅高达26.9%。可见，2005年劳动生产率显著低于1990年劳动生产率。农村经济收益分配情况。阿力得尔苏木总收入为1759.7万元，总支出为948.5万元，净收入为811.2万元，在净收入中，国家税金184.8万元、集体提留75.2万元，农民所得751.8万元，分配人数16668人，每人平均451元。[②] 与1990年比较，总收入增加798.7万元、增幅高达83.1%；总费用增加799.7万元、增幅537.4%；净收入减少1.0万元、降幅0.1%，其中国家税金增加160.0万元、增幅高达645.1%，集体提留资金增加52.2万元、增幅高达226.9%。可见，农民生产成本大幅增长的同时国家各种税收较多，自从20世纪90年代到取消农业税之间农民的负担较重。由此，出现农民收入下降的趋势，2001年农民收入比1990年下降55元、降幅达10.9%。实际上，这也是阿力得尔苏木农村经济进入萧条，农村人口外出的增多，耕地撂荒最多的年份。

(五) 2005年劳动生产率

嘎查组织和人口变动情况。2005年，阿力得尔苏木11个村委员会

---

① 科尔沁右翼前旗统计局编辑：《科尔沁右翼前旗统计年鉴》，2001年，第38页。
② 科尔沁右翼前旗统计局编辑：《科尔沁右翼前旗统计年鉴》，2001年，第40页。

(或嘎查），即太平、杨家屯、光明、西合理木、翁胡拉、拉斯嘎、好田、沙布台、海力森、混度冷、敖力宝，58个自然屯。年末总户数5009户，年末总人口合计19997人，其中非农业人口1238人，农业人口18759人。在总人口中，男性10265人、女9702人。18岁以下3979人、占总人口的19.9%，18—35岁之间的6760人、占总人口的33.8%，35—60岁的7516人、占总人口的37.6%，60岁以上1712人、占总人口的8.6%。本年度人口变动，出生合计222人，其中男的118人、女的104人。死亡合计85人，其中男的50人、女的35人；迁入人口23人，其中省内迁入的14人、省外迁入的9人；迁出人口146人，其中迁往省内的100人、迁往省外的46人。在总人口中，蒙古族人口13204人、占总人口的66.0%，汉族人口5996人、占总人口的29.9%，满族757人、占总人口的3.8%，回族8人，达斡尔族1人，鄂温克族1人。[①] 与2001年比较，总户数增加419户，可是总人口减少148人，其中男性减少65人、女性减少113人，出生人口增加94人，死亡人数增加10人；迁入人口减少62人，迁出人口增加84人。在总人口中的蒙古族人口减少74人、汉族人口减少87人、满族人口减少18人。可见，到2005年，阿力得尔苏木人口比2001年出现减少趋势，人口流失较多。

2005年，阿力得尔苏木农作物总播种面积为118369亩，其中粮食作物播种面积为108994亩、占农作总播种面积的92.1%，每亩粮食产量为392斤，粮食总产量为2139.3万斤。[②] 与2001年相比，农作物总播种面积减少16991亩、下降12.6%，粮食作物播种面积减少11711亩、降幅9.7%，可是单产量涨幅较大，每亩粮食产量增产256斤、涨幅188.2%，由此，粮食总产量显著增产1315.7万斤、增长159.7%。粮食产量如此较大幅度增长的主因在于，农民收入增长后为了获得更多经济利益购置了大量化肥、农业、农业机械等现代生产要素，提高耕地产量和提高了劳动生产率，同时出现了过度透支现象。从此，耕地产量和化肥、农业一起进入恶性循环状态。由于缺乏本年度的农村劳动力人数，所以只能用农业人口人均占有粮食来说明劳动生产率高的问题。2005年农业人口人均粮食占

[①] 科尔沁右翼前旗统计局编辑：《科尔沁右翼前旗统计年鉴》，2005年，第52—57页。

[②] 科尔沁右翼前旗统计局编辑：《科尔沁右翼前旗统计年鉴》，2005年，第96页。

有量1140.4斤，较2001年农业人口粮食占有量增加709.3斤，增长高达264.0%。可见，2005年劳动生产率显著高于2001年劳动生产率。

收益分配情况。2005年，阿力得尔苏木农村牧区经济收益分配情况。总收入2866.2万元，总支出852.8万元，净收入2013.4万元，本次调查人数16768人，人均收入1266元。① 与2001年比较，总收入增加1106.5万元，涨幅高达62.9%；总支出减少95.7万元，降幅10.1%；净收入增加1202.2万元，涨幅高达148.2%；人均收入增加815元，涨幅高达196.4%。可见，2005年阿力得尔苏木农村经济发展显著好于2001年，主因在于国家大幅取消农业税，到2006年彻底取消了几千年的农业税，从此农村地区进入无缴税时期，反而获得国家各项农业补贴时期。这必将较大推进农村经济社会的繁荣发展。

二 2010—2014年劳动生产率

（一）2010年劳动生产率

虽然2006年5月阿力得尔苏木与树木沟乡合并成为阿力得尔苏木，可是本节研究的是阿力得尔苏木原11个嘎查的劳动生产率，即太平、杨家屯、光明、西合理木、翁胡拉、拉斯嘎、好田、沙布台、海力森、混度冷、敖力宝，58个自然屯。

人口变动情况。2010年，阿力得尔苏木，年末总户数5992户，年末总人口19804人，非农业人口1397人，农业人口18425人、占总人口的93.0%，男性10249人、占总人口的51.8%，女性9556人、占总人口的48.3%。18岁以下3725人、占总人口的18.8%，18—35岁6439人、占总人口的32.5%，35—60岁7894人、占总人口的39.9%，60岁以上的1746人、占总人口的8.8%。本年度，出生合计212人，其中男性101人、女性111人；死亡合计199人，其中男性127人、女性72人，死亡人数仅少于出生人口13人，也就是说，本年度出生人口仅增加13人，并且死亡中男性的死亡比女性较多；迁入合计66人，其中省内迁入50人，省外迁入16人；迁出111人，其中迁往省内75人，迁往省外36人，迁

---

① 科尔沁右翼前旗统计局编辑：《科尔沁右翼前旗统计年鉴》，2005年，第94页。

出的人口比迁入人口多45人。在总人口中，蒙古族人口13202人、占总人口的66.7%，汉族人口5835人、占总人口的29.5%，满族人口757人、占总人口的3.8%，还有回族7人，鄂温克族1人，达斡尔族2人。[①] 与2005年相比，总户数增加983户，总人口减少193人，非农业人口减少159人，农业人口减少334人，男性人口减少16人、女性人口减少146人。出生人口减少10人，死亡人口增加114人，其中男性人口死亡增加77人、女性人口死亡增加37人。迁入人口增加43人，迁出人口减少35人。蒙古族人口减少2人，汉族人口增加161人，满族人口未增加，回族增加1人，达斡尔族增加1人。可见，2010年总人口与2005年相比呈现下降趋势，其中值得关注的是迁入人口增加、迁出人口减少趋势，男性人口死亡率较高，汉族人口增加较多，蒙古族人口仅增加2人，实际上呈现下降趋势。

劳动生产率。根据表3-1和上述资料，2010年，粮食作物播种面积为117467亩、占农作物总播种面积的90.2%，粮食总产量达到23352吨，较2005年增产高达1959吨；经济作物播种面积为12762亩，占农作物总播种面积的9.8%，经济作物产量达到668吨，较2005年减少449吨。2010年，农业人口人均粮食占有量为2534斤，较2005年增加1394.4斤，增长122.3%。可见，2010年劳动生产率显著高于2005年劳动生产率。2010年劳动生产率显著高于2005年劳动生产率的主因在于，农民大量使用化肥、机械等农业现代生产要素，大幅度提高了劳动生产率。

收益分配情况。2010年，阿力得尔苏木农村牧区经济收益分配情况：总收入3612万元，总支出1659万元，净收入3094万元，本次调查人数16539人，每人平均纯收入1870元。[②] 2010年与2005年比较，总收入增加735.8万元，增长26.0%；总支出增加806.2万元，增长94.5%；净收益增加1080.6万元，增长53.7%；农民平均收入增加670元，增长55.8%。可见，到2010年全苏木总收入、总费用、净收益和农民人均纯收入比2005年较大幅度增长。

[①] 科尔沁右翼前旗统计局编辑：《科尔沁右翼前旗统计年鉴》，2010年，第58—64页。
[②] 科尔沁右翼前旗统计局编辑：《科尔沁右翼前旗统计年鉴》，2010年，第93页；每人平均纯收入数据＝全苏木净收入/本次调查得到的总人数。

（二）2014年劳动生产率

2014年，粮食作物播种面积为303360亩（包括树木沟乡），粮食单产量469.3千克/亩，粮食总产量为142395吨，占农作物总播种面积的80.0%，人均粮食占有量4278千克，虽然树木沟乡和阿力得尔苏木合并后总人口增长到33279人，可是整体粮食产量大幅度提高，所以人均粮食占有量较大提高，这说明树木沟乡的耕地面积较多产量较高并且人口较少；经济作物播种面积为76020亩，单产量为1110.8千克/亩，总产量为84448吨，占农作物总播种面积的20.0%。从阿力得尔苏木和树木沟乡合并之前11个嘎查畜牧业发展情况，2014年度，期初实有头数217503头，到期末实有头数增长到260288头，增加42785头，增长19.7%，人均牲畜占有量14头。牲畜总头数增长的原因在于2014年度农民购进了21227头牲畜和仔畜成活较高，同时2013年农民养殖牛羊的收入很可观，由此调动农民养殖牛羊的积极性。从养殖户看，阿力得尔苏木11个嘎查农户总户数为5422户，其中无畜户为1421户、占总户数的26.2%，有畜户为4001户、占总户数的73.8%。有大畜和羊户为3360户，占农户总户数的61.9%，也就是说，阿力得尔苏木农户的一半以上农户都养殖着大牲畜和羊，是典型的半农半牧区。

总而言之：

1948—2010年，1948年的阿力得尔苏木总户数为929户，总人口为6536人，其中蒙古族人口2108人、占总人口的32.2%，汉族人口为4428人、占总人口的67.7%；到1961年人口结构发生了变化，蒙古族人口激增5625人、占总人口的65.3%，而汉族人口激降为2937人、占总人口的34.1%，这种人口结构一直保持到2010年。随着阿力得尔苏木总人口的增加，粮食作物播种面积和粮食总产量及牲畜总头数逐年增长，种植业的变化就是如果遭到干旱年份就会出现粮食作物种植面积减少和粮食产量减产，畜牧业的变化就是大牲畜头数呈现显著下降，而小牲畜羊的只数呈现显著增长趋势。随着人口的较快增长不但粮食需求量增长、畜产品的需求量也在增长，同时农民为了改善生产生活和其他支出的增长除了销售部分粮食外还销售部分牲畜增加收入，保障日常生产生活的开支。换言之，随着经济社会的发展，农牧民的劳动生产率也悄然发生变化。因为，改革开放以来，作为20世纪70年代末开始的中国农村经济制度改革原始点和中心，家庭联产承包责任制不仅是目前乃至今后相当长一段时间农村的基本经营制度，同时也是中国现代化农村制度安排的结构基础。这项改革的最大功绩在于重建了农村经济，形成了一套有效的激励机制，极大地解放了农村生产力，为以后的发展和以城乡工业化齐头并进为特征的国民经济高速发展奠定了微观基础。实行家庭联产承包责任制是农村生产关系的重大调整，也是农村经济体制的重大改革，它为中国农业迅速摆脱长期停滞不前的困境起到了直接的推动作用，取得了令全世界瞩目的巨大成就。家庭联产承包责任制极大调动起农民的生产积极性，并在较短的时间内取得了极为显著的制度绩效，最基本和直观的标志是农业生产力的巨大发展。[①] 劳动生产率的较大提高推动了农业生产力的巨大发展，从而促进了人类社会的发展。

在人类社会发展过程中人类的劳动生产率也在变化，劳动生产率的变化中生产工具的改进起着决定性作用。在阿力得尔苏木农民使用笨拙的生产工具时采取自愿互助的方式合作生产（这里有临时互助和常年互助），这时的劳动是重体力劳动，就是说劳动强度大，劳动生产率较低。这个过程经历了漫长的历史进程。直到全国解放以后，随着自治区政府大力推进先进生产工具的推广运用，阿力得尔苏木的农业生产工具较大改进，同时土地经营制度的变革，推动了劳动生产率的变化。劳动生产率的变化主要经历了1960年以前的互助组、初级农业合作社、高级农业合作社到人民公社的升级，又到家庭联产承包责任制（土地和生产工具及耕畜承包到户）等5个阶段，各阶段的劳动生产率有所不同。换言之，从重体力劳动升级到机械作业后大大缩短了农民在田间地头的劳动时间，如今农民每年田间地头劳作时间不到6个月，劳动方式出现了季节性特征，农业成为有些农民的兼职行业，有的农民季节性的外出务工，提高了收入。有的农民把耕地托付给农机服务队，缴纳一定的服务费用种植农作物。所以，农业机械化较大提高了劳动生产率和改变了人地关系。

---

① 刘豪兴主编：《农村社会学》（第三版），中国人民大学出版社2015年版，第146页。

第四章 生产工具发展的历程

本章主要论述三个部分,第一节介绍什么是生产工具内涵;第二节简要介绍全区农业机械工具发展历程;第三节重点论述阿力得尔苏木生产工具变迁过程。具体内容包括,一是叙述1948年至1965年的农业生产工具情况,因为这个阶段农业生产工具变化并不大,主要以木犁、铁犁、挖锄、根锄、镰刀、石磙、木磙、垫葫芦(方言,种植谷子用的农民自制的工具)、新式步犁、三齿轻便坛锄、铡草机、锄草机、铁制木车、抗旱水箱、胶输大车、铁输大车、木输车、小胶车等,其中有的工具改进过,有的工具使用率下降进入闲置状态;二是叙述1973年和1978年两年的农业生产工具发展情况,因为20世纪70年代农业生产工具变革较大,在生产队中使用大型拖拉机,一定程度提高了生产率;三是叙述20世纪80年代到2000年的农业生产工具发展情况,这个时间段是改革开放和市场化改革阶段,农业生产领域发生了诸多变化,农田、生产工具、牲畜都承包到户,农民的收入逐渐提高,所以开始使用农业机械的农户增多;四是2001年后尤其取消农业税后农业生产工具的变革加速,现代农业机械使用率逐渐提高,虽然较大提高了劳动生产率,可是出现种植业单一化的明显趋势,畜牧业以绵羊为主的单一养殖更加显著,并且严重超载过牧,农牧业生产方式发生了较大变化。总之,从自1948年以来的生产工具发展历程分析得知,阿力得尔苏木农户使用的生产工具更新换代缓慢,生产力较低,一直比较落后,农民的收入增长缓慢,加之人口较快增长,人均占有自然资源减少,自然生态环境持续恶化,加之信息闭塞,当地干部群众思想观念十分落后。所以,在阿力得尔苏木现代农业机械的普及率较低,未发挥大型先进农业机械的作用,导致劳动生产率较低,农户守着30亩左右的耕地不愿意有偿出租或转包,农田规模化经营程度普遍较低,未产生规模效益。这是摆脱落后较难的主要原因所在。

第一节 生产工具的定义

生产工具亦称"劳动工具"。指人们在物质资料生产过程中用来对劳动对象进行加工的物件，起着把劳动者的劳动传导到劳动对象上去的作用。例如，翻耕土地、收割庄稼使用的犁和镰刀，就起着把活劳动传导到土地和农作物上去的作用，是生产力发展的主要因素之一，也是劳动资料最重要的组成部分。斯大林指出："生产的变化和发展始终是从生产力的变化和发展，首先是从生产工具的变化和发展开始的。"[①] 生产工具的不断改进，反映人们利用自然和改造自然能力的增强。在人类社会的初期，使用的生产工具是利用自然界的木头、石块制成的木棍和粗笨的石器，人们只能靠狩猎、采集为生。以后进到了制造专用石器工具和铜器，才过渡到以种植业为主的农业。当广泛使用铁制农具后，农业生产面貌发生更大变化。到近代社会，农业机器逐步替代手工工具，农业生产又进入一个新的阶段。从整个社会的生产看，生产工具的不断进步也同样起着重要作用。生产工具不仅是利用和改造自然的尺度，而且是社会关系的指示器。马克思指出："手推磨产生的是封建主为首的社会，蒸汽磨产生的是工业资本家为首的社会。"[②]

制造和使用生产工具是人区别于其他动物的标志，是人类劳动过程独有的特征。人类劳动是从制造工具开始的。生产工具在生产资料中起主导作用。社会生产的变化和发展，始终是从生产力的变化和发展上，首先是从生产工具的变化和发展上开始的。生产工具的内容和形式是随着经济和科学技术的发展而不断发展变化的。早期的生产工具（石木工具、金属工具）是劳动者依靠自身的体力，用手操纵的；后来的机器则包括工具机、动力机和传动装置等三个部分，形成了复杂的体系；而现代的自动化机器体系，又增加了以电子计算机为核心的自控装置。生产工具日益复杂

[①] 斯大林著:《列宁主义问题》，人民出版社1972年版，第648页。
[②] 《马克思恩格斯选集》第1卷，第108页；引自陈导主编《经济大辞典——农业经济卷》，上海辞书出版社、农业出版社1983年版，第53页。

化、精良化，是推动社会生产力发展的一个重要因素。① 生产工具是人类社会生产力发展的重要标志，是推动人类社会生产力的重要助推器。生产工具的出现是必然的，是人类在发展过程的一个必然的进步，让人类的双手解放出来。

第二节　自治区政府成立以来农业机械工具的发展

由于缺乏农业生产工具的资料，所以本节根据《内蒙古自治区志·农业志》（内蒙古人民出版社 2000 年版）的自治区农业机械化的资料，简要说明了内蒙古自治区政府成立以来农业生产工具发展过程，从而为叙述阿力得尔苏木农业生产工具发展提供历史参考资料。

一　发展历程②

内蒙古自治区在 20 世纪 50 年代初，在推广使用改良农具、新式农具的同时，开始现代农业机械化事业的建设。1954 年 7 月，在通辽建立全区第一个国营农业拖拉机站，引进 2 台拖拉机和 7 台配套农具，为农民开展代耕、代种等机械作业。接着又在巴彦淖尔盟（如今的巴音淖尔市）、呼伦贝尔盟（如今的呼伦贝尔市）、昭乌达盟（如今的赤峰市）、呼和浩特市等地相继建立 6 个国营拖拉机站。1962 年，内蒙古自治区和华北局确定五原县为全盘农业机械化试点县。

20 世纪 60 年代初，内蒙古自治区贯彻中央对国民经济实行"调整、巩固、充实、提高"的方针，农机化建设重点推广半机械化农具和场上脱粒有粮油加工机械化，农机化事业有了初步发展。1966 年，全区拥有拖拉机 1280 台，机引农具 5877 台，排灌动力 7.35 万千瓦。机耕作业面积 45.9 万公顷，机械化水平达 10.4%；机播 1.19 万公顷，机械化水平达

---

① 百度：http://www.baike.com/wiki/%E7%94%9F%E4%BA%A7%E5%B7%A5%E5%85%B7。

② 《内蒙古自治区志·农业志》编委会编辑：《内蒙古自治区志·农业志》，内蒙古人民出版社 2000 年版，第 496—497 页。

0.13%。1966年7月，全国农业机械化湖北现场会确立了"1980年基本实现农业机械化"的宏伟奋斗目标。

20世纪70年代初，1971年8月、1978年1月国务院召开了第一次、第二次全国农业机械化会议。在第二次会议上提出"全党动员、决战三年、为基本实现农业机械化而奋斗"的口号，这一时期尽管受到来自极"左"路线的干扰，但由于国家加大了投资和农机战线广大职工的努力，内蒙古自治区这一时期农业机械化事业从规模到速度均取得了很大进展。70年代中期，内蒙古自治区建立了农机推广试验鉴定站，通过农牧业机械的实验示范取得效果后再进行大面积的推广使用。到1979年底，全区完成机耕面积228.9万公顷，相当于1965年的5倍，机械化水平达到45.8%；机播面积91.87万公顷，相当于1965年的77倍，机械化水平达20.4%。

20世纪80年代，随着农村经济体制的改革，农业机械化也呈现出新的特点。改革初期农机化曾一度徘徊，改革的大潮冲破了在计划经济条件下形成的由国家和集体经营农业机械的单一模式，形成了农户、合作、集体和国家等多种经济成分并存，相互补充、竞争发展的新格局，并由此形成多元化的农机建设投入机制。1986年，在全区农牧业机械固定资产总值17.6亿元中，国家所有仅占6.4%，集体所有占14.7%，农机户所有占78.3%。农机主管部门适应改革需要，转变职能，由单一的行政管理型向管理、服务、经营型转变。坚持国家、集体、个体一起上的方针，重点完善旗、县农机服务组织，加强乡、镇、苏木农机服务组织的建设，到1985年农机总动力达到417.84万千瓦、比1979年增加17.0%，大中型拖拉机达37942台、比1979年增加23.8%，小型拖拉机79512台。改革使内蒙古自治区的农业机械化事业进入一个新的发展时期。

进入20世纪80年代后期，通过深化改革，各级农机主管部门认真贯彻"因地制宜，分类指导，重点突破，有选择地发展农业机械化"的指导方针，使内蒙古自治区的农机化事业步入持续发展的轨道。"七五"期间农牧业机械保有量保持稳定增长，技术装备水平不断提高，配套农具大幅度增加，农牧业机械内部结构更趋合理。"七五"期末，全区平均每百亩耕地拥有农机动力10.3千瓦，每百户农牧民拥有8.6台拖拉机。主要农田作业机械化水平稳步提高，机耕为52.0%，机播为31.0%，机收为24.0%。农牧业机械经营取得显著经济效益，1990年，全区农机经营总收入13.44亿元，上缴国家税金1.06亿元。

二 试点示范的作用[①]

1954年，内蒙古自治区在通辽钱家店建立第一个国营农业拖拉机站，当时主要是学习苏联国营农业机器站的模式，进行试验示范工作。1962年，巴音淖尔盟的五原县被自治区和中共中央华北局列为内蒙古自治区和华北地区农业机械化试验县。因"文化大革命"于1968年中断。国家共投资3141万元，修建电厂、扬水站，建立机耕队、运输队等，配套拖拉机及配套农具238台（套），农田耕耙压机械化水平达到65%左右，机播面积占播种面积的20%。1987年，根据全国农业机械化综合试点工作经验交流会精神，自治区部分盟、市、旗县选择了不同类型的农业机械化试点。自治区农机化局在调查研究的基础上选定哲盟通辽县（如今的通辽市科尔沁区）为全区农业机械化试点县。1989年，通辽市又列入国家农业部第二批农业机械化综合试点单位。试点的主要任务：一是探索粮食集中产区，农业机械化与农村经济发展、产业结构调整和农牧民收入水平之间的关系；二是探索农业适度规模经营、土地承包责任制和农业机械化之间的关系；三是研究农业机械化资金筹集、投入，农机选型配套和更新的有关经验和技术政策。通辽市机械化试点坚持"三为主"（农业机械以大中型为主，大中型机械以集体经营为主，以农田作业为主），实行"三结合"（农业机械化与农艺结合，与水利结合，与农村多种经营结合），推行"六统一"（统一农田规划和建设标准、统一作物布局和科学种田规范、统一机械作业、统一综合服务、统一机电井管理和使用、统一作业质量和收费标准）的经验，为粮食集中产区发展农业机械化提供了有益途径。特别是"统种分管"的办法，解决了大机器与小块地的矛盾。

20世纪70年代中期，内蒙古自治区建立了农机推广试验鉴定站，通过农牧业机械的试验示范取得效果后再进行大面积的推广使用。1990年，自治区科委依据国家科委的要求和内蒙古自治区经济建设的实际需要，编

---

① 《内蒙古自治区志·农业志》编委会编辑：《内蒙古自治区志·农业志》，内蒙古人民出版社2000年版，第497页。

制了全区科技成果试验推广计划,由自治区农机局牵头组织实施的有 3 个农业机械化试验示范项目 10 个课题,已完成 2BP-2 型铺膜点播机、2BP-3 型精量播种机、140 型麦类割晒机等课题。

自治区政府通过上述农机推广试点示范,促进了全区农业生产的机械化进程,较大提高了劳动生产率和土地产出率。

三 农机所有制[①]

(一) 所有制演变

1. 20 世纪 50 年代至 60 年代后期为国有为主阶段。农业机械主要由国家投资购置,归国家所有。1966 年,全区共有国营农业拖拉机站 33 个,拥有拖拉机 1500 台,占全区拖拉机总拥有量的 77.8%。

2. 20 世纪 60 年代后期到 80 年代初期为集体所有为主阶段。农牧业机械主要由公社、大队、生产队集体投资购置,归集体所有。1979 年底,集体所有拖拉机 39868 台,占全区拖拉机拥有量的 90.11%。农村牧区实行大包干生产责任制后,集体所有的农牧业机械作价卖给农牧民,集体所有的农牧业机械大量减少,到 1984 年底,集体所有拖拉机减少到 11152 台,占拖拉机总拥有量的 10.95%。

3. 20 世纪 80 年代初期开始,进入个体所有为主的阶段。中国共产党十一届三中全会后,农民获得购置农业机械的自主权,筹集资金购置农业机械的农民和联户不断增加,到 1989 年底,农牧民个体所有的拖拉机已达 247518 台,占全区拖拉机总拥有量的 94.23%。

(二) 国营拖拉机站

内蒙古自治区从 1954 年在通辽钱家店建立第一个国营农业机器拖拉机站起,相继建立起来的拖拉机站所有制属国家经营。1958 年,国务院第七办公室对全国拖拉机站站长会议作了有关农业机械下放到农业社的批复,此后自治区国营拖拉机站下放到人民公社,由社、队经营管理。由于管理不善,机器利用率不高,损失严重;加上 1961 年后社、队规模调整

[①] 《内蒙古自治区志·农业志》编委会编辑:《内蒙古自治区志·农业志》,内蒙古人民出版社 2000 年版,第 498—499 页。

缩小，很多社队经营拖拉机有困难，1962年又将拖拉机归国营。1963年农机管理部门加强对国营拖拉机站的领导，拖拉机站有了一定的发展。到1966年，全区国营拖拉机站发展到41个（包括8个牧业机械综合服务站），国营拖拉机站又大批下放社、队经营管理，直到农村实行大包干生产责任制后，农机所有制形式发生了根本变化。40年来，农业拖拉机站体制几经变化，但在农业机械化建设中，一直起着试验示范作用，为农业机械化培养了大批人才，传授了技术，积累了经验，为自治区农业机械化事业的发展奠定了坚实的基础。

（三）农机户与农机服务专业户

内蒙古自治区最早自筹资金经营农机的农户，1979年出现在伊盟（如今的鄂尔多斯市）的达拉特旗。随着农村生产体制和经营形式的变化，农民除承包土地进行生产外，还承包（租赁）集体的农机，自用或为其他农户服务。20世纪80年代，更多的农民自筹资金购置农机，到1989年底，这种拥有农业机械的农户发展到33.13万个，占农村牧区总户数的10.2%。农机服务专业户以农机服务为主要经营内容，一年中服务时间超过180天；农机服务收入占全家总收入的60%以上；农机服务收入高出当地（旗县）农村家庭服务收入水平1倍以上。符合上述条件的农机服务专业化户，1989年，全区共有48217户，户均纯收入8300元，其中年纯收入万元以上的有2449户。可见，个体经营的农机户和农机服务专业户已成为内蒙古自治区农机化建设中的一支重要力量。

四　农业主要机械的发展过程[①]

（一）拖拉机

自治区在20世纪50年代开始建设农业机械化，主要靠国家拨供的国外产的拖拉机。60年代初，国产拖拉机和配套农具由国家按计划分配供给。1968年，自治区开始自行研制拖拉机。1969年，红草原—24型拖拉机在包头拖拉机厂投入生产。以后，内蒙古自治区动力机厂、呼和浩特市

---

① 《内蒙古自治区志·农业志》编委会编辑：《内蒙古自治区志·农业志》，内蒙古人民出版社2000年版，第499—502页。

郊区农机修造厂、包头拖拉机厂、乌兰浩特拖拉机厂先后开始生产小四轮拖拉机，到1989年年产能力达到2.5万台，主要型号有北方—12/15型、内蒙古—12/15型和兴安岭—12/15型等。区内生产的这些型号的拖拉机为自治区的农业机械化建设提供了部分需要。到1990年底全区共拥有农牧用拖拉机28.04万台、402.72万千瓦，其中大中型拖拉机4.38万台、165.6万千瓦；小型拖拉机23.75万台、237.04万千瓦。

(二) 机械牵引农具

配套拖拉机在耕作中使用的机械牵引农具主要有：铧式犁、耙、镇压器、播种机、收割机、脱粒机、铺膜机等。

1. 铧式犁。自治区推广使用铧式犁始于20世纪50年代末。到1989年拥有与大、中型拖拉机配套的铧式犁5000台，与小型拖拉机配套的铧式犁8万多台。70年代集宁市农机厂开始生产仿苏机引五铧犁，共生产1万台。赤峰市牧机厂生产的机引五铧犁于1977年在全国同行业质量评比中曾获得第一名。赤峰牧机厂、五原县农机厂和开鲁县农机厂等年生产五铧犁能力达到1000台以上，主要型号有ILX-5-30型悬挂式五铧犁、ILsh-4-35型悬挂式双向四铧犁和ILFY-3-30型液压三铧犁等。集宁市农机厂、桌子县农具厂、扎鲁特旗农机厂、乌拉特前旗农机厂和杭锦后旗农具厂等年生产与小型拖拉机配套的铧式犁的能力达1万台以上，主要产品有ILX-2-20型悬挂双铧犁、ILF-1-30型深施化肥犁、ILXF-2-20型悬挂双铧翻转犁、ILXF-1-25型悬挂翻转犁和ILXS-2-20型悬挂双铧犁等。

丰产沟犁。改造旱作低产田的专用耕作机，又称改土蓄水聚肥耕作机。1989年赤峰市喀喇沁旗农机局从山西引进的ILS-270丰产沟犁，配套动力铁牛—55拖拉机，最大耕深（含深松层）35厘米左右，每台班生产率1.3—2公顷，较人工提高功效300倍。1990年，喀喇沁旗农机局与科委从生产实际出发，对这种犁作了改造，研制出ILFS-370型双向丰产沟犁，具有深耕、深松、生熟土分耕等功能，可以在坡地上反复作业，每台班生产率3—4公顷，配套动力东方红—802或60马力以上的链式拖拉机。1990年生产25台，在赤峰市各旗县多点试验。

深松犁。自治区推广使用深松犁始于1983年。哲里木盟（通辽市）开鲁县农机局与县农机研究所从黑龙江省引进了ILS-7-34型深松犁。1985年改进试制成ILS-7-30型ILS-9-25型深松犁。1986年通过区级鉴定、定型并投入批量生产的机型，主要有开鲁县农机研究所研制、县农机厂生产与东方红—75型履带式拖拉机配套的悬挂式ILH-9-25型深松犁。1986年通过区级鉴定、定型并投入批量生产的机型，主要有开鲁县农机研究所研制、县农机厂生产与东方红—75型履带式拖拉机配套的悬挂式ILH-7-30型深松犁，年产能力达到500台。由巴盟杭锦后旗农机研究所研制的与小四轮拖拉机配套的ILS-1-25型单体悬挂式浅翻深松犁，分别由杭锦后旗农具厂和桌子县农具厂生产，年产量超过1000台。

2. 圆盘耙、钉齿耙。自治区50年代在全区开始推广使用圆盘耙，当时共拥有与大、中型拖拉机配套使用的圆盘耙有1.2万台。巴盟磴口县农机厂年产与大、中型拖拉机配套的圆盘耙1000台左右，是全国生产圆盘耙的重要厂家之一，主要产品有PY-3.4型41片圆盘耙和PQZ-2.5型24片缺口重型耙。兴安盟扎赉特旗农机修造厂是生产与小型拖拉机配套小型圆盘耙的主要厂家，年产能力1500台，主要产品有IB-1.8型12片机引耙、IB-15型10片机畜两用圆盘耙、IBX-1.1型12片悬挂式圆盘耙和IBX-1.65型双列4组20片圆盘耙。

3. 镇压器。自治区引进使用V型镇压器始于20世纪60年代。主要农具型号是与东方红54（75）履带式拖拉机和铁牛—55轮式拖拉机配套使用的3-YHV-3.6型和3-YHV型镇压器。

4. 谷物播种机。自治区推广使用各种播种机经历了4个阶段：1957年前主要是以人、畜力为主的传统播种农具垫葫芦、木耧等。1957—1962年推广使用马拉半机械化播种机。1963—1981年，由于内蒙古自治区农机管理局的建立和国营拖拉机站的发展，各种大型播种机有较大的发展，到1979年已达12531台，机播面积达91.9万公顷。1982年以后为大发展阶段，到1990年全区拥有各种机引播种机39831台，机播面积达146.5万公顷。

精量播种机。一种新式谷物播种机。自治区推广使用的主要是与东方红—802、铁牛—55拖拉机配套的2BQ-6型精量播种机。1982年由哲里木盟（通辽市）农机推广管理站从辽宁复州城农机厂引进试验示范。经过几年的试用，这种播种机省工、省籽、苗齐、苗壮，在同等条件下比一般播种机增产10%左右。至1990年全区推广使用精量播种机累计为845台，播种面积7.78万公顷。1988年自治区开始在通辽市农机厂安排生产。为适应大批小型拖拉机配套的需要，1989年研制出2BQ-3型精量播种机。

种肥分层播种机。是实现科学种田的一种新式播种机。由巴盟（巴音淖尔市）农研所任索田建议，杭锦后旗农机研究所研制。1979年生产第一代畜力牵引的2BF-3型种肥分层播种机，随后又研制成功与小型拖拉机配套的2BF-7型种肥分层播种机。经过几年的多点试验，在同等条件下，上述两种型号的种肥分层播种机播种的小麦与普通播种机播种的小麦相比，每亩可增产15%—18%。1983年通过区级技术鉴定，于当年安排杭锦后旗农机厂生产2BF-3型，磴口县农机厂生产2BF-7型。1984年以后，已在全区10个盟市、全国14个省、市、自治区推广使用。1990年全区累计推广11825台，播种面积达14.26万公顷。

5. 联合收割机。自治区50年代在农场和部分农村推广使用。到1990年底，全区拥有量已发展到2101台、12.8万千瓦。

割晒机。自治区在50年代末开始推广使用这种收割小麦的机器。1965年开始研制，先后在察右前旗机械厂、赤峰牧机厂等投入生产，主要型号有4GL-140麦稻收割机。到1990年底，全区共拥有2125台。

拨麦机。由内蒙古自治区达茂旗农牧业机械修造厂科技人员研制而成，为我国农业机械填补了一项空白。1989年通过区级产品鉴定，1989年获国家实用新型专利。这种机械重138千克，拨幅0.75米，生产率0.3—0.5公顷/小时，是人工的20—30倍，拨净率98%以上，使用寿命5年以上，适用于坡度0—20的丘陵沙石地区小麦、胡麻等可拨作物的收割。

脱粒机。自治区50年代中期开始引进、推广使用。60年代初开始研制，集宁农机厂、呼和浩特市郊区农机厂等6个厂家先后投入生产，年产能力5000台，主要型号有5JD-350、5JD-550、5JY-4等7种。截至1990年，全区拥有3万台。

6. 铺膜机。自治区1984年从外地引进各种铺膜机27台，在巴盟、包头、呼和浩特市、赤峰市等地进行试验示范。因效果不明显，当年选定3DF-900型人畜力铺膜机和小四轮拖拉机配套的3DF-1.2A型悬挂式铺膜机，分别由包头市农机所试制工厂和临河市农机修造厂等5个厂家试制生产400多台。1985年机械铺膜面积扩展到乌盟、伊盟、兴安盟等8个盟市，推广各种铺膜机337台，作业面积达2670公顷。以后推广面积不断扩大，推广使用台数不断增加，到1990年推广铺膜机2357台，机铺面积达5万公顷。1988年内蒙古农牧学院农工系承担了自治区科委下达的2BF-2型铺膜点播机的研制课题，1989年底经区级鉴定，这种铺膜点播机可一次完成破土、畦面整形、施肥、开沟、压膜、开穴播种、覆土等多项作业，适用于玉米、高粱、瓜类等作物的铺膜播种。

（三）农田运输机械

20世纪50年代以前农田运输主要是畜力拉运，进入60年代以后逐步利用拖拉机带拖斗拉运。1984年，牙克石农机厂研制生产出T-1.5型三开式二轮机引小拖车。1985年，扎赉特旗农机修造厂生产7C-2型农用拖车，科尔沁右翼前旗农机厂生产7C-1.5型农用拖车。包头青山机械配件厂生产的7CB-1.5型农用拖车，1986年7月通过鉴定。巴盟杭锦后旗机动车制造厂开发"致富"牌605A型农用三轮运输车和呼伦贝尔盟新巴尔虎旗农机修造厂生产的7T-1.5型农用车，都通过产品鉴定。截至1990年底，全区拥有量达576辆。

农用汽车。20世纪60年代初，自治区国营拖拉机站开始购置农用汽车为本站和农民服务。1965年，国营拖拉机站的农用汽车发展到44台，70年代开始在农村发展，到1979年初，农用载重汽车发展到2802台。中共十一届三中全会后，农民个体购置经营的汽车不断增加，到1990年底，全区农用汽车拥有量达到12417台。

（四）排灌机械

自治区内较早使用的排灌机械为畜力水车。1946年归绥原市开始利用"子文式"水车，后经改进定型为"解放式水车"，这种水车50—60年代使用较多。1965年武川县机械厂开始生产单级离心泵。1971年，内蒙古水利机械修造厂试制生产潜水电泵。1973年巴盟水泵厂开始生产各种规格的单级泵、中级泵、多级泵。农田灌溉应用的水泵数量逐步扩大。

1979年，哲里木盟（通辽市）农牧机械研究所、通辽农业机械修造厂、中国农机研究院等单位研制成功SYP-400型水动圆形喷灌机，并投入生产应用。同年，乌盟（乌兰察布市）凉城县深井水泵厂研制生产了200JD-80型深井泵。兴安盟突泉县研制生产出WB34-25-91（370B）型离心水泵，于1984年通过鉴定并批量生产。1987年，内蒙古水利机械厂研制生产了200Q50-26/2型潜水电泵。

柴油机。内蒙古自治区在50年代开始用柴油机作动力抽水灌溉农田。以后，又用来作碾米、磨面、榨油等固定作业的动力。到1990年底，全区拥有农牧用柴油机7万多台、74万千瓦，已经成为无电区固定作业的主要动力机械。乌兰浩特动力机厂（现柴油机厂）年生产能力超万台，主要产品型号有S195型、S1100型柴油机。

（五）农副产品加工机械

自治区在50—60年代开始引进、推广、使用、研制碾米机、磨粉机，70年代后又陆续引进、推广、使用、研制榨油机、马铃薯磨碎分离机等。

碾米机。自治区在50年代开始推广使用。70年代已普及农村各生产队。1989年底，全区共有碾米机34917台。生产碾米机的主要有呼伦贝尔扎兰屯市农机厂，型号为D330-1型。

磨面机。50年代后期，随着农村电力的发展和柴油机的使用，磨粉机开始普遍推广、使用。70年代已普及农村各生产队。1987年底，全区拥有各类磨面机50963台。

榨油机。自治区农村使用榨油机较早，70年代乌兰察布盟察右中旗机械厂开始生产SI-440A-100型和80型动力榨油机。1990年末，全区共有榨油机6653台。

马铃薯磨碎分离机，又称淀粉加工机，自治区农村使用这种机器较晚。80年代乌兰察布盟丰镇市设备维修厂开始试制、生产。主要型号6FL-1500。1990年底，全区共拥有马铃薯淀粉加工机12150台。

五　农业机械化区划[①]

1964年，内蒙古自治区开始研究农牧业机械化区划，由内蒙古自治区农牧业机械化研究所负责在五原县和通辽县（估计如今的科尔沁区）开展农业机械化区划试点，第八机械工业部呼和浩特畜牧机械研究所在锡盟牧区搞牧业机械化区划试点。1965年底，三个机械化区划试点

[①]《内蒙古自治区志·农业志》编委会编辑：《内蒙古自治区志·农业志》，内蒙古人民出版社2000年版，第503页。

完成后,全区各旗县开始农业机械化区划。"文化大革命"期间工作中断。1980年7月,由内蒙古自治区农机局农机区划办公室牵头组织自治区、盟市和旗县2200多名工程技术人员开展全区农牧林业机械化区划研究工作,对盟市、旗县的自然、农业、社会经济条件和农业机械化发展进程、历史经验教训等进行深入的调查研究,至1982年8月完成全区农牧林业机械化综合区划编制工作。"区划"将全区分为7个一级机械化区、9个二级机械化区,其中涉及农田机械化的有3个:东部杂粮垅作农牧林业机械化区(如今的呼伦贝尔市、兴安盟、通辽市、赤峰市);阴山丘陵麦、薯、胡麻旱作农牧林业机械化区;河套平原平作农林牧业机械化区。下面重点说明东部杂粮垅作农牧林业机械化区。也就是说,兴安盟自自治区政府成立以来就是全区重点粮食生产地区之一,后来又称为牲畜养殖和输出重点地区之一。

第三节 阿力得尔苏木农业生产工具的发展

根据收集到的资料,阿力得尔苏木农业生产工具自从1948年至1972年之间的变化并不大,1973年后陆续出现了新的农业生产工具,这得益于自治区大力推广的新农业机械,到1985年阿力得尔苏木农业生产工具发展到比较齐全的程度,从此农业生产工具的变化只是数量上的增减,新农业生产新工具的出现很少。所以断定,在阿力得尔苏木,农业生产工具的更新换代缓慢,自从2000年后尤其取消农牧业税后农户收入显著提高,农民才有剩余资金购置农业机械工具,农业生产机械逐步普及,较大提高了劳动生产率和土地产出率。

划分时间段来分析的依据是,按照收集到的资料和生产工具的发展明显变化来划分时间段,目的是为了分析农业生产工具发展变迁的过程。

一 1948—1965年农业生产工具的比较

内蒙古自治区政府成立以来,十分重视农业生产工具的更新,每年拨出一定经费帮助有关部门研发和推广新式农具。在20世纪50年代推广了步犁、双轮双铧犁、铲趟机、解放式水车、播种机、收割机等新式畜力农具,取代了原始的木犁和笨重的手工劳动，大大提高了农业劳动生产率。[1]

（一）1948年的农业生产工具概况

1948年，建立阿力得尔努图克，行政辖区包括新立、太平、兴盛、复兴、永盛、兴隆、胜利等7个嘎查村。表4-1显示，农户农耕用的主要生产工具是犁杖，这里包括用木制和铁制犁杖，7个嘎查1322家农户共计692个犁杖，运输车辆共计1158辆，役畜1986头，劳动力1670人，耕种熟地面积3746.13亩。可见，不是每个农户均有犁杖和车辆，可是农户如何生产呢？因为农业生产是个繁重的体力劳动，极少数家庭都具备犁杖、车辆和劳动力，只有几个农户之间互助劳动才能顺利完成翻耕和种植耕地，在农作物成长过程中的一些劳动一个农户的劳动力可以完成，在秋收时节农户之间通过互助劳动才能按时完成秋收任务，所以在农业生产当中有的农户出劳动力或者犁杖或者车辆，保障着农业生产顺利进行。正因为如此，农户之间互助是一直以来坚持的生产方式和劳动方式，有的农户没有犁杖或者车辆，问题就不难理解了。

表4-1　　　　　阿力得尔努图克各嘎查基本情况（1948年）

分类	各嘎查	兴隆	胜利	复兴	兴盛	新立	太平	永盛	总计
户数（户）		735	186	199	229	210	102	261	1322
人口数（人）		759	1041	1085	1269	1148	604	1374	7280
土地（亩）		517.07	560.27	632.88	746.76	616.71	331.64	1052.99	4458.32
劳动力（人）		176	245	245	263	263	137	340	1670
役畜（头）		128	299	391	345	350	162	311	1986
车辆（辆）	大车	4	1	7	6			3	21
	中车	18	16	26	27	8	6	41	142
	小车	62	155	176	195	193	105	109	995
犁杖（个）	已组织	37	60	26	48	64	47	68	350
	未组织	33	50	100	68	13	21	43	328
	合计	70	110	126	116	77	68	125	692

---

[1]《内蒙古自治区三十年》编写组：《内蒙古自治区三十年》，内蒙古人民出版社1977年版，第64页。

续表

各嘎查 分类		兴隆	胜利	复兴	兴盛	新立	太平	永盛	总计
换工生产 小组		34	25	12	26	51	21	43	212
组织起来 的劳动力	全劳动力	91	110	60	105	242	100	162	870
	半劳动力	2		10	75	8	12	20	127
	合计	93	110	70	180	250	112	182	997
未组织 起来的 劳动力	全劳动力	82	119	210	141	16	29	132	729
	半劳动力	1	14	60	10	3	5	29	121
	合计	83	133	270	151	19	34	161	851
换工组 的情况	上	2		5	4	10	4	7	32
	中	14	8	4	14	23	7	20	90
	下	18	15	3	8	17	10	16	87
新开荒地（亩）		12.55	40.2	10.1	77.9	58.5	53.4	93.7	346.34
耕种熟地（亩）		449.68	548.23	121.00	746.76	616.71	331.44	932.31	3746.13

资料来源：中共阿力得尔努图克委员会：《春耕生产、各种面积、产量调查表》，1948年12月25日。

（二）1957—1961年生产工具概况

表4-2、表4-3显示，阿力得尔努图克车辆总数呈现下降趋势，由1957年的783辆连续下降到1961年的436辆，减少347辆，下降44.3%。其中，胶皮车呈现上升趋势，胶轮车和勒勒车呈现快速下降趋势，所以车辆均占有耕地呈现上升趋势，由1957年的每个车辆均占有耕地面积5.58亩上升为1961年的9.86亩，增加4.28亩，增长76.7%。从车辆载量看，500—1000斤载量的车数量虽然呈现减少趋势，可是依然占多数，由1957年的599辆减少为1961年的309辆，远高于其他载量车辆数额，1000—1500斤载量车辆呈现增加趋势，3500—4000斤载量车辆占少数。

表4-2显示，从犁杖数量看，各个年份的牛犁数量远高于骡马犁，1957年牛犁是364个，而骡马犁是204个，牛犁高于骡马犁364个，犁杖占有每亩耕地由1957年的7.7亩上升为1960年的9.2亩，增长19.48%。耘锄数量呈现较快增长，由1957年的117个上升为1960年的166个，增长41.88%，耘锄占有每亩耕地由1957年为37.4亩下降为1961年的26.7

表 4-2　阿力得尔努图克生产水平情况（1957—1961 年）

项目 年份	总耕地面积（亩）	车辆（个） 合计	胶皮车	胶轮车	勒勒车	均有耕地（亩/车）	犁杖（个） 合计	骡马犁	牛犁	均有耕地（亩/犁杖）	耘锄（个） 数量	均耕地（亩）	劚蹚机（个）	均耕地（亩/劚蹚机）	水车（辆）	均耕地（亩/水车）
1957	4376	783	5	175	603	5.58	568	204	364	7.7	117	37.4	82	53.3	31	141.1
1958	4431	623	9	145	471	7.11	551	175	376	8.0	121	36.6	83	53.2	36	123.1
1959	4621	572	9	132	431	8.07	537	167	370	8.6	171	27.0	70	66.0	33	140.0
1960	4685	499	10	119	370	9.39	514	160	354	9.2	166	28.6	85	55.9	29	164.0
1961	4299	436	19	110	309	9.86	517	163	354	8.3	161	26.7	74	58.1	28	153.5

资料来源：中共阿力得尔公社委员会：《阿力得尔公社 1957—1961 年人口、耕地面积、粮食产量、牲畜数量调查统计表》，1962 年 6 月 30 日。

注：耘锄指的是除草和松土用的锄头；劚（lì）蹚机是指垦荒农具。

亩，减少 10.7 亩，主因为耘锄数量较快增长而耕地面积下降。犁蹚机是垦荒农具，数量并不多，1957 年为 82 个，1961 年下降为 74 个，每犁蹚机耕地亩数最高的年份是 1959 年，高达 66.0 亩。水车是农业必备的农具，在干旱年份将发挥重要作用，全嘎查 28—36 之间的水车承担着全嘎查 4000 多亩的浇水任务，每个水车承担的耕地面积最多的是 1960 年的 164.0 亩，1958 年最少 123.1 亩。由此，如果遇到春旱的话，水车较少必定影响春耕，那时水车的需求量较大。

表 4-4 显示，1957—1961 年，阿力得尔努图克耕地面积由 1957 年的 4376 亩增长到 1960 年的 4685 亩、增加 309 亩、增长 7.1%，到 1961 年下降为 4299 亩、较 1960 年减少 386 亩、下降 8.24%；役畜总头数呈现先增后减趋势，每头役畜耕地面积呈现先降后增又降趋势。1957 年每头役畜承担的耕地面积为 1.91 亩，1959 年和 1960 年均上升为 1.95 亩，1961 年每头役畜承担的耕地面积下降为 1.80 亩。上述说明，阿力得尔努图克每头役畜承担的耕地面积较少。

表 4-3　　　阿力得尔努图克车辆载量情况（1957—1961 年）

数字 \ 年度	1957	1958	1959	1960	1961
500—1000 斤	599	471	431	371	309
1000—1500 斤	8	13	16	17	21
1500—2000 斤	117	97	71	61	68
2000—2500 斤	44	32	42	42	45
2500—3000 斤	13	10	10	8	9
3000—3500 斤	1	1	1	1	2
3500—4000 斤	1	1	1	1	2

资料来源：中共阿力得尔公社委员会：《阿力得尔公社 1957—1961 年人口、耕地面积、粮食产量、牲畜数量调查统计表》，1962 年 6 月 30 日。

表 4-4　　　阿力得尔人民公社役畜、耕地分年调查（1957—1961 年）

年度	役畜总头数（头、匹）	耕地面积总计（亩）	每头役畜耕地面积（亩/役畜）
1957	2297	4376	1.91
1958	2397	4431	1.84
1959	2369	4621	1.95

续表

年度	役畜总头数（头、匹）	耕地面积总计（亩）	每头役畜耕地面积（亩/役畜）
1960	2402	4685	1.95
1961	2395	4299	1.80

资料来源：中共阿力得尔公社委员会：《阿力得尔公社1957—1961年人口、耕地面积、粮食产量、牲畜数量调查统计表》，1962年6月30日。

1957年生产工具。表4-5显示，阿力得尔努图克的管辖红光社、光明社、东方红社、东方升社、共和社、建国社、太平社、永丰社、永盛社、乌兰社等10个社。使用的车辆分为胶皮车、胶轮车、木车三种，其中乌兰社的车辆最多，胶轮车38辆、木车120辆、胶皮车2辆，共计160辆。农具分为水泵、农机、铁犁、木犁四种，其中光明社的农具最多，水泵2个、铁犁56个、木犁86个，共计144个。在耕畜中，牛的数量最多，达到1061头，说明牛的使用量较高；其次为马匹数量766匹，骡212头，其中乌兰社的牛的头数为240头、马匹为124匹。那么，耕牛的数量最多的主因在于牛的力气大并且慢性，忍耐性比马匹高。与1948年相比，1957年的生产工具有所进步，如水泵和农机的出现提高了劳动生产率。1957年，粮食产量达到602.7万斤，人均占有粮食达到651斤，基本解决了吃饭问题。

表4-5　　　　　阿里得尔努图克车辆农具情况（1957年）

社别	车辆				农具					耕畜		
	胶皮车	胶轮车	木车	合计	水泵	农机	铁犁	木犁	合计	牛	马	骡
合计	21	226	541	788	31	1	207	379	617	1061	766	212
红光社	3	15	39	57	2	1	14	8	25	42	56	6
光明社	4	36	80	120	2		56	86	144	124	94	2
东方红社	1	17	87	105	3		14	36	53	127	48	4
东方升社		17	56	73	2		12	33	47	65	65	7
共和社	1	19		20			10	26	36	70	76	16
建国社	6	34	110	150	9		30	44	83	191	153	15
太平社	1	13	19	33	2		13	23	38	78	35	4
永丰社	3	19	20	42	5		9	38	52	72	49	10
永盛社		18	10	28	4		13	28	45	52	66	7

续表

社别	车辆				农具					耕畜		
	胶皮车	胶轮车	木车	合计	水泵	农机	铁犁	木犁	合计	牛	马	骡
乌兰社	2	38	120	160	2		36	57	95	240	124	6

资料来源：中共阿力得尔努图克委员会：《年度、整社、积极分配工作总结、计划调查表》，1957年3月24日。

犁杖是耕种的重要工具，图4-1说明了犁杖的构造，图4-2是被淘汰的木犁，图4-3是改进的铁犁，这个铁犁又省力，翻耕土地的效率又高。在机器未出现之前，拉犁杖翻耕土地种地的牲畜是牛、马、骡、驴，农户根据地形和自身条件购买牲畜，拉犁杖耕种。

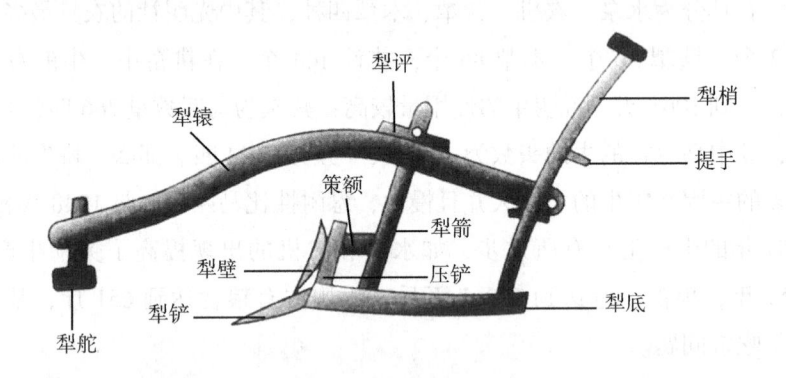

图4-1 曲辕犁

说明：曲辕犁，是唐代汉族劳动人民发明的耕犁。其辕曲，因以名，区别于直辕犁。因其首先在苏州等地推广应用，又称为江东犁。曲辕犁和以前的耕犁相比，有几处重大改进。首先是将直辕、长辕改为曲辕、短辕，并在辕头安装可以自由转动的犁盘，这样不仅使犁架变小变轻，而且便于调头和转弯，操作灵活，节省人力和牲畜（资料来源：百度：http://baike.baidu.com/link?url=-QTzukCwFbuDb6FNE5SI3xJePMsU3aIjgdU3FynjKJHEr)。

1959年的生产工具。1959年，农村人民公社化以后，毛主席及时发出了"农业的根本出路在于机械化"的指示，为实现农业机械化和电气化指明了方向，极大地鼓舞了我区广大工人、农民向农业机械化进军的积极性。[①]

[①] 《内蒙古自治区三十年》编写组编：《内蒙古自治区三十年》，内蒙古人民出版社1977年版，第65页。

第四章　生产工具发展的历程　　201

图 4-2　被淘汰的木犁

资料来源：被调查农户提供，2014.8.16。

图 4-3　改进的铁犁

资料来源：被调查农户提供，2014.8.16。

图 4-4　被淘汰的农户木头结构的胶轮车

资料来源：被调查农户提供，2014.8.16。

表4-6、表4-7显示，目前归属阿力得尔努图克的嘎查有阿力得尔（现在的光明嘎查）、树木沟、混度冷、好田、沙布台、翁胡拉、太平、红光、复兴、海力森等10个嘎查村。从农业生产工具看，三齿轻便锄数量前三位的是沙布台、复兴、树木沟，分别为46个、44个、36个。较1948年，生产工具得到进一步改善，增加了双轮双铧犁、双轮单铧犁、播种机、三齿轻便锄等工具。从运输工具看，树木沟的运输车辆最多，双轮双铧犁、双轮单铧犁、木车、胶皮车最多，分别为25个、20个、110个、24个；劳动力数量前三位嘎查是复兴、树木沟和光明，分别为456个、354个、351个；役畜头数前三个嘎查是树木沟374头、沙布台342头、混度冷306头。从而为1960年的农业丰收打好了基础，1960年阿力得尔努图克粮食总产量达到714.9万斤[1]，促进了生产力的发展。

表4-6 1959年阿力得尔努图克各嘎查村生产工具情况

农具＼嘎查	光明	树木沟	混度冷	好田	沙布台	翁胡拉	太平	红光	复兴	海力森	合计
双轮双铧犁	9	25	17	12	22	10	7	13	20	9	144
双轮单铧犁	12	20	16	11	18	6	9	12	23	14	141
圆盘耙	1	1	1			1			1		6
三齿轻便锄	29	36	17	17	46	16	10		44	18	233
播种机					1			1	2		4
胶轮车	4	6	2				2	3	4	1	22
木车	45	110	50	78	40	30	35	80	62	62	592
胶皮车	21	24	24	13	23	9	11	20	8	8	

资料来源：中共阿力得尔人民公社委员会：《公社基本情况、接收新党员通知和粮食产量自存阅查表》，1960年6月28日至1960年12月31日。

1961年农业生产工具。1961年8月，阿力得尔从乌兰毛都人民公社划出，单独建立阿力得尔人民公社。1962年，树木沟乡从阿力得尔苏木

---

[1] 中共阿力得尔人民公社委员会：《公社基本情况、接收新党员通知和粮食产量自存阅查表》，1960年6月28日至1960年12月31日。

表 4-7　1959 年阿力得尔努图克生产力水平

项目 嘎查	劳动力（个） 合计	男	女	耕地亩数（亩） 合计	水浇地	水田	旱田	役畜（头、匹） 合计	牛	马	骡	驴	车辆 合计	胶轮车	中车	小车
太平	186	108	79	406.40	45.00	40	321.40	133	100	20	4	9	48	2	11	35
红光	165	106	59	339.99	25.95		354.04	135	67	51	4	13	58	3	15	40
翁胡拉	236	145	85	589.00	320.00	72	197.00	201	145	25	1	30	89		9	80
树木沟	354	253	101	963.74	208.00		755.74	374	208	82	7	87	140	6	24	110
沙布台	330	225	105	924.41	120.00	90	714.41	342	161	23	9	44	63		23	40
好田	255	160	95	578.34	181.50	79	318.84	177	128	5	6	38	96		18	78
混度冷	315	218	107	812.90	120.00	200	492.90	306	184	56	8	59	76	2	24	50
光明	351	210	141	796.80	112.80	82	602.00	274	131	114	2	27	70	4	21	45
海力森	259	166	93	581.80		210	371.50	239	156	26	7	50	71	1	8	62
复兴	456	235	215	807.43	50.00		757.43	298	175	80	10	33	104	4	20	80
总计	2907	1826	1080	6800.81	1183.25	773	4885.26	2479	1455	482	58	390	815	22	173	620

资料来源：中共阿力得尔人民公社委员会：《公社基本情况，接收新党员通知和粮食产量自存阅查表》，1960 年 6 月 28 日—1960 年 12 月 31 日。

划出，建立树木沟乡。如此推断，1961年8月时阿力得尔人民公社管辖应该包括树木沟乡的各村子，可是史料显示未包括树木沟乡的村子，所以，本节只分析了史料当中显示的阿力得尔人民公社管辖的嘎查农业生产工具发展情况。

1961年，阿力得尔人民公社拥有新式农具合计为111部，其中，双轮双铧犁43部、耙1部、小麦播种机1部、铲趟机13部、耘锄47部；新式牧业工具107部，其中割搂草机98部、铡草机9部；运输工具，畜力车463辆，其中胶轮车17辆、花轮车158辆、勒勒车288辆。① 上述生产工具的更新推动了生产力的发展。从耕作生产能力看，耕地面积为4229垧、农业男劳动力1360人、畜力车175辆、耕畜1820头、每个男劳动力负担耕地3.1亩、每台畜力车平均负担耕地24.2亩、每头耕畜平均负担的耕地2.3亩。② 由此，推动1961年阿力得尔人民公社耕作生产能力较大提高，粮豆播种面积为3949.8垧，粮豆总产量达到635.2万斤，单产量为107斤/亩，较1960年，粮食单产提高37斤/亩，可是粮食总产量少产79.7万斤，主因在于一是粮食播种面积少918.4亩地，二是1960年至1962年，全旗连续3年遭受严重自然灾害，农业连续3年减产，1962年亩产只有100斤。一些社队严重缺粮，不得不实行"低标准，瓜菜代"，社员每日人均口粮只有6、7、8两，很多社员靠挖野菜和用玉米秸、玉米穰加火碱熬制的"淀粉"等代替食品充饥度日。③

（三）1965年与1961年生产工具的比较

1965年，阿力得尔公社的农牧业生产、运输工具：双轮带铧犁62部，新式步犁93个，三齿轻便坛锄114部，铡草机10部，锄草机9部，铁制木车17部，抗旱水箱140个。人畜力车辆：胶轮大车109辆、铁轮

---

① 科尔沁右翼前旗计划委员会编辑：《科尔沁右翼前旗国民经济统计资料汇编》，1961年，第20—23页。

② 科尔沁右翼前旗计划委员会编辑：《科尔沁右翼前旗国民经济统计资料汇编》，1961年，第49页。

③ 冯学忠主编：《科尔沁右翼前旗志》，内蒙古人民出版社1991年版，第286—287页。

大车 118 辆、木轮车 184 辆、小胶车 1 辆，合计为 412 辆。① 较 1961 年，双轮带铧犁增加 19 部，新增了三齿轻便坛锄这种工具。可见，生产工具和运输条件逐步得到改善，促进了生产力的发展。粮豆播种面积达到 62721 亩，较 1961 年多播种 3474 亩，粮食产量达到 683.2 万斤，较 1961 年多增产 48 万斤，平均每亩多增产 1 斤。

（四）1957—1961 年各嘎查（公社时期叫大队）生产工具情况

海力森大队是阿力得尔公社政府所在地。海力森大队 1960 年的耕地面积达到 638 亩，车辆包括胶皮车、胶轮车、勒勒车三种，胶皮车数量未变，而胶轮车和勒勒车数量呈现逐渐下降趋势。犁杖包括骡马犁杖和牛犁杖，并且数量呈现上升趋势，说明农民对犁杖的需求量增加，并且牛犁的数量最多，说明牛是犁杖的主力。耪锄的数量为 12—14，变化不大。劙蹚机数量只有 4 个，估计当时能满足需求。水车数量 6—7。从车辆载量看，500—1000 斤的车辆比较多，说明这个范围的车辆使用率较高。详见表 4-8、表 4-9。

表 4-8　　　　海力森大队主要农机具使用情况（1957—1961 年）

项目 年份	总耕地面积（亩）	车辆（辆）				犁杖（个）				耪锄（个）		劙蹚机（个）	水车（个）
		合计	胶皮车	胶轮车	勒勒车	合计	骡马犁	牛犁	均有耕地（亩/犁杖）	数量（个）	均耕地（亩）		
1957	555	123	1	24	98	70	14	56	7.92	14	39.6	4	
1958	583	80	1	15	64	70	13	57	8.32	13	44.8	4	7
1959	598	70	1	13	56	71	12	59	8.36	13	46.0	4	6
1960	638	69	1	13	55	72	12	60	8.85	13	49.1	4	6
1961	584	59	1	12	47	72	7	65	8.10	12	48.7	4	6

资料来源：中共阿力得尔公社委员会：《阿力得尔公社 1957—1961 年人口、耕地面积、粮食产量、牲畜数量调查统计表》，1962 年 6 月 30 日。注：耪锄指的是除草和松土用的锄头；劙(li)蹚机是指垦荒农具。

---

① 《科尔沁右翼前旗国民经济统计资料汇总》，科尔沁右翼前旗计划委员会，1965 年，第 10—18 页。

表 4-9　　　　　　海力森大队车辆载量情况（1957—1961 年）

年度 数字	1957	1958	1959	1960	1961
500—1000 斤	98	64	56	55	47
1000—1500 斤		5	4	5	5
1500—2000 斤	24	10	9	8	7
2000—2500 斤	1	1	1	1	1

资料来源：中共阿力得尔公社委员会：《阿力得尔公社 1957—1961 年人口、耕地面积、粮食产量、牲畜数量调查统计表》，1962 年 6 月 30 日。

光明大队。光明大队是阿力得尔公社最早的大队，北侧有阿力得尔河和归流河，由此光明大队的耕地主要集中在上述两条河中间，天然形成了灌溉条件最优越地区，土地肥沃，粮食产量和副产业发展一枝独秀。在车辆中勒勒车较多，车辆均有耕地面积 1960 年为 14.5 亩，车辆总数有增有减。犁杖中，牛犁依然是主力军，均有耕地面积 1961 年为 8.1 亩。耘锄数量基本呈现上升态势，均耕地面积 1957 年达到 41.0 亩，到 1961 年下降为 37.0 亩。劐蹚机的数量 1958 年最多 27 个，1961 年最少 14 个，而均耕地面积最高 55.0 亩，也就是说 1961 年垦荒的面积大。上述生产工具当中除了车辆和水车以外，其他犁杖、耘锄、劐蹚机数量比海力森大队明显多。水车数量较少，如果遇到干旱年份的话光明嘎查的水车不足需求。从车辆载量看，500—1000 斤和 1500—2000 斤载量的车辆使用量高。详见表 4-10、表 4-11。

好田大队。好田大队是以蒙古族为主体的大队，部分平原耕地在归流河北侧，灌溉条件较好。在车辆中勒勒车占主体，其次是胶轮车，总数呈现下降趋势。在犁杖中，牛犁依然占主导，其次是骡马犁，耕畜承担的耕地 5.5—7.8 亩之间。

劐蹚机数量比海力森大队较多，需求量大。水车数量未变，虽然只有 5 辆，可是估计能满足需求，因为部分耕地能打井灌溉。从车辆载量看，500—1000 斤载量的车辆使用率较高。详见表 4-12、表 4-13。

表 4-10　光明大队主要农机具使用情况（1957—1961 年）

项目 年份	总耕地面积（亩）	车辆（辆） 合计	胶皮车	胶轮车	勒勒车	均有耕地（亩/车）	犁杖（个） 合计	骡马犁	牛犁	均有耕地（亩/犁杖）	耘锄 数量（个）	均耕地（亩）	劐铧机（个）	均耕地（亩/劐铧机）	水车（个）	均耕地（亩/水车）
1957	741.5	82	2	39	41	9.0	101	51	50	6.7	18	41.0	18	41.0	3	247.1
1958	666.9	62	4	33	25	11.0	109	45	64	6.7	27	27.0	27	27.0	3	222.3
1959	700.0	59	4	26	29	13.5	109	41	68	7.2	35	23.0	16	50.0		
1960	797.9	60	4	24	32	14.5	104	33	71	7.9	22	39.5	16	54.0		
1961	775.3	76	7	25	44	10.1	96	36	60	8.1	21	37.0	14	55.0		

资料来源：中共阿力得尔公社委员会：《阿力得尔公社 1957—1961 年人口、耕地面积、粮食产量、牲畜数量调查统计表》，1962 年 6 月 30 日。

注：耘锄指的是除草和松土用的锄头；劐（li）铧机是指垦荒农具。

表 4-11　　　　　光明大队车辆载量情况（1957—1961 年）　　　　单位：辆

数字＼年份	1957	1958	1959	1960	1961
500—1000 斤	41	25	29	32	44
1500—2000 斤	31	24	18	17	13
2000—2500 斤	8	9	8	7	12
2500—3000 斤	2	4	4	4	7

资料来源：中共阿力得尔公社委员会：《阿力得尔公社 1957—1961 年人口、耕地面积、粮食产量、牲畜数量调查统计表》，1962 年 6 月 30 日。

混度冷大队。混度冷大队在归流河南侧，自然环境条件比较好，是以汉族人口为主体的大队，精耕细作是本大队农民的长处。由于总耕地面积整体上呈现下降趋势，所以车辆均有耕地面积和犁杖均有耕地面积并不多，在 5.34—7.58 亩之间，而耘锄和劐蹚机均耕地占有量比较多。水车数量多与海力森、光明、好田大队的水车，这说明混度冷大队十分重视水车的作用，充分准备应对干旱。从车辆载量看，500—1000 斤载量的车辆使用率较高。详见表 4-14、表 4-15。

沙布台大队。沙布台大队的自然环境条件不如其他大队，尤其一队和二队的水资源质量太差，其他艾力的自然条件相对较好，由此耕地面积也较多。沙布台大队耕地面积由 1957 年的 884 亩下降为 1961 年的 794 亩，减少 90 亩，下降 10.2%。由于车辆数量呈现下降趋势，所以均车辆耕地面积呈现上升趋势。牛犁仍然是耕种的主力军，犁杖均有耕地面积 11.7—13.0 亩之间，变化不大。耘锄均有耕地面积、劐蹚机均有耕地面积、水车均有耕地面积普遍较多，所以耘锄、劐蹚机、水车等农业生产工具超负荷运行。从车辆载量看，500—1000 斤和 1500—2000 斤载量的车辆使用率较高，而 2000—2500 斤载量的车辆只有 5 辆。详见表 4-16、表 4-17。

翁胡拉大队。翁胡拉大队的一艾力、二艾力、三艾力的部分平原耕地在归流河北侧，灌溉较方便，可是利用归流河的使用量始终很低，其他艾力都居住在山沟处，都是山坡地，无法灌溉，比较贫穷。车辆是以勒勒车为主，勒勒车虽然比较沉重可是耐用不愁爆胎并且成本低使用年限长，只

表 4-12　好田大队主要农机具使用情况（1957—1961 年）

年份	总耕地面积（亩）	车辆（辆）			犁杖（个）				耘锄			鋤蹚机（个）	均耕地（亩/鋤蹚机）	水车（个）	均耕地（亩/水车）
		合计	胶轮车	勒勒车	合计	骡马犁	牛犁	均有耕地（亩/犁杖）	数量（个）	均耕地（亩/耘锄）				
1957	489	111	23	88	82	20	62	5.5	23	21.5	8	61	5	98
1958	556	77	18	59	83	19	64	6.7	21	26.5	13	43	5	111
1959	516	71	17	54	91	24	47	7.3	20	25.8	14	37	5	103
1960	551	65	16	49	71	24	47	7.8	22	25.0	12	45	5	110
1961	496	63	16	47	79	26	53	6.3	22	22.5	12	41	5	92

资料来源：中共阿力得尔公社委员会：《阿力得尔公社 1957—1961 年人口、耕地面积、粮食产量、牲畜数量调查统计表》，1962 年 6 月 30 日。

注：耘锄指的是除草和松土用的锄头；鋤（li）蹚机是指垦荒农具。

表 4-13　　　　　　好田大队车辆载量情况（1957—1961 年）　　　　　单位：辆

数字　　　年度	1957	1958	1959	1960	1961
500—1000 斤	86	59	54	49	47
1000—1500 斤	8	8	12	12	16
1500—2000 斤	7	10	5	4	
2000—2500 斤	8				

资料来源：中共阿力得尔公社委员会：《阿力得尔公社 1957—1961 年人口、耕地面积、粮食产量、牲畜数量调查统计表》，1962 年 6 月 30 日。

依靠牛来拉动勒勒车，在农牧业生产中发挥着重要作用，1957 年时翁胡拉大队勒勒车达到 150 辆。犁杖中牛犁依然是主力，骡马犁占少量比重，犁杖均有耕地面积 1960 年达到 11.7 亩。耘锄数量在 13—18 之间，均耕地面积 1959 年为 50.0 亩。从车辆载量看，500—1000 斤和 2000—2500 斤载量的车辆两种，并且 500—1000 斤的载量车是主力。详见表 4-18、表 4-19。

　　西合理木大队。西合理木大队的水草丰富自然生态环境较好地区，农牧业发展具备了天然优势，可是一直以来交通闭塞，百姓思想意识十分落后，接受新技术和信息方面缓慢。由此，农牧业发展水平在全苏木并不突出，目前在全苏木依然是落后地区。总耕地面积与混度冷相比较多，可是与其他大队相比普遍较低。车辆是以勒勒车为主，胶轮车为辅，车辆总数呈现减少趋势，所以车辆均耕地面积呈现上升趋势。犁杖当中牛犁依然占主力，骡马犁占少量比重，犁杖数量并不多，犁杖均有耕地 1958 年才 10.4 亩。耘锄数量在 10—13 之间，均耕地面积 1961 年下降到 29.3 亩。剷蹚机数量 1957 年和 1958 年均达到 12 个，1959 年至 1961 年均下降到 4 个，需要随垦荒面积变化。突出的养殖业是牛羊，牛羊养殖业与其他大队相比发展较好。只是水车数量较少，所以均耕地面积较多，灌溉的任务重。从车辆载量看，车辆载量种类有 5 种，500—1000 斤和 2000—2050 斤载量的车辆数量较多，并且 500—1000 斤的载量车是主力，还有 3500—4000 斤载量的车辆。车辆种类最多是西合理木大队的最大特点。详见表 4-20、表 4-21。

表 4-14　混度冷大队主要农机具使用情况（1957—1961 年）

项目 年份	总耕地面积（亩）	车辆（辆）			均有耕地（亩/车）	犁杖（个）				均有耕地（亩/犁杖）	耘锄			劖蹚机（个）	均耕地（亩/劖蹚机）	水车（个）	均耕地（亩/水车）
		合计	胶轮车	勒勒车		合计	骡马犁	牛犁		数量（个）	均耕地（亩）				
1957	425.0	75	24	51	5.37	75	55	20	5.66	5	85.0	8	53.1	8	53.1
1958	387.4	58	17	41	6.68	64	46	18	6.05	7	48.2	7	48.2	6	64.5
1959	352.6	47	15	32	7.58	66	45	21	5.34	16	22.0	9	39.1	7	50.3
1960	397.4	59	14	45	6.73	69	50	19	5.75	25	25.0	10	39.7	5	79.5
1961	299.4	40	10	30	7.48	72	53	19	4.15	9	33.2	7	42.8	4	74.6

资料来源：中共阿力得尔公社委员会：《阿力得尔公社 1957—1961 年人口、耕地面积、粮食产量、牲畜数量调查统计表》，1962 年 6 月 30 日。注：耘锄指的是除草和松土用的锄头；劖（lí）蹚机是指垦荒农具。

表 4-15　　　　混度冷大队车辆载量情况（1957—1961 年）　　　单位：辆

数字＼年份	1957	1958	1959	1960	1961
500—1000 斤	51	41	32	45	30
1500—2000 斤	8	6	5	5	4
2000—2500 斤	9	7	6	7	6
2500—3000 斤	10	4	4	2	

资料来源：中共阿力得尔公社委员会：《阿力得尔公社 1957—1961 年人口、耕地面积、粮食产量、牲畜数量调查统计表》，1962 年 6 月 30 日。

太平大队。表 4-22、表 4-23 显示，太平大队地处阿力得尔苏木西北方向 15 千米处，围绕归流河居住，不但有河套耕地还有山坡耕地，自然环境条件较好，一直以来与其他嘎查比属于相对富裕地区，以汉族人口居住为主，农业生产发展较早。耕地面积 1960 年达到 447.0 亩，运输工具有胶皮车、花轮车、勒勒车，并且勒勒车数量最多说明勒勒车的使用率较高，平均每车占有耕地最高的年份是 1961 年达到 14.0 亩；耕地种植工具有，犁杖分为骡马犁和牛犁，犁杖均有耕地 1960 年达到 13.0 亩。耘锄数量 1961 年达到 25 个，耘锄均耕地 1959 年达到 40 亩。

剗蹚机 1959 年为 13 个，均耕地 34 亩；水车的使用量较低，所以数量未变，2 辆；平均水车占有耕地 1960 年达到 223 亩。从车辆载量看，500—1000 斤载量的车辆最多，这个规模的车辆使用量较高。

二　1973 年与 1978 年生产工具的比较

1971 年 8 月、1978 年 1 月国务院召开了第一次、第二次全国农业机械化会议。在第二次会议上提出"全党动员、决战三年、为基本实现农业机械化而奋斗"的口号，这一时期尽管受到来自极"左"路线的干扰，但由于国家加大了投资和农机战线广大职工的努力，内蒙古自治区这一时期农业机械化从规模到速度均取得了很大进展。到 1979 年底，全区完成机耕面积 228.9 万公顷，相当于 1965 年的 5 倍，机械化水平达到 45.8%；机播面积 91.87 万公顷，相当于 1965 年的 77 倍，机械化水平

表 4-16　沙布合大队主要农机具使用情况（1957—1961 年）

项目 年份	总耕地面积（亩）	车辆（辆）				犁杖（个）				耘锄		耥耥机（个）	均耕地（亩/耥机）	水车（个）	均耕地（亩/水车）
		车辆合计	车辆均耕地	胶轮车	勒勒车	合计	骡马犁	牛犁	均有耕地（亩/犁杖）	数量（个）	均耕地（亩）				
1957	884	87	10.1	22	65	70	20	50	12.6	78	32	8	110.5	9	98.2
1958	884	70	12.6	20	50	68	18	50	13.0	32	27	8	110.5	9	98.2
1959	847	64	13.2	24	40	68	18	50	12.4	48	17	8	105.8	9	94.1
1960	816	64	12.7	24	40	68	18	50	12.0	42	19	10	81.6	9	90.7
1961	794	57	13.9	22	30	68	18	50	11.7	44	18	8	99.3	9	88.2

资料来源：中共阿力得尔公社委员会：《阿力得尔公社 1957—1961 年人口、耕地面积、粮食产量、牲畜数量调查统计表》，1962 年 6 月 30 日。

注：耘锄指的是除草和松土用的锄头；耥(li)耥机是指垦荒农具。

表 4-17　　　　　　　　　　沙布台大队车辆载量情况　　　　　　　　　单位：辆

数字＼年份	1957	1958	1959	1960	1961
500—1000 斤	65	50	40	40	30
1500—2000 斤	22	20	24	24	22
2000—2500 斤					5

资料来源：中共阿力得尔公社委员会：《阿力得尔公社 1957—1961 年人口、耕地面积、粮食产量、牲畜数量调查统计表》，1962 年 6 月 30 日。

表 4-18　　　　　　　　　翁胡拉大队主要农机具使用情况

年份	总耕地面积（亩）	车辆（辆）合计	胶轮车	勒勒车	犁杖（个）合计	骡马犁	牛犁	均有耕地（亩/犁杖）	耘锄（个）数量（个）	均耕地（亩/耘锄）
1957	537.7	158.0	8	150	85	15	70	6.3	13	41.4
1958	558.7	128.0	8	120	75	15	60	7.4	16	34.9
1959	600.0	106.0	6	100	70	10	60	8.6	12	50.0
1960	642.0	86.0	6	80	55	10	45	11.7	18	35.7
1961	546.9	66.0	6	60	55	10	45	9.9	15	36.5

资料来源：中共阿力得尔公社委员会：《阿力得尔公社 1957—1961 年人口、耕地面积、粮食产量、牲畜数量调查统计表》，1962 年 6 月 30 日。

注：耘锄指的是除草和松土用的锄头。

表 4-19　　　　　　　　　翁胡拉大队车辆载量情况　　　　　　　　　单位：辆

数字＼年份	1957	1958	1959	1960	1961
500—1000 斤	150	120	100	80	60
2000—2500 斤	8	8	6	6	6

资料来源：中共阿力得尔公社委员会：《阿力得尔公社 1957—1961 年人口、耕地面积、粮食产量、牲畜数量调查统计表》，1962 年 6 月 30 日。

表 4-20　西合理木大队主要生产工具使用情况（1957—1961 年）

项目 年份	总耕地面积（亩）	车辆（辆）					均有耕地	犁杖（个）					耘锄			锄䦆		水车（个）	均耕地（亩/水车）
^	^	合计	胶皮车	胶轮车	勒勒车	^	^	合计	骡马犁	牛犁	均有耕地（亩/犁杖）	数量（个）	均耕地（亩/耘锄）	䦆䦆机（个）	均耕地（亩/䦆䦆机）	^	^
1957	366.8	108	1	19	88	33.9		40	12	28	9.17	10	36.7	12	30.4	4	91.7
1958	386.8	90	2	19	69	42.9		37	10	27	10.40	10	38.7	12	32.2	4	96.7
1959	456.7	73	2	16	55	62.5		45	9	36	10.10	12	38.0	4	76.1	4	114.1
1960	395.0	47	2	10	35	84.0		40	8	32	9.87	11	35.9	4	98.7	2	197.5
1961	381.4	45	4	6	35	84.7		40	8	32	9.53	13	29.3	4	95.3	2	190.7

资料来源：中共阿力得尔公社委员会：《阿力得尔公社 1957—1961 年人口、耕地面积、粮食产量、牲畜数量调查统计表》，1962 年 6 月 30 日。

注：耘锄指的是除草和松土用的锄头；䦆（li）䦆机是指垦荒农具。

表 4-21　　　　　西合理木大队车辆载量情况（1957—1961 年）　　　　　单位：辆

数字＼年份	1957	1958	1959	1960	1961
500—1000 斤	88	49	55	35	35
1500—2000 斤	9		10	3	3
2000—2500 斤	10	12	6	7	
3000—3500 斤		1	1	1	2
3500—4000 斤	1	1	1	1	2

资料来源：中共阿力得尔公社委员会：《阿力得尔公社 1957—1961 年人口、耕地面积、粮食产量、牲畜数量调查统计表》，1962 年 6 月 30 日。

达 20.4%。[1]

1971 年 11 月 18 日至 12 月 6 日，全区农业学大寨经验交流会在呼和浩特召开。自治区党委书记尤太忠作了《深入开展农业学大寨群众运动，为尽快改变内蒙古自治区农牧业面貌而奋斗》的报告。1971 年 12 月 22 日至 1972 年 1 月 14 日，全区农牧业机械化会议在呼和浩特召开，会议讨论和拟定了《全区农牧业机械化发展规划（草案）》，提出了《关于加速实现我区农牧业机械化问题的报告》。

阿力得尔苏木人民政府认真贯彻落实国家和自治区召开的农业机械化会议和农业大寨会议精神，加快了农牧业机械化进程。根据收集到的史料，1973 年在农业生产领域使用了相关机械，到 1978 年农用机械数量和品种有所增加。例如，农副产品加工生产领域陆续使用了碾米机、磨粉机和榨油机及马铃薯磨碎分离机等新机械。

表 4-24 显示，1973 年的农业生产工具有耕作机械、排灌机械、收获机械、农产品加工机、牧业机械、半机械化农具六大品种，当年机耕面积达到 5295 亩，占农作物总播种面积 67143 亩的 7.9%，农村用电量达到 1000 度，农用化肥使用量为 50 吨，有效灌溉面积 4970 亩，其中机灌面积 800 亩；旱涝保收高产稳产面积 3875 亩，促进了粮食丰收，粮食单产量达到 268 斤/亩，总产量为 1657.78 万斤，较 1965 年增产 1289.58 万斤。

---

[1]《内蒙古自治区志·农业志》编委会编辑：《内蒙古自治区志·农业志》，内蒙古人民出版社 2000 年版，第 496 页。

表 4-22　太平大队主要农机具使用情况（1957—1961 年）

项目 年份	总耕地面积（亩）	车辆（辆） 合计	胶皮车	花轮车	勒勒车	均有耕地（亩/车）	犁杖（个） 合计	骡马犁	牛犁	均有耕地（亩/犁杖）	耘锄 数量（个）	均耕地（亩/耘锄）	劐蹚机（个）	均耕地（亩/劐蹚机）	水车（个）	均耕地（亩/水车）
1957	376.8	37	1	16	20	10.1	45	17	28	8.0	19	20	24	15	2	188
1958	376.8	60	2	15	43	5.5	40	9	31	9.3	11	34	12	30	2	188
1959	443.0	82	2	15	65	5.4	37	8	29	12.0	15	40	13	34	2	221
1960	447.0	49	2	12	35	9/0	35	5	30	13.0	13	34	29	15	2	223
1961	422.1	30	2	12	16	14.0	35	5	30	12.0	25	16	25	15	2	211

资料来源：中共阿力得尔公社委员会：《阿力得尔公社 1957—1961 年人口、耕地面积、粮食产量、牲畜数量调查统计表》，1962 年 6 月 30 日。注：耘锄指的是除草和松土用的锄头；劐（li）蹚机是指垦荒农具。

表 4-23　　　　　　太平大队车辆载量情况（1957—1961 年）　　　　　单位：辆

数字＼年份	1957	1958	1959	1960	1961
500—1000 斤	20	43	65	35	16
1500—2000 斤	16	15			
2000—2500 斤			15	12	12
2500—3000 斤	1	2	2	2	2

资料来源：中共阿力得尔公社委员会：《阿力得尔公社 1957—1961 年人口、耕地面积、粮食产量、牲畜数量调查统计表》，1962 年 6 月 30 日。

图 4-5　这个工具叫"纳日嘎"（调查地区的地方语言）

这个工具是竖的两根木头上固定着两根短木头做的，上面再放沉重的石头之类的东西，然后春耕之前用牛马骡驴拉上，去除秋收时残留的农作物秸秆，便于春天的翻耕种植。

图 4-6　这个工具的方言叫"宝路"，也叫"木头磙"

这个工具的作用是农民种完地后用耕畜拉着从播种好的种子上面整平土壤，稍微压紧土壤防止春风吹透土壤，保持土壤的湿度，便于种子的发芽，也就是说保护种子的生根发芽成长。到目前为止在东部农区仍普遍使用。

到 1978 年，上述农用生产工具品种数量大幅增加，又新增加了推土

图 4-7　这个工具叫"石碌"

石碌一般都是大青石做成的，呈圆柱体，一头大，一头小，两头有碌眼。石碌是我们劳动人民祖先发明的一种脱粒农具，在农区打谷场上经常见到的一种石器农具，圆柱形，两端有洞，使用时用特制的木架子套上。可以用耕畜拉，也可以用机械拉，一般用于小麦、谷子、大豆等农作物的初加工，使粮食颗粒脱离穗子。

图 4-8　这个工具叫"铡刀"

每年 8 月中旬农牧民用这个叫作"铡刀"或"闪刀"的工具人工割草，储备冬季春季牲畜需要的牧草。在牧区割草机未出现之前，"闪刀"是主要的打草工具。到目前为止，在半农半牧区也普遍使用"闪刀"打草，估计它是从小镰刀发展而来。

机铲 2 台，开沟犁 1 个等新机器，农用机械化水平显著提升，当年实际机耕面积 5575 亩，较 1973 年增加 280 亩，农村用电量达到 1.0 万度，较 1973 年增加 9000 度，有效灌溉面积达到 19585 亩，占农作物总播种面积 66621 亩的 29.4%，较 1973 年增长 21.5%，其中机灌面积和旱涝保收面

图 4-9 这个工具叫"挖锄"

挖锄相当于锄头。用途：除草、翻土。锄头是农人最常用的工具。锄头可以除草、翻土，不管要种哪一种农作物，都一定要先用锄头来松土、翻土，才能种植农作物，所以锄头对农人来讲是很重要的。锄头能翻土，锄头也可以除草。小草每个季节都会生长，每过一个季节就要除草整理一次，尤其是春季，小草会长得特别旺，所以清理次数也比较多。总之，锄头是农民最重要的工具。

图 4-10 这个工具叫"垫葫芦"

"垫葫芦"的用途是，把谷子、糜子的种子放在布袋里头，农民斜挎挂在肩膀上，然后在耕畜拉的犁翻开的地后边跟着，把"垫葫芦"有草的部分朝下，农民敲打有草的那边就把谷子、糜子种子种在耕地里了，然后农民再埋上土，最后用"木头磙"再在上面磙一次，就算种植完成，等待谷子、糜子生根发芽成长。

积也分别比 1973 年增加 8330 亩和 9390 亩。可见，虽然 1978 年农业机械化和电气化及水利明显高于 1973 年水平，可是粮食单产量较 1973 年每亩减少 95 斤，加之粮豆播种面积较 1973 年减少 443 亩，所以粮食总产量较 1973 年减少 593.88 万斤。由此，1978 年阿力得尔人民公社总收入远低于 1973 年水平。1978 年阿力得尔人民公社总收入为 170.7 万元，较 1973 年

图 4-11 这个工具叫"根锄"

根锄,用途:松土、除草。在除草农药和除草机械未被广泛使用之前,这个根锄是主要的除草工具,用耕畜拉着在两根垄之间除草。

图 4-12 这个工具叫"木锹"

用木头制作的、晒粮食用的工具。

减少 40.31 万元;可是总支出高出 1973 年的水平,1978 年为 84.6 万元,较 1973 年增加 44.91 万元;净利润为 86.1 万元,较 1973 年净利润 171.32 万元减少 85.22 万元。①

---

① 科尔沁右翼前旗统计局编:《科尔沁右翼前旗国民经济统计年鉴》,1973 年、1978 年各版。

表 4-24　　　　　　　阿力得尔苏木农业机械化发展情况

年份	农业生产工具发展情况
1973	一、耕作机械：农用拖拉机混合，3 台/178 马力；机引农具 4 部，其中，机引犁 2 部，机引耙 2 部。 二、排灌机械：农用水泵 6 台。 三、收获机械：机动脱粒机 5 台。 四、农产品加工机：碾米机 8 部、磨面机 5 部。 五、牧业机械：机动铡草机 9 台。 六、半机械化农具：胶轮大车 188 辆，铁木轮大车 92 辆，胶轮手推车 7 辆。 七、农用机械化情况：当年实际机耕面积达到 5295 亩。 八、农用电气化情况：农村用电 1000 度。 九、农用化肥使用量，50 吨。 十、农田水利情况：有效灌溉面积 4970 亩，其中机灌面积 800 亩；旱涝保收高产稳产面积 3875 亩；配套的机耕 2 眼。 上述农用生产工具承担着农作物总播种面积为 67143 亩，其中粮食豆作物播种面积 61858 亩，单产达到 268 斤/亩，粮食总产量 1657.78 万斤。
1978	一、耕作机械：农用拖拉机混合 12 台/620 马力，其中大队 12 台/620 马力；机引农具 34 部，其中，机引犁 6 部，机引耙 8 部，机引播种机 9 部，机引镇压器 6 部，机引种耕机 4 部。 二、排灌机械：农用排灌动力机 76 台/1120 马力，其中柴油机 73 台/1084 马力、电动机 3 台/36 马力；农用水泵 62 台。 三、收获机械：机动脱粒机 9 台。 四、农产品加工机械：碾米磨面机 52 部，农产品加工动力机械 31 台/476 马力，其中柴油机 31 台/376 马力。 五、运输机械：载重汽车 2 辆/179 马力，挂车 5 辆。 六、牧业机械：饲料粉碎机 11 台，机动铡草机 19 台。 七、半机械化农具：胶轮大车 244 辆，铁木轮大车 26 辆，胶轮手推车 1 辆，人力喷（粉）雾器 8 部。 八、其他机械：推土机铲 2 台，开沟犁 1 个。 九、农业机械化情况：当年实际机耕面积 5575 亩，当年机耕播种面积 679 亩。 十、农村电气化情况：农用电量 1 万度，只有公社通电，其他村子未通电。 十一、农田水利情况：有效灌溉面积 19585 亩，其中，机灌面积 9130 亩；旱涝保收高产稳产田 13265 亩，机井 29 眼，其中配套的 19 眼。 上述农用生产工具承担着农作总播种面积为 66621 亩，其中粮食豆作物播种面积 61415 亩，单产达到 173 斤/亩，粮食总产量 1063.90 万斤。
1978 年较 1973 年增加的机械品种和数量	一、耕作机械：农用拖拉机混合增加了 9 台，机引农具增加 30 部，新增加机引播种机、机引镇压器和种耕机。 二、排灌机械：农用排灌动力机达到 76 台，新增柴油机和电动机，农用水泵增加 56 台。 三、收获机械：机动脱粒机增加 4 台。 四、农产品加工机械：碾米磨面机增加 39 部。 五、牧业机械：机动铡草机增加 10 台，新增饲料粉碎机 11 台。 六、半机械化农具：胶轮大车增加 56 辆，铁木轮大车和胶轮手推车退出，新增加人力喷（粉）雾器 8 部。 七、其他新增的机械：运输机械增加载重汽车 2 辆，推土机铲 2 台，开沟犁 1 个。 八、农业机械化情况：当年实际机耕面积增加 280 亩，新增机耕播种面积 679 亩。 九、农村电气化情况：农用电量新增 9000 度。 十、农田水利情况：有效灌溉面积、机灌面积和旱涝保收面积分别新增 14615 亩、8370 亩、9390 亩；配套机井增加 17 眼。

资料来源：1973 年数据来自科尔沁右翼前旗统计局编《科尔沁右翼前旗国民经济统计年鉴》（1973），第 116—125 页；1978 年数据来自科尔沁右翼前旗统计局编《科尔沁右翼前旗国民经济统计年鉴》（1978），第 142—151 页。

三 1982年与1985年农业生产工具的比较

表4-25显示，1982年农业生产工具有农牧业机械总动力（耕作机械）、机引机械、人畜力农具、排灌机、农产品加工机、牧业机械六大品种，当年实际机耕面积为75亩；农田水利的机耕数19眼、电井数1眼、塘坝1处；家肥使用量为98.0吨、使用面积为43955亩、占农作物播种面积的66.3%，使用家肥的好处是耕地土壤松软有机质含量高，并且保持湿度和耐旱增产，农作物长势明显好于未施家肥的农田，根据调查反映农民施一次农家肥后3年以内不用再施农家肥，也就是说一次农家肥的使用年限为3年；1982年阿力得尔苏木农作物总播种面积为66305亩，其中粮豆面积为59932亩，单产达到281斤/亩，粮食产量达到1682.0万斤，人均粮食占有量为1044斤/人，可见粮食产量很高。

表4-25　　　　　　阿力得尔苏木农业机械化发展情况

年份	农业生产工具发展情况
1982	一、农牧业机械总动力（台/马力）：合计3251马力；大中型农用拖拉机21/845，小型拖拉机（手包括手扶）4/48；载重汽车3/270；电动机29/468；柴油机115/1620。 二、机引机械：大中型拖拉机引农具42台，小型手扶拖拉机机引农具4台，推土机1台；机动脱粒机10台，树机3台；挂车11台。 三、人畜力农具：胶轮大车（不包括二胶车）698辆，单双轮小胶车500辆。 四、排灌机：水泵86台。 五、农产品加工机：碾米机45部、磨面机20部、榨油机1台。 六、牧业机械：饲料粉碎机2台；打草机19台，搂草机3台。 七、农用电气化情况：农村用电228千度。 八、家肥使用量：家肥9.8万吨，使用面积43955亩。 九、农牧业机械化情况：当年实际机耕面积75亩。 十、农田水利情况：机耕数19眼，其中已配套9眼，电井数1眼，塘坝1处。 十一、上述农用生产工具承担着，农作总播种面积为66305亩，其中粮食豆作物播种面积59932亩，单产达到281斤/亩，粮食总产量1682.0万斤。 十二、效益：1. 总收入为414.4万元；2. 总费用支出为33.3万元；3. 纯收入为381.1万元（其中，国家税金10.8万元的农业税），提留16.1万元（集体11.2万元，包干用于明年扩大再生产的资金4.9万元）；社员所得总额为354.2万元，16099人口，人均获得220.0元。

续表

年份	农业生产工具发展情况
1985	一、农牧业机械总动力（台/马力）：合计 4000 马力，大中型农用拖拉机 18/595；小型拖拉机（包括手扶）74/917；载重汽车 11/1062；推土机 1/60；电动机 61/802.4；柴油机 49/588（其中排灌用 17/204）。 二、机引机械：大中型拖拉机机引农具 7 台（机引犁 2 部、机引耙 2 部、机引耙 3 部）；推土铲 1 台；挂车 67 台。 三、人畜力机具：胶轮大车（不包括二胶车）698 辆；二胶车 2044 辆。 四、排灌机械：农用水泵 17 台。 五、农产品加工机：碾米机 71 部、磨面机 26 部、榨油机 4 台。 六、牧业机械：饲料粉碎机 3 台。 七、农用电气化情况：农村用电 910 千度。 八、农用化肥和家肥使用量：化肥 86 吨，使用面积 2800 亩；家肥 5.4 万吨，使用面积 64000 亩。 九、上述农用生产工具承担者，农作物总播种面积为 66305 亩，其中粮食豆作物播种面积 58257 亩，单产达到 154 斤/亩，粮食总产量 1023.50 万斤。 十、效益：1. 总收入为 541.0 万元；2. 总支出为 45.0 万元；3. 纯收入为 496.0 万元（其中，国家税金 11.0 万元，集体提留 5.0 万元），社员所得总额为 480.0 万元，16000 人口，人均获得 300.0 元。
1985 年较 1982 年的机械品种和数量变化情况	农牧业机械总动力增加 749 马力，机引机械增加 5 台，人畜力机具里二胶车增加 1544 辆，排灌机水泵减少 69 台，牧业机械品种减少打草机和搂草机，农村用电量增加 682 千度，化肥使用量大幅增长，所以家肥使用量减少 44 吨，农田水利远不如 1982 年水平；可是 1985 年的总收入、纯收益、人均收入均高于 1982 年水平，主因在于估计 1985 年物价远高于 1982 年水平。

资料来源：1985 年数据来自科尔沁右翼前旗统计局编《科尔沁右翼前旗国民经济统计年鉴》（1973），第 114—123 页；1982 年数据来自科尔沁右翼前旗统计局编《科尔沁右翼前旗国民经济统计年鉴》（1982），第 150—165 页。

到 1985 年，阿力得尔苏木农牧业机械总动力增加 749 马力，机引机械增加 5 台，人畜力机具里二胶车增加 1544 辆，排灌机水泵减少 69 台，牧业机械品种减少打草机和搂草机，农村用电量增加 682 千度，化肥使用量大幅增长，所以家肥使用量减少 44 吨，农田水利远不如 1982 年水平。可见，1985 年较 1982 年农牧业生产力水平有所提升，尤其化肥使用量达到 86 万吨、使用面积为 2800 亩，占农作物总播种面积的 4.2%，家肥使用量仅为 5.4 万吨，较 1982 年大幅减少，可是家肥使用面积远大于 1982 年水平。只是由于 1985 年耕种面积少于 1982 年面积，并且单产量也低于 1982 年的单产量，所以 1985 年的粮食总产量低于 1982 年 658.5 万斤。但是表 4-25 显示，1985 年阿力得尔苏木总收入和纯收入及人均收入均高于 1982 年的业绩，估计原因在于 1985 年物价远高于 1982 年的物价。

四 1995年与2010年农业生产工具的比较

随着国家的加快发展，粮食统筹收购销售的逐步放开，农民收入逐渐提高，从而对农机具的需求量较快增长，农户购买的农机具种类也逐渐增多，1995—2010年的农机具种类大同小异。比如，耕作机械：大中型拖拉机，小型拖拉机；农用排灌机械：柴油机，电动机，农用水泵，喷灌机械；收获机械：联合收割机，机动收割机，机动脱粒机；植保机械：喷雾机；林业机械：植树机；畜牧机械：牧草收割机，剪毛机；农产品加工机械：碾米机，磨面机，榨油机；运输机械：农用载重汽车，农用运输车，四轮运输车；推土机，等等。随着生产工具的加快革新，加快提高了劳动生产率和土地产出率，同时众多农牧业劳动力从繁重的农牧业生产领域解放出来到进城务工，进一步提高了收入。

2005年，阿力得尔苏木农作物总播种面积为11.84万亩，其中粮食作物播种面积为10.89万亩，占农作物总播种面积的91.9%，每亩产量为196千克，粮食总产量为2139.3万斤。阿力得尔苏木农村牧区经济收益分配情况：总收入2866.2万元，总支出852.8万元，净收入2013.4万元，本次调查人数16768人，每人平均纯收入1200元。[1] 与1995年相比，2005年农作物总播种面积增加0.95万亩，粮食作物播种面积增加4.89万亩，增长81.5%，每亩粮食产量增产71千克、增长56.8%，粮食总产量增产1389.5万斤、增长185.3%，可是总收入、总支出分别减少687.8万元、906.5万元，而净收益增加218.7万元，每人平均收入增加376元，本次参与收益分配人数增加2232人；与2001年相比，2005年农作总播种面积和粮食作物播种面积呈现下降趋势，而粮食产出量和粮食总产量呈现增长趋势，农作物播种面积减少1.7万亩，粮食作物播种面积减少1.18万亩，可是粮食单产量比2001年增产128千克，粮食总产量增产1315.7万斤，总收入增加1106.5万元、增长62.8%，总支出增加95.7万元、增长10.1%，净收益增加1202.2万元，每人平均收入增加815元，

---

[1] 科尔沁右翼前旗统计局编辑：《科尔沁右翼前旗统计年鉴》，2005年，第94页；每人平均纯收入数据=全苏木净收入/本次调查得出的总人数。

本次参与收益分配的人数增加100人。

2010年,阿力得尔苏木农作物总播种面积为13.02万亩,其中粮食作物总播种面积为11.74万亩,占农作物总播面积的90.2%,粮食单产量为每亩199千克,粮食总产量为2335.2万斤,总收入为3602.0万元,总支出为1659.0万元,净收益为3094.0万元,参与本次分配人数为16539人,每人平均收益为2021元。[①]

图4-13 收割玉米的现代工具

图4-14 挂在四轮后面的现代开垦农具

与2005年相比,农作物总播种面积增加28.06万亩、增长2.36倍,其中粮食作物播种面积增加27.41万亩、增长2.51倍,每亩单产量增加

---

① 科尔沁右翼前旗统计局编辑:《科尔沁右翼前旗统计年鉴》,2010年版,第93页。

28 千克、增长 14.3%，粮食总产量增加 6527.4 万斤、增长 3.05 倍，总收入增加 745.8 万元、增长 26.0%，总支出增加 806.2 万元、增长 94.5%，净收益增加 1080.6 万元、增长 51.4%，参加分配收益的人数减少 229 人，每人平均收益增加 755 元、增长 59.6%。

小结

随着国家的加快发展，粮食统筹收购销售的逐步放开，农民收入逐渐提高，农民对农机具的购买能力也在增强，农户购买的农机具种类也逐渐增多。由于 1995—2010 年的阿力得尔苏木农机具缺乏资料，所以只能用调查了解的资料和科尔沁右翼前旗农业生产工具品种来推测阿力得尔苏木农机具的发展情况。根据 2010 年的《科尔沁右翼前旗统计资料》和对农户的调查资料，农机具种类与 1973 年、1978 年、1982 年、1985 年农业生产工具大同小异，变化并不大，只是数量上的减少，有的农具使用逐渐降低、被闲置，有的农具使用量依然很高，又增添了新的几种农具。比如，耕作机械：大中型拖拉机，小型拖拉机；农用排灌机械：柴油机，电动机，农用水泵，喷灌机械；收获机械：联合收割机，机动收割机，机动脱粒机；植保机械：喷雾机；林业机械：植树机；畜牧机械：牧草收割机，剪毛机；农产品加工机械：碾米机，磨面机，榨油机；运输机械：农用载重汽车，农用运输车，四轮运输车；推土机，等等。上述机械当中，新出来的有喷灌机械、喷雾机、剪毛机等机械，从而较大提高了劳动生产率，较多农牧业劳动力从繁重的农牧业生产领域解放出来、进城务工，进一步提高了收入。这里也有取消农业税后不但降低农民生产成本还极大调动农民生产积极性的因素，所以 2010 年的农作物播种面积和粮食播种面积及单产量等指标较高。这得益于生产工具的发展较大提高了劳动生产率和土地产出率，促进了生产力的发展。

第五章　阿力得尔苏木发展滞后的原因分析

本次调查范围是阿力得尔苏木原11个嘎查,即光明嘎查、拉斯嘎嘎查、混度冷嘎查、沙布台嘎查、西合理木嘎查、好田嘎查、太平嘎查、翁胡拉嘎查、杨家屯嘎查、海力森嘎查、敖宝屯嘎查等。首先在阿力得尔苏木广大干部职工的座谈交流中获得从苏木角度说明的发展滞后原因,其次在嘎查领导班子的访谈和入户访谈的基础上形成了以他们角度分析的发展滞后原因,在此基础上形成了阿力得尔苏木成为发展滞后的原因。上述内容为第六章提出针对性的对策措施提供了依据。

一　阿力得尔苏木部分农牧户成为比较困难的原因

依据科尔沁右翼前旗2016年建档立卡贫困户资料,在11个嘎查当中选择了799个贫困户,799户成为生活较困难户的原因分为9种。一是由于缺乏劳动力的户有104户,占799户的13.0%;二是缺乏技术的农户有60户,占7.5%;三是缺乏土地的农户有60户,占7.5%;四是自我发展动力不足的农户有31户,占3.8%;五是因病致贫的农户有387户,占48.4%;六是因残疾的农户有54户,占6.7%;七是因灾害的农户有76户,占2.9%;八是因学的农户有23户,占2.8%;九是因交通条件落后的农户有4户,占799户的0.5%。

由此,上述是799农户成为生活较困难户的原因,为采取针对性的措施提供了依据。

二　人口迅速增长,人均资源占有量减少

从总人口增长趋势看,由1948年的6536人逐渐增长到2001年的最

单位：户

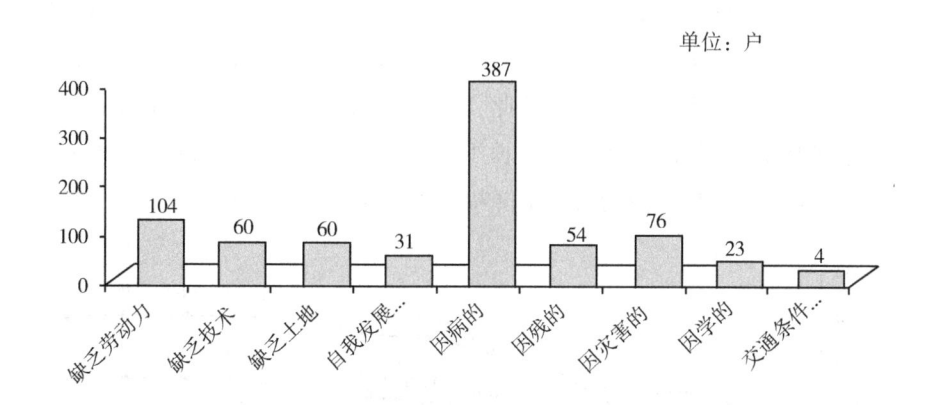

[图表：缺乏劳动力 104、缺乏技术 60、缺乏土地 60、自我发展… 31、因病的 387、因残的 54、因灾害的 76、因学的 23、交通条件… 4]

图 5-1 阿力得尔苏木部分农牧户成为生活较困难户的原因

高 20145 人，增加 13609 人，增长 2.08 倍，到 2005 年虽然人口数量与 2001 年相比减少 148 人，到 2010 年人口数与 2001 年相比减少 341 人，可是与 1948 年相比，2001 年、2010 年人口数量分别增加 13609 人、13268 人。由此，到 2010 年时人均资源占有相比 1948 年大幅度减少。其中，2005 年后阿力得尔苏木总人口呈现下降趋势的缘由，估计一是姑娘嫁到别处迁出户口，二是考学毕业后在外地工作迁出户口，三是由于阿力得尔苏木经济发展较差，所以有能力的人士到外地工作安家把户口迁出。因此，在耕地和草牧场资源固定的前提下，总人口较快增长后人均分担的生产资源迅速减少，所以出现生产力发展滞后、生态环境呈现恶化趋势，农民从事种植业和养殖业的收益逐年下滑，目前成为贫困地区。

阿力得尔苏木人口结构中蒙古族和汉族人口占较大比重。从蒙古族人口数量变动趋势看，由 1948 年的 2108 人上升为 1957 年的 2170 人，增加 62 人，增长缓慢；可是到 1961 年时蒙古族人口直线上升到 5625 人，较 1957 年增加 3455 人，增长 159.2%，其中缘由估计与 1957—1961 年的政治状况有关。根据调研由于有的汉族为了躲避被斗把汉族改成蒙古族，所以这个时间段出现了蒙古族人口突然迅速增长，而汉族人口迅速下降。之后，蒙古族人口逐渐增长 2001 年时达到 13278 人，到 2005 年下降为 13204 人，与 2001 年相比减少 74 人，到 2010 年人口 13202 人，与 2005 年比仅减少 2 人。1961 年后蒙古族人口占总人口的比重一直保持 60.9%—66.7% 之间，人口波动并不大。

从汉族人口数量变动趋势看，由 1948 年的 4428 人上升为 1957 年的

5615人，增加1187人，增长26.81%，可是由1957年的5615人直线下降为1961年的2937人，减少高达2678人，其中缘由在蒙古族人口变动里讲述过，在这里不重复论述。从此，由1961年的2937人逐渐上升到1995年的6625人，增加3688人，增长125.57%。2001年、2005年、2010年人口数量一直呈现下降趋势，下降幅度大于蒙古族人口减少幅度。

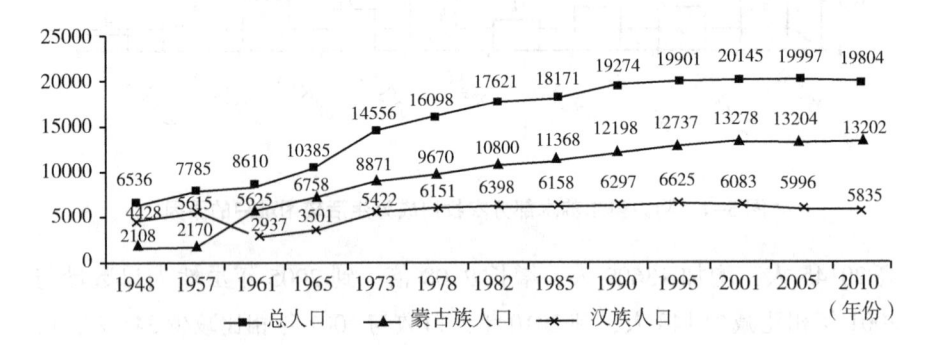

图 5-2　阿力得尔苏木总人口、蒙古族人口、汉族人口变动趋势

资料来源：各年《科尔沁右翼前旗统计资料》和课题当中运用的历史资料。

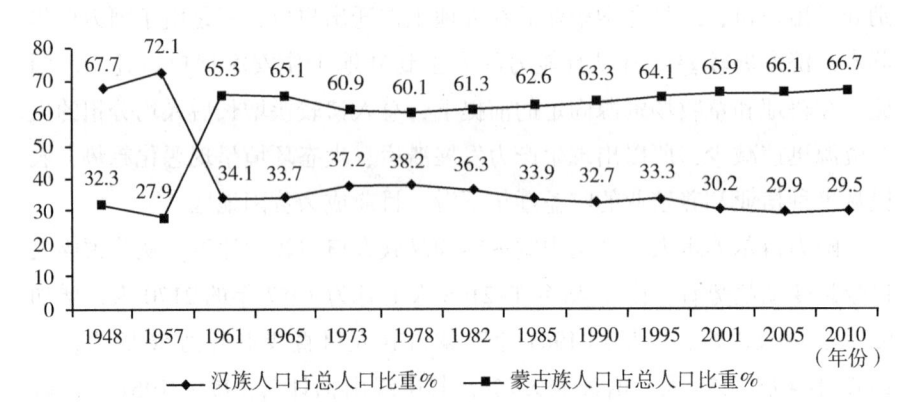

图 5-3　阿力得尔苏木汉族人口和蒙古族人口占总人口比重%

资料来源：各年《科尔沁右翼前旗统计资料》和课题当中运用的历史资料。

三　农田生态环境逐步恶化

随着粮食作物播种面积的增长粮食产量也在增长，这说明，阿力得尔苏木粮食产量是主要依赖扩大种植面积来实现的，是属于外延式增长方式。

从种植业结构变迁看，20世纪80年代以前种植结构是玉米占60%左右、谷子占10%左右、大豆和小豆（红小豆、绿豆）占20%左右、经济作物占10%的比例，20世纪80年代以后种植结构是玉米占70%左右、豆类（大豆、小豆）占20%左右、经济作物及饲草料占10%左右的比例。

截至目前，种植业结构是玉米"独老大"的结构，玉米种植占总播种面积的约占90%。这种种植结构也说明，虽然农机械和化肥、农药的广泛使用大幅提高了劳动生产率和耕地生产力，可是也带来了土地板结、水土流失、农业生态环境遭受较大污染等负面的外部效应。

根据调查得知，如果每年种植玉米就不增加化肥使用量的话玉米就不增产，粮食生产和化肥农药已经进入恶性循环状态，农民生产粮食已进入高成本时代，再加上2014年以来玉米收购价格显著下降，导致农民收入大幅减少甚至亏损运行。由此，近年来种植玉米成本累进式增长，与成本增长相反，收购价格渐进式下降。这是阿力得尔苏木多数农民成为贫困户的原因之一。

四 草牧场产生"公地悲剧"，导致严重退化

阿力得尔苏木农牧民养殖的所谓的大牲畜牛、马、驴、骡头数，随着时代的发展尤其农业机械的普及，大牲畜的应用价值大幅降低从而数量呈现出锐减，可是小牲畜绵羊、山羊只数的经济价值远高于大牲畜，所以小牲畜的头数大幅增长，成为牲畜总头数的主力。换言之，目前阿力得尔苏木牲畜结构是小牲畜为主。

从大牲畜头数占牲畜总头数比例看，大牲畜头数占总头数的比重由1948年82.3%逐渐下降为1995年的33.9%，下降48.4个百分点，尤其到2001年时大牲畜头数占总头数的比例下降为7.7%，与1995年相比下降26.2%，一直减少到2014年的2.6%，与2001年相比下降5.1%。与大牲畜头数相反的是小牲畜头数逐渐增长，小牲畜头数占总头数的比重由1948年17.7%增长为1995年的63.1%，增长了45.4%，到2001年增长为92.2%，比1995年增长29.1%，到2014年小牲畜头

数占总头数的比重达到97.4%，比2001年增长5.2%。这说明，农业机械普及之前牛、马、驴、骡是主要的耕畜，尤其牛是农民的主要耕畜，可是农业机械加快发展后代替了耕畜牛、马、驴、骡，再加上草牧场的大幅度减少，从而使大牲畜养殖数量锐减，而小牲畜大幅增长的主因在于养殖成本远低于大牲畜也低于纯牧区的养殖成本，更成为农民收入的主要来源之一。所以，农民大规模养殖绵羊为主的小牲畜，同时从事种植业生产，属于农牧结合的生产方式。阿力得尔苏木农民农牧结合的生产方式虽然获得了较高的经济效益，可是随着小牲畜头数的加快增长，大家使用的公共草场出现严重超载放牧，呈现严重退化现象，产生了"公地悲剧"，迫使农民不得不减少绵羊头数，同时也影响了收入的增长，再加上人口总量的扩大，人均的资源占有量也在持续减少。截至目前，阿力得尔苏木草牧场未明显好转，生态恶化趋势未得到根本治理和修复，这也是当地农民成为贫困的原因之一。

表5-1　阿力得尔苏木林地面积、草场面积、牲畜头数情况

各嘎查	耕地面积（亩）	林地面积（亩）	草场面积（亩）	牲畜头数（头）	每畜占有林地和草场（亩/畜）
全苏木	215512	322360	421599	209958	3.6
光明	36680	37063	47772	25644	3.3
拉斯嘎	20835	65163	69480	27547	4.9
混度冷	15144	33188	21023	13212	4.1
西合理木	22879	112873	73123	43422	4.3
沙布台	24158	11830	58925	17361	4.1
好田	14918	11324	19408	13441	2.3
太平	10932	3531	17175	7484	2.8
杨家	13948	1378	15535	5236	3.2
翁胡拉	17706	31035	56784	24002	3.7
海力森	21135	7838	24465	21564	1.5
敖宝屯	17177	7137	17909	11045	2.3

资料来源：阿力得尔苏木人民政府提供，2014年8月13日。

五 行政区域管辖的频繁更换

从阿力得尔苏木行政区域管辖变更看，1948年建立阿力得尔努图克，行政辖区包括树木沟乡。1958年阿力得尔努图克与乌兰毛都、海力森三乡合一，成立乌兰毛都人民公社。1961年8月，从乌兰毛都人民公社划出，单独建立阿力得尔人民公社。1962年，树木沟乡从阿力得尔人民公社划出，建立树木沟乡。1984年阿力得尔人民公社改称阿力得尔苏木。2006年5月阿力得尔苏木与树木沟乡合并成为阿力得尔苏木。尤其自2006年以来，阿力得尔苏木管辖的嘎查村增长到19个、人口达3.3万多人，苏木领导干部在树木沟和阿力得尔之间两头奔波、分散精力，有的领导干部和其他干部的松散不作为现象影响了工作进度。根据调查，农民普遍反映现在乡镇干部不下乡，乡亲们基本见不上苏木领导干部，这说明领导干部缺乏了解民情、不调查农民生产生活中存在的实际困难和问题，所以领导班子难以提出具有针对性的政策措施，促进当地经济社会的发展。

六 未能发挥优势的地理位置

由于阿力得尔苏木未发挥优越的地理位置和资源优势及交通优势，所以阿力得尔苏木始终发展缓慢甚至出现倒退现象。阿力得尔苏木的地理位置比较优越，上游乌兰毛都苏木、桃合木苏木、树木沟乡农牧民经常赴阿力得尔苏木政府所在地海力森商业街消费购置各种生产生活用品，促进着海力森的商业、餐饮的发展。可是，海力森街道管理不善混乱局面一直未得到有效管制，严重影响着消费市场的繁荣和推动当地经济的发展。

七 农民的组织化程度较低

根据在阿力得尔苏木调查发现，农户生产经营销售各环节都是单打独斗进入市场竞争的，无论生产还是销售中农户均处于"弱势"地位，不但生产成本高且销售收入低，农民单打独斗的生产销售方式已不再适合市场经济的要求，农户的组织化程度十分低下。为了提高农户市场竞争力维护自身利益必须建立合作社，提高农户的组织化程度，以集体的力量生产销售，增强市场竞争力。当然这个合作社是以所有生产资料和劳动力及收入均归个人所有的基础上建立的合作社，这样才能打消农户的顾虑。

八 产业链不完善

只有比较完善的产业链经济才能给农户带来可持续增长的收入。在阿力得尔苏木调查发现，产业经济并不完善，种植业和养殖业的产前、产中、产后的各项管理技术服务不到位，农户种植农作物当中乱用种子、化肥、农药等现象普遍存在，农田土壤污染程度严重，应高度重视，并且农产品销售完全依赖二道贩子的收购，农户没有定价权，农产品卖出难问题始终未解决；在养殖业领域，农户养殖羊的积极性很高，因为养殖成本较低成为农户的主要收入来源，可是到每年的7月末或者8月销售羔羊时极其困难，因为在当地就一个冷库存放屠宰羊，并且冷库按期开工收购羊时困难重重，因为冷库排放的污染水处理不得当，与周边居民发生激烈矛盾，所以当地居民不太愿意冷库开工屠宰羊，同时这个冷库还收购周边牧区羊，冷库开工收购羊后超负荷运行，对周边农户生产生活带来极大不便。由此，每年7月末或8月份时冷库开工收购屠宰羊时阻碍较多，耽误农户销售羊的最佳时间段。据农户反映，冷库收购羊时苛刻条件诸多，对农户造成不小的损失。为此，阿力得尔苏木农户销售羊时不但受到冷库的压价还受到市场价格的冲击，2014年以来农户养殖绵羊、山羊亏损运行。最终根源在于阿力得尔苏木种植业和养殖业的产业链发展不完善，"重生产，轻加工"的生产模式导致农户收入增长受阻，脱贫致富路任重道远。

九 耕地规模化经营程度较低

在阿力得尔苏木调查发现，每个嘎查的人口较多、人均土地资源较少。例如，翁胡拉嘎查一般家庭平均耕种35亩左右，虽然基本实现四轮等机械工具来种植、镗机、秋收等作业，可是机械作业亩数过少难以发挥较大型机械的作用，甚至有的农户两三个青年劳动力在35亩土地上耕作，极大浪费着劳动力资源。勤劳的农户种植耕地后进城打临工增加收入，较懒散的农户劳动力由于没有技术或文化水平较低或进城被歧视等的顾虑，所以不太愿意出去打工增加收入。实际上，在翁胡拉嘎查每个自然屯的耕地可以由有能力的三户或四户承包耕种作业，其他劳动力可以全年在周边城市或赴牧区劳动，可扩大收入来源，可是，每个农户不愿意把耕地转包给其他人，愿意在少量耕地上边耕种边短期打工，这种生产方式反而降低了耕地规模化经营实现规模效益的可能，又浪费劳动力资源不能全年在外专心打工以获得更多收入。可以说，阿力得尔苏木一家一户小规模经营土地模式难以提高个人收入。上述现象在阿力得尔苏木各嘎查村普遍存在，有关部门应加大重视，采取有效措施，提高耕地规模化程度，提高农户收入。

十 思想观念僵化

曾经的阿力得尔苏木农民是积极向上的、为改善生产生活不断努力劳动的勤劳农民。例如，翁胡拉嘎查农民非常勤劳，为阿力得尔苏木中小学培养了诸多教师，目前阿力得尔苏木中小学教师大部分来自翁胡拉嘎查。目前，虽然家家户户基本实现电气化，生活条件显著改善，生活水平明显高于20世纪80年代和90年代水平，可是与周边乡镇横向比较，阿力得尔苏木农民生活水平和思想观念远远落后，跟不上时代发展的步伐，未利用好信息资源为生产生活服务。在农闲时节打麻将为主要娱乐，相互攀比相互排斥相互伤害的事情经常发生。老百姓的积极向上为改善生产生活条件而努力奋斗的精神大大降低，思想观念极其僵化。而部分生活较困难户的"等靠要"思想更加扎根于心底，形成了好吃懒作生活习惯。这些生活较困难户不抓住发展的重大机遇，不积极奋斗反而更加懒惰，"等靠要"的惯性思维严重影响党的扶贫政策的正面效应，造成党的美好扶贫政策只支持懒惰农户不支持勤奋努力奋斗农户的不良影响。所以，在今后几年的发展当中，阿力得尔苏木亟待重视精神鼓励问题。

十一　人情来往费用诸多，使百姓负担过重

目前，在阿力得尔苏木极其不好的现象是极其泛滥的变味的各种宴请，对百姓造成过重的经济负担，举行宴请人和被宴请的人都过着人情往来费用过多的"煎熬"。例如，25岁至61岁之间的"本领年"宴请、学生考上大中专的宴请、开各种店铺的宴请、搬新家的宴请、盖新房子的宴请等，上述各种宴请是估计2005年以来盛行的农村不良风俗习惯，对当地百姓带来很大的经济负担。这也是当地成为发展滞后地区的重要原因之一，换言之，人为创造了发展滞后的原因，也造成了农民相互攀比不勤奋吃喝玩乐。如果有关部门再不采取强制措施遏制各种不合理的宴请就难以发展，也就是说到全面达到小康水平是难上加难。

十二　缺乏激励政策，部分干部缺乏工作积极性

根据调查，由于缺乏激励政策，有些干部对发展服务的精力投入不足，对农牧民服务意识不强，加之，阿力得尔苏木交通网络未健全，干部职工为农牧民服务往返的交通成本较高，尤其是乡镇级领导干部年龄普遍较高，在部分乡镇级领导干部中存在工作积极性不高问题，影响到阿力得尔苏木的发展问题。由此，阿力得尔苏木的直接上级科尔沁右翼前旗旗委旗政府可借鉴重庆市的做法。重庆市近年来工作效率较高的重要原因之一是，乡镇级领导干部以80后为主，并且提拔干部的必备条件是在乡镇工作成绩显著，所以重庆市乡镇级广大干部的精力充沛工作热情非常高、工作效率高。这是造成科尔沁右翼前旗制度过度死板、不灵活的原因，导致乡镇干部年龄老化、工作积极性不够。

十三　人才短缺问题突出

阿力得尔苏木发展滞后是诸多因素造成的，其中最突出的制约因素是人才一直流失问题未得到重视，尤其严重短缺科技型的管理型的带动农民发展生产的"带头"人才，这已成为发展缓慢的重要制约因素。根据调

查，阿力得尔苏木多数家长对子女的求学投入非常大，号称"砸锅卖铁"也要让子女读书走出科尔沁右翼前旗、走出兴安盟，由此，从阿力得尔苏木走出去的人才比较多。那么，人才大批量流失的主因在于，阿力得尔苏木缺乏吸引人才留住人才的灵活体制机制和人文环境，所以精心培育出的诸多人才基本不回阿力得尔苏木创业、为阿力得尔发展服务。

十四　嘎查村两委领导班子组织能力较差

嘎查村级组织是我国最基层组织，为农村牧区的稳定和发展起着重要作用。

调查发现，如果嘎查村级两委领导班子组织能力强，带领农牧民谋发展，那么本嘎查村不但有集体经济收入、村容村貌得到整治，还有农牧民增收渠道多，致富显著。例如，科尔沁右翼前旗兴安村领导班子组织能力工作能力比较强，所以农户收入普遍增长，并且嘎查经济收入较快增长，村容村貌得到显著改善；反之，嘎查村两委领导班子组织能力差、工作能力不强，嘎查村就整体经济发展面貌十分落后，农牧民埋怨较多，发展难度较大。为此，嘎查村一级领导班子建设是阿力得尔苏木亟待重视的问题。

十五　种植业供给侧结构性调整面临着诸多挑战

国家实施粮食托市政策以来，确实提高了农民收入，也较大提高了粮食产量，尤其玉米产量大幅增长，但是，农民当中形成了以玉米为主导的单一种植业结构和找政府不找市场的惯性障碍。例如，根据近年来种植业结构的调查，阿力得尔苏木玉米种植面积年均占粮食播种面积的80%以上，玉米产量占粮食产量的达90%左右。可是，玉米收购价格从2014年以来大幅度下降后出现了卖粮难问题。同时，在阿力得尔围绕玉米种植收割等形成了成熟机器设备，现在要加快调整玉米单一的种植结构，面临着技术、成本、土地板结等门槛，遇到很大的种植习惯障碍和挑战。尤其多年来农民当中未形成注重质量和品质及针对市场生产的习惯。加之，近年来上级部门只注重生产不重视发展深加工企业。为此，目前在阿力得尔苏木加快种植业供给侧结构性调整面临着诸多难题。

第六章 主要结论与加快发展的措施建议

第一节 主要结论

科尔沁右翼前旗原来是国家级贫困旗县，而阿力得尔苏木是科尔沁右翼前旗具有代表性的半农半牧区贫困苏木，生活较困难人口占全苏木人口的 1/3 左右，蒙古族人口占全苏木人口的 60% 以上（2010 年之前）。由此，调查分析阿力得尔苏木生产方式变迁，实际上调查分析了阿力得尔苏木蒙古族生产方式的变迁历程。这符合本书研究目的，即粮食主产地区蒙古族生产方式变迁调查。

本书依据生产方式理论和课题提出的生产方式内涵，经过一年多的深入调查访谈和收集文献资料，从经济体制变迁、劳动生产率、生产工具发展历程等角度深入分析了阿力得尔苏木蒙古族生产方式变迁过程。

畜牧业结构和种植业结构发生了较大变化。牲畜养殖结构产生了根本性的变化，即从牛、马、绵羊、山羊结构转变为牛、马、驴、骡、绵羊、山羊结构。并且，随着生产力的发展牲畜只数比例发生了较大变化，目前，绵羊和山羊只数占只头数的 97% 左右，草原传统五畜的牛、马头数大幅度减少甚至有的嘎查已经不饲养牛和马，耕畜的驴、骡也已被淘汰；种植业领域种植品种结构变化不大，只是种植品种的面积占总播种面积的比重发生了较大变化，20 世纪 80 年代以前种植结构是玉米占 60% 左右、谷子占 10% 左右、大豆和小豆占 20% 左右、经济作物占 10% 的比例，20 世纪 80 年代以后种植结构是玉米占 70% 左右、豆类占 20% 左右、经济作物和饲料占 10% 的比例。2014 年，种植业仍是玉米"独老大"结构。

阿力得尔苏木农民使用笨拙的生产工具时自愿相互互助的劳动方式合

作生产（这里有临时互助和常年互助），这时的劳动是重体力劳动，劳动强度大，劳动生产率较低。这个过程经历了漫长的历史进程。随着自治区政府大力推进先进生产工具的推广运用，阿力得尔苏木的农业生产工具有所改进，同时土地经营制度的变革，推动了劳动方式的变化。劳动方式的变化主要经历了1960年以前的互助组、初级农业合作社、高级农业合作社到人民公社的升级，又到家庭联产承包责任制（土地和生产工具及耕畜承包到户）等5个阶段，各阶段的劳动方式有所不同，劳动生产率也不同。随着生产力和生产工具的加快发展，从重体力劳动升级到机械化作业后大大缩短了农民在田间地头的劳动时间，当前农民田间地头劳作时间不到6个月，劳动方式出现了季节性特征，农民季节性外出务工提高了收入，种植业成为农民的兼业产业。所以，机械化较大改变了劳动方式和人地关系，较大提高了劳动生产率和土地生产率。

在各个发展阶段的土地利用制度为当时的农村牧区经济社会发展起的作用有所不同。第一阶段的自治区政府成立初期的土地利用制度，是革命获得成功的重要推动力量；第二阶段的农业互助组时期的土地利用制度，是为解决农业生产当中缺少生产工具、劳动力问题和解决集中大家力量建设农业基础设施问题；第三阶段的农业生产合作社时期的土地利用制度，是为解决农业领域社会主义初期改革的重要步骤，农业领域全面实现合作社化生产后加快了农业生产要素的公有制改革进度，促进了社会主义初期改革任务的顺利完成；第四阶段的人民公社时代的土地利用制度，是把生产工具、土地、牲畜、劳动力完全归人民公社和大队所有，统一生产、统一销售、统一分配收益；第五阶段的家庭承包经营责任制的土地利用制度是为了生产关系适应生产力发展的强烈要求下改革了土地利用制度，把生产工具、土地、牲畜分到农户承包经营，交付国家税收粮食后剩余的全部归个人所有，从而极大调动了农民生产积极性，促进了农村经济社会的加快发展；第六阶段的新型合作社阶段的土地利用制度是社会主义市场经济发展到一定阶段后的产物，这是目前农村土地利用制度发展的必然趋势。因为随着社会主义市场经济的加快发展，农民的单打独斗生产经营销售模式不利于农民收益的提高，农民在激烈的市场经济当中成为"弱势群体"，成为被强者任意宰割的"肉"，在这种情况下，农村有知识有组织能力的人士，在生产工具、土地、牲畜、劳动力在个人所有的前提下，组织农民成立了合作经济组织，提高了农民的组织化程度和竞争力。这种生产销售模式适合社会主义市场经济发展的要求。

由此，阿力得尔苏木经过几十年的风风雨雨，由纯游牧地区逐步转变为半农半牧地区（农牧交错经济带地区或者农牧结合的经济类型），在这个变迁过程当中由于种种原因导致阿力得尔苏木成为发展滞后苏木。在这些生活较困难户中主要致困难的原因是，缺乏劳动力的104户，缺乏技术的60户，缺乏土地的60户，自我发展动力不足的31户，因病的387户，因残的54户，因学的23户，因灾害的23户；除此之外，还包括人情来往费用诸多、思想观念僵化，耕地规模化经营程度很低，产业链不完善，农民的组织化程度较低，未能发挥地理位置的优势，行政区域管辖的频繁更换，草牧场产生"公地悲剧"、导致严重退化，农田生态环境逐步恶化，人口迅速增长，人均资源占有减少，等等。最后，针对上述致困难的原因，提出具有针对性、可操作性的政策建议。

第二节　加快发展的政策建议

一　依据较困难户发生原因采取针对性措施

阿力得尔苏木799个较困难户的困难原因分为九种，根据九种原因采取针对性的措施加快脱贫。一是对缺乏劳动力致贫者采取把耕地转包第三方或者临时租赁劳动力耕种秋收；二是对缺乏技术致贫者依据技术需求提供技术；三是对缺乏土地致困难者鼓励他们转包土地或者输出劳务增加收入；四是对自我发展动力不足者采取在思想观念的转变上多下功夫，激励他们积极劳动致富；五是对因病致困难者采取增加住院费用和后期用药的报销比例减轻负担，帮助他们发展生产；六是对因残致困难者采取社会保障兜底措施；七是对因灾致困难者采取扩大农作物的保险报销品种，把灾害损失降到最低，同时帮助他们尽快恢复生产；八是对因学致困难者增加学生上学补贴减轻经济负担，同时在贷款等方面扶持他们发展生产，增加收入；九是改善交通道路，为脱贫攻坚提供便捷的交通道路网络。

二　大力发展庭院经济，提高农民收入

发展庭院经济是促进农村景观资源的高效开发利用和农耕、草原文化、柳树文化的传承。按照《内蒙古自治区人民政府办公厅关于促进庭院经济发展的意见》（内政办发〔2016〕13号）精神，加快发展阿力得尔苏木庭院经济。按照《意见》要求，可采取以下主要发展模式。

（一）创新特色型[①]

合理规划庭院空地，确定种养殖规模，种植特色蔬菜、林果、苗木、花卉和生产食用菌，养殖特色家禽家畜等。草原牧区利用家庭牧场，依托草原民族文化、风土人情、民间传统体育、自然风光及地域优势，体验农牧民生产生活。

（二）协调休闲型[②]

保护好农村牧区自然和文化环境，对传统村落、民居、习俗、节庆、庙会和手工艺等进行有效的保护和利用，发挥庭院经济的资源和农牧业生产条件、自然资源、民族风情等优势，发展观光、休闲、旅游等农家乐、牧家乐、林家乐、渔家乐，开展观光、采摘、登山、垂钓、餐饮、住宿、娱乐等，展示传统农耕文化和草原文化等发展庭院经济的主推模式。

（三）绿色生态型[③]

合理利用生物能、太阳能，使生产、生活、生态有机结合，实现能源综合利用、生态良性循环和农牧民安居乐业，将庭院特种种养殖产生的副产品通过秸秆饲料等还田措施，实现污染零排放，物质能源循环利用，提高资源的利用效率。

[①]《内蒙古自治区人民政府办公厅关于促进庭院经济发展的意见》（内政办发〔2016〕13号）。

[②]《内蒙古自治区人民政府办公厅关于促进庭院经济发展的意见》（内政办发〔2016〕13号）。

[③]《内蒙古自治区人民政府办公厅关于促进庭院经济发展的意见》（内政办发〔2016〕13号）。

（四）开放带动型①

依托本地区农畜产品资源优势，以市场需求为导向，发展各具特色的农畜产品生产和各类工艺品加工销售。以农牧户为单位，以嘎查村服务组织为纽带，逐渐形成一乡一业、一村一品的加工基地。做到传统工艺和现代手段相结合，提高加工产品的质量档次，实现增值增效。

（五）共享综合型②

充分利用"互联网+"，将特种种养、加工、销售、休闲农牧业等与电子商务服务有机结合，建设庭院经济综合性信息及电商服务平台，利用电子商务，扩大产品销售渠道，开展自我推销、定制服务。发挥网络社交平台作用，转变市场推介方式，利用微信等社交平台吸引客户。开展互联网支付，促进便捷消费。

上述是自治区政府办公厅针对全区如何发展庭院经济提出的主要模式。阿力得尔苏木可因地制宜发展本地区特色的庭院经济。例如，大力发展绿色特殊性种植业和养殖业，种植蔬菜、水果和养殖鸡鸭鹅等，与学校或具有大食堂的单位建立联系，定点收购贫困户的蔬菜、水果、鸡鸭鹅等，这样提高贫困户的庭院使用率，定向对帮扶贫困户，提高贫困户收入，使它们尽早脱贫。

（六）发展庭院经济的途径

利用好科尔沁右翼前旗与阿尔山口岸和满洲里口岸较近的优势，生产出口型的农畜产品，扩大收入来源。例如，科尔沁右翼前旗通过扶持发展农业种植专业合作社，在合作社培育各种对当地气候适合的种植育苗，尤其培育出西蓝花苗，这样合作社对农户提供育苗和技术，农户的蔬菜在当地销售畅通，提高收入。下一步农业种植专业合作社利用科尔沁右翼前旗与阿尔山口岸和满洲里口岸较近的优势，大规模种植西蓝花，要通过阿尔山口岸输送到蒙古国市场，通过满洲里口岸输送到俄罗斯市场，因为西蓝花是西餐必备的营养蔬菜，销售市场十分广阔。为此，农业种植专业合作

---

① 《内蒙古自治区人民政府办公厅关于促进庭院经济发展的意见》（内政办发〔2016〕13号）。

② 《内蒙古自治区人民政府办公厅关于促进庭院经济发展的意见》（内政办发〔2016〕13号）。

社为阿力得尔苏木农民能带来利好的商机，苏木政府与农业种植专业合作社积极合作发展西蓝花种植业，通过各种营销渠道销售西蓝花，扩大农民收入来源，加快脱贫速度。

三 加快改善生态环境

(一) 加大农业环保补贴，减少农田面源污染

1. 积极争取国家增加使用有机肥料的补贴，减少耕地的污染。以粮食主产区的专业农户为补贴对象，对采用资源节约、对环境有利的生产方式导致的损失给予一定的补贴。例如，使用有机肥或根据测土配方施肥，减少农药使用量等。[①] 因为农田污染是粮食主产区面临的困境，是农村污染的重灾区，应加大投资力度创新科技，用先进技术手段治理农田污染问题，其中对粮农的培训至关重要，所以在健全乡镇农业技术人员服务体系的前提下，农业技术人员应到田间地头指导农民科学使用化肥、农药和农膜，这是目前减少农田污染的关键所在。同时加大投资力度，利用牲畜粪肥生产有机肥料，对使用有机肥料的农户给予一定的补贴，让农民使用有机肥料不但减少使用肥料的成本还有利于提高耕地有机含量，切实扭转耕地质量和水环境恶化趋势，实现粮食稳定增产和提高收入。

2. 提高粮食作物秸秆的回收利用率。秸秆直接焚烧将会向大气排放有机碳，作物收获期集中焚烧将严重影响大气环境质量。此外，废弃秸秆进入水体后会加大面源污染强度。为此，大力扶持利用秸秆生产各种产品的企业，例如，研发利用秸秆生产酒精的技术，回收粮食作物秸秆生产酒精，或者开发秸秆生产其他生物质能源或有机肥料等，降低废弃秸秆燃烧后对环境的污染。为此，提高农作物秸秆再循环利用率，减少农田环境的负外部效应。

3. 减少白色污染。采取激励措施调动农民及时清理农膜，或者增加农膜厚度，提高回收利用率，减少农田污染。甘肃省的措施值得借鉴：一是地膜加厚，政府同意采购。政府要求地膜从 0.008 毫米变为 0.01 毫米，薄膜变厚膜，地膜不仅不易破碎，而且能延长使用至一年半，建设了地膜

---

① 程国强：《中国农业补贴：制度设计与政策选择》，中国发展出版社 2011 年版，第 162 页。

投入和机器作业费用，促使玉米根茬腐烂还田，增加土壤有机质。二是政府补贴回收旧膜。旱作农业区每个乡镇设置 1 个旧膜回收点，政府补贴运作，废旧地膜回收形成农民—商贩—回收点—加工厂链条，加工厂按每千克 1.2 元收购废旧地膜，用其生产新地膜、塑料制品等，形成循环经济。①

4. 加快实施归流河流域河道治理工程和山区生态环境建设。归流河是阿力得尔苏木的生命河流，也是资源优势，清理全流域河道的沙场等污染河水的厂子或者阻碍河道或者改河道的行为，同时加大治理各嘎查村山区生态环境建设，严格禁止农民砍伐和保护山区泉水，让游客欣赏生态环境和泉水的魅力，为发展乡村旅游打造优美的环境，让绿水青山变为金山银山。

（二）引导农户减少养殖牲畜头数

目前活羊收购价格连续三年下跌，对农户造成不小损失，农户普遍亏损运行。

这是调整养殖结构的最佳时机，应引导农户减少绵羊只数或者适当增加肉牛养殖头数，保障减羊不减收入。同时苏木政府采取季节性放牧制度，例如，每年 5—6 月份两个月严禁农户在山上放牧，给牧草生长提供机遇，从而维护好和提高公用地草场牧草覆盖率和生长率，改善草原生态环境。

四 通过发展集体经济，带动农牧户发展

如，兴安盟科尔沁右翼中旗巴音敖包嘎查位于额木庭高勒苏木所在地 35 千米处。嘎查地势平坦，山地草原，水资源相对丰富。"嘎查"两委班子团结有凝聚力，2014 年之前就带领群众发展了集体经济。在上级政府的大力支持下，依据得天独厚的资源优势，嘎查两位班子带领群众发展生态旅游业，发展种养业、养鸡、养鱼、农机等四个专业合作社，已投入使用的有蔬菜大棚、采摘园、旅游景点、餐饮设施、养鱼场等项目，建成宝贝山、三龙山、霍林河生态区，配套建设了现代农业水果蔬菜采摘园，花

---

① 万宝瑞：《发展旱作农业对保障粮食安全的启示》，《农业经济问题》2013 年第 12 期。

卉种植、蒙古包、游泳池,形成"可览、可游、可居"的生态景观和集"自然、生产、休闲、康乐、教育"于一体的休闲型旅游度假村。通过发展旅游,农户户均增收1600元以上,又增加嘎查集体经济收入,2017年较困难稳定走上致富路。从而获得以下主要荣誉:2014年6月被中国科协、财政部授予"全国科普惠农兴村先进单位";2016年8月被内蒙古自治区委员会组织部"草原英才"工程授予"内蒙古自治区先进农村牧区实用人才团队"。为此,在团结奋斗的嘎查两套领导班子领导下发展的集体经济在推动扶贫攻坚起了重要作用。这是阿力得尔苏木学习的集体经济发展较好的案例,应因地制宜落实成功经验,加快发展集体经济,更好地服务于农牧民。

五 加快改善苏木卫生院硬件和软件建设

目前,虽然乡镇(苏木)卫生院是旗级卫生局垂直管理,可是阿力得尔苏木相关部门为了减轻农民就医成本高问题与科尔沁右翼前旗卫生局积极协调,加快改善卫生院硬件和软件建设,减少农民就医成本,这就间接提高了百姓收入。因为乡镇卫生院硬件软件条件较差,难以满足百姓就医需求,农民一般情况下不愿意在苏木卫生院就医,直接到旗医院或盟医院就医,在就医期间产生交通费、食宿费等不少费用,这对农民来说是不小负担,尤其对因病致贫的农户来说无形中的经济负担,所以亟待改善苏木卫生院的硬件软件条件,满足农民就医需求,减少农户经济负担。

六 补齐交通"短板"

俗话说,"要想富先修路"。路网未健全是阿力得尔苏木的"短板"。阿力得尔苏木要想发挥区位优势和加快发展就必须主动联系协商科尔沁右翼前旗交通局,让交通局把道路建设项目优先安排在阿力得尔苏木。大力建设交通网络,四面八方打通各嘎查村4.5米宽的水泥路,同时借助通往阿尔山和霍林郭勒国家一级公路,发展相关产业,促进生产要素的自由流通和降低农畜产品的输出成本及农牧民生产经营交易成本,推动农村经济发展。

七 提高农牧民组织化程度，保障农牧户收入稳定增长

在激烈的市场经济竞争中，农牧民单打独斗的生产销售方式已不再适合市场经济的要求，主要途径是让有能力的人士建立合作社，吸纳农牧民成为合作社成员，提高农牧民组织化程度，改变农牧民单打独斗的生产销售模式，提高竞争力，进而获得稳定收入。当然这个合作社是以所有生产资料和劳动力及收入均归个人所有的基础上建立的合作社。合作方式：一是大力发展嘎查村集体经济，增加集体收入，带动农户发展产业，提高农户组织化程度；二是大力发展能人当理事长的各种合作社，鼓励农户参股入股合作社，成为合作社成员，参与合作社生产经营活动，提高农户组织化程度，合作社与企业建立合作合同关系，并双方严格履行责任和义务；三是提高规模化经营水平。通过大力发展为农牧业服务的社会化服务体系解放劳动力的前提下，采取托管、入股、转包等方式流转土地，实现规模经营、降低生产经营成本和交易成本；四是种植业和畜牧业生产所需的生产资料需统一购买，降低生产成本，同时在面临自然灾害时大家一起劳动应对自然灾害，把损失降到最低；五是大家在农畜产品销售收入中拿出一部分资金用于合作社运行和开拓市场的资金，让合作社带头人联系企业或者采购商，统一销售产品，提高议价能力；六是农牧民必须按照企业的要求进行绿色生产，提升产品品质，保障产品安全；七是降低畜牧业经营风险。饲草料供给条件较好地区可适当增加肉牛头数多元化养殖，降低畜牧业经营风险。同时完善农牧业保险体系，增加种植业自然灾害保险赔偿，减少农牧业遭遇自然灾害后的损失。

八 加快发展产业经济

所谓产业经济是产业链完整的经济。而无论内蒙古自治区还是科尔沁右翼前旗农牧业经济都并不是完整的产业经济。尤其科尔沁右翼前旗和阿力得尔苏木的支柱产业是农牧业，农牧业的种植和养殖环节做得比较好，可是农畜产品的加工环节欠发展，属于典型的"重生产，轻加工"的发展模式，尤其物流和销售环节不畅通，农贸交易市场建设不完善，导致诸

多农畜产品挤压在农村牧区；与此相反，城市农畜产品价格居高不下，从农村牧区到城市市场的中间环节脱节未衔接上，造成农牧民经营性收入增长遇到困境，而城市居民抱怨农畜产品价格偏贵，对食品消费支付较多。因此，目前农畜产品脱销现象的根本原因在于我们的产业经济发展不完善，应大力扶持农畜产品精深加工企业，促进农畜产品加工企业加快发展，让企业培育和开拓销售市场，与农牧民建立"订单收购"合同，解决农牧民卖出难的问题，同时大力扶持农畜产品物流业和运输业的发展及大量建设农畜产品交易市场，解决城市居民购买农畜产品的"偏贵"问题，重点发展特色种养基地建设，这是阿力得尔苏木为加快发展产业经济，带动农牧民早日致富的主要途径。

同时，阿力得尔苏木建立农业产业发展联盟，将以打造农业产业扶贫综合服务平台为目标，通过信息化、技术服务、金融等途径，建立健全农业产业发展的长效机制，服务于联盟会员、农牧户，促进发展滞后地区与联盟会员开展发展项目对接，帮助农牧业增收。为此，农业产业扶贫联盟是阿力得尔苏木加快发展的重要途径。

通过乡村产业振兴，有效解决农村社会矛盾和问题。乡村产业基础薄弱是当前农村社会一系列矛盾和问题的根本原因。乡村产业发展滞后，吸纳劳动力非常有限，大量劳动力尤其有知识有文化的劳动力在城市务工，导致农村牧区"空心化"、农牧业"老龄化"的现实；农牧业比较效益低，农牧业附加值很低，导致农牧民过度开发利用农牧业资源，严重透支土地产力，农村牧区生态平衡遭受破坏，上述现状在阿力得尔尤为突出；诸多村（嘎查）集体收入很少甚至资不抵债，难以为农牧民提供必要的公用服务，导致农牧民参与村庄（嘎查）管理的热情不高、能力弱化，村（嘎查）两委凝聚力号召力下降。解决上述问题的根本途径在于大力发展乡村产业，通过发展产业，改善环境，大幅提高农牧民收入，提高村（嘎查）集体经济实力，完善公共服务，吸引人才、资金、技术等生产要素流入农村牧区，更有力地支持乡村产业发展。

九　通过引进发展龙头企业，带动农牧户发展

例如，荷马糖业公司是兴安盟农产品深加工企业，为促进兴安盟种植

业结构性调整立下汗马功劳。荷马糖业公司建立"两带五保一帮"的产业发展模式，不但推动兴安盟种植业结构性调整，还带动农牧户稳定增收。两个带动：第一，先成立农机合作社，然后荷马糖业公司给予农机合作社全范围服务，促进农机合作社发展，农牧户可以利用贴息贷款或者无息贷款或者把政府扶持的产业发展资金入股到农机专业合作社，享受固定收益分红；第二，荷马糖业公司扶持发展甜菜种植大户，由农牧户可带动土地入股大户甜菜种植合作社，或者参与种植，取得土地分红或种植收入提高收入。五个确保：第一，确保投入。荷马糖业公司给农牧户担保贷款，解决农牧户资金短缺问题。第二，确保种植。荷马糖业公司给农牧户无偿服务技术指导，及时解决农牧户种植甜菜的技术缺乏问题，确保甜菜种植成功。第三，确保运营。荷马糖业公司通过社会化农机作业服务综合解决方案，并入股进行监管，确保农机合作社正常运营。第四，确保收购。荷马糖业公司确保帮组农牧户春季种植甜菜的同时，秋季确保保底价格收回甜菜，解决农牧户销售甜菜的后顾之忧。第五，确保收益。荷马糖业公司从甜菜款中代扣农机作业费，确保农机专业合作社的收益；帮助农牧户控制风险、稳定增收。2016 年，这种模式帮助科尔沁右翼前旗 2541 个生活较困难人口实现稳定增收，人均年收入达 7075 元。荷马糖业公司计划到 2020 年，仅在兴安盟地区将实现年加工甜菜 400 万吨，公司销售收入约 50 亿元，上缴税收超过 6 亿元，可带动约 10 万农民仅种植甜菜就收入 20 亿元，仅此为农牧民人均增收 1000 元。[①] 由此，阿力得尔苏木政府与荷马糖业公司签订合作合同，组织农民按照荷马糖业公司的要求种植甜菜，不但调整优化种植业结构，还带动农户收入稳定增长。

十 提高农牧民市场经济意识

通过发展可提高农民的市场经济意识，逐步改变传统的市场观念、生产方式、销售途径，增强农民的竞争意识。一是加大新发展理念思想的宣传力度，唤醒部分农牧户的"等靠要"的惯性思想，调动发展内生动力；

---

① 赵子平：《对产业扶贫带动欠发达地区脱贫致富的个案分析——以荷马糖业为例》，《北方金融》2017 年第 3 期。

二是改变农民的"找政府而不找市场"的交易惯性思想，提高农民的市场竞争意识，加快改革"玉米独老大"的单一种植业结构性惯性思维，注重品牌和质量，根据市场需求、消费特点针对性地生产农畜产品，增加有效供给；三是政府部门加快发展农畜产品深加工业，改变"重生产轻加工"的传统生产方式，提高农户的带动力，促进脱贫攻坚战的胜利。

十一　倡导文明新风，传承传统优秀文化，推动文化振兴

以社会主义核心价值观为引领，培育文明乡风、良好家风、淳朴民风，改善农牧民精神风貌，提高乡村社会文明程度，焕发乡村文明新气象。建立"红白喜事"村规民约，遏制变味的人情、变异的风俗、变相的敛财行为，杜绝舌尖上的浪费，大幅减轻百姓经济负担，为建设富裕文明、和谐稳定的乡村创造条件。深挖优势传统文化、民间民俗文化，发挥农村牧区文化能人作用，拓展媒介传播渠道，建设以传统文化题材的公共设施，开展丰富多彩的乡村传统文化活动，创造隐含传统文化的工艺品，大力发展以文化为载体的乡村旅游业，让老百姓在潜移默化中受到传统文化熏陶，弘扬传统文化，从而建设文化名村，推进乡村文化振兴。

十二　充分调动阿力得尔苏木干部职工的积极性

从自治区层面上应尽快出台调动旗县级和乡镇苏木级干部支持下农村工作的配套制度，调动他们的工作积极性；同时旗县级和乡镇级公车改革因地制宜执行，多留公车或者干部下乡时根据路程给予车补，因为乡村发展需要干部长期扎根在农村牧区来回奔波，而目前的公务员车补抵不过为乡村发展而奔波的燃油费，这里还未包括车损费。为此，调动旗县级和乡镇级干部积极性，是发展滞后旗县加快发展的关键。

十三　加快培育和引进充满活力的新型职业农牧民队伍

（一）根据农牧民的需要开展针对性的培训

有的农牧民需要电焊电暖技术、有的需要开车技术需要办理驾驶证、

有的需要家政服务技术、有的需要种植蔬菜技术、有的需要建筑工技术、有的需要厨师技术，等等。根据农牧民年龄段特征和各自需求及市场需求做有针对性的培训，并且旗县级政府统一组织集训和协调安置工作，例如，统一安排到农副产品营销、餐饮、家政、仓储、配送等服务业就业，多渠道增加收入促进脱贫。同时通过对农村牧区扎根创业发展现代农牧业的农牧民，加大培新力度，提高他们的技能水平和经营管理水平，让他们安心建设家乡。

（二）加快培育新型农牧业职业经营主体，这是乡镇产业振兴的关键要素

出台强有力的政策引进新型农牧民，让他们切实得到回报，解决后顾之忧，激励各类人才在农村牧区广阔天地大施所能、大展才华、大显身手，从而打造一支强大的乡村产业振兴队伍。将提高农牧业规模化经营水平和效率，带动小农户和现代农牧业发展有机衔接，引领乡村产业以独立经济体身份参与市场竞争，实现乡村产业的可持续发展。

十四 完善管理体系，推动组织振兴

（一）严格监督管理"嘎查（村子）领导班子"，严惩腐败

惩治在于治标，规范权力运行才能治本。对于掌握产业发展资金走向的"村官"来说，权力不可任性，必须要关在制度的牢笼中。一是要产业发展决策民主，产业发展政策、对象、标准等要由村两委班子共同商议、相互制衡、彼此监督。二是要保障群众的监督权利，村党组织要定期召开党群议事会、党员大会、村民代表大会，将扶贫的有关事项告知党员群众，接受党员群众的质询，保障群众的知情权，体现群众的参与权，维护群众的监督权。三是严格执行公开公示制度，公开透明既是产业发展的内在要求也是基层组织赢得民心的重要表现，要坚持按季公示，对低保审批、建房补偿等公示内容做好存档，不能"一公了之"，要"示而备查"。四是由纪委牵头，扶贫办参与，对经济薄弱、重点扶持村，逐一对照虚报冒领、优亲厚友、截留私分、挥霍浪费、失职渎职等"负面清单"，进行深度审计，实现精确制导、精准用力，通过审计，寻根溯源，发现问题。五是要进一步畅通产业发展领域信息举报渠道，广设监督探头，增设举报

窗口，可借鉴巡视工作做法，对问题线索逐一梳理、逐一交办。相关职能部门按照"实时建账、动态理账、定期对账、办结销账"的要求建立专门台账，确保产业发展领域举报案件事事有回音、件件有落实。因为，产业发展领域不正之风和腐败问题，影响恶劣、危害严重，绝不能因问题小而姑息，也不能因违者众而放任，对发现的问题，必须保持"零容忍"，绝不允许任何损害群众对党信任的"毒瘤""逍遥法外"。①

（二）构建带动组织能力很强的基层组织

嘎查（村）级党组织是党的最基层组织，必须夯实基层基础，充分发挥村嘎查（村）"两委"领导班子、驻村帮扶工作队、村第一书记"三支力量"的作用，着力打造一支懂农牧业、爱农村牧区、爱农牧民的"三农三牧"工作队伍。实践证明嘎查（村）两委领导班子是农村牧区经济繁荣发展的重要推动力量。一是鼓励农牧民必须选带领大家发展产业致富的"能人"当嘎查（村）领导，农牧民为了地区的发展和自己致富可吸纳外出务工多年的本土人、军队转业的干事实的人、善于经营管理促销人员选入嘎查（村）领导或者班子成员；二是相关部门要不定期培训嘎查（村）领导班子成员，提高工作能力，可采取现场观摩和文化知识的培训，培养责任担当的领导班子；三是杜绝嘎查（村）两委领导班子"兼业"现象，设置专职的嘎查（村）两委领导班子，专心为嘎查（村）农牧民服务和发展集体经济。同时建立客观公正的考核指标体系，让嘎查（村）领导班子确实得到实惠，激励嘎查（村）领导班子的工作积极性。

（三）实践证明在乡村发展当中嘎查村党支部将起重要作用

例如，科尔沁右翼前旗兴安村党支部，领导有效结合了红色文化与乡村发展工作，通过建设红色文化教育基地的同时大力发展各项产业来带动农户走向致富路。一是村党总支多方筹集资金修建红色支部旧址。目前，完成了展览馆、努图克旧址和秘密党支部旧址的一期建设，并已将其打造成为全盟和全旗的党员干部教育基地和青少年爱国主义教育基地。二是村党总支大力发展了集体经济。村党总支先后改造经营砖厂、糖化饲料厂和

---

① 刘明：《贫困人口的"奶酪"，"村官"切不可监守自盗》，中国经济网：http://views.ce.cn/view/ent/201609/20/t20160920_16085284.shtml。

出租店面及建设脱水蔬菜加工厂，累计村集体收入达到40余万元，有效地保障了村集体公共服务的支出。三是兴安村率先实施村民搬迁工程。自2011年至今，启动几期村民搬迁工程，截至2016年全村578户村民已入住楼房，有效整合了宅基地占用土地和较大改善了村容村貌。四是兴安村全力打造蔬菜种植业，蔬菜种植业已成为主导产业。早在2012年兴安村结合扶贫连片开发项目共投资600万元，先后陆续建设300栋蔬菜大棚、现代化育苗加工厂1座，还建设了脱水蔬菜加工厂。同时采取"基地＋合作社＋农户"的链条模式，组建了400户农户入社的蔬菜种植加工专业合作社，使全村蔬菜种植面积发展到6000亩，每亩增收500—1000元。五是早在2014年成立了鑫红牛养殖专业合作社。在屯北建设占地3万平方米的肉牛养殖小区，能够容纳育肥牛800头。现已有216户贫困户以户为单位购牛，入股肉牛养殖合作社发展肉牛养殖，年人均分红1200元。六是大力发展庭院经济。

2016年还持续改善村民交通、居住条件，发展庭院经济建设，投资蔬菜苗木40万株，发展冷棚事业，建设冷棚1.6万平方米，其中较困难户覆盖63户、3500平方米。

2017年对75栋蔬菜大棚进行修缮配套，以"企业＋基地＋农户"形式经营，分给150户较困难户，年人均分红1200元。

总之，兴安村能够取得今天骄人的发展成绩，村党总支积极发挥领导核心作用是关键。目前，兴安村固定资产已接近3000万元，集体经济年收入50余万元，农民人均纯收入可达5000元。从而村党总支确定，2017年较困难户走上致富路。这是阿力得尔苏木各嘎查村学习的榜样。

十五　改变生产方式，带动农牧民走上致富路

阿力得尔苏木邻近的巴拉格歹乡良种场村采取新生产方式，拓宽农牧民增收渠道，切实加快了农牧民脱贫致富。一是成立"旺村源种植合作社"，将全村2756亩耕地全部流转到合作社，实现规模经营和订单种植业。以租赁方式流转的耕地，水浇地600元/亩、坡耕地267元/亩，不再进行二次分红。以土地入股方式流转的耕地，水浇地按500元/亩、坡耕地按200元/亩作为保底收入，并进行二次分红，实现了"零风险"、"双

收入"。二是成立"兴村肉羊养殖合作社",通过"党支部+合作社"模式,带领本村村民重点进行优良舍饲肉羊品种的引进、改良和自繁自育示范推广工作。另外,50户较困难户的扶持资金产业发展的50万元股合作社,每年每户保底分红1200元,如果合作社利润达到17%以上,社员可以进行二次分红。三是成立"农机合作社"。在自治区高级人民法院帮扶100万元、旗政府匹配50万元、村集体自筹100万元的前提下成立了"良种场农机种植专业合作社",购置了可以规模化种植收割5000亩耕地的7台/套大型综合农机具,使本村的2756亩耕地得到了保障,还可以利用闲置时间承接规模化种植收割,2016年合作社将为村集体和农户创收35万元,全部用于村集体和农户的发展、增收和补贴较困难户和农户上。四是本村与内蒙古大公草畜有限责任公司签订种畜代培、配种及技术等服务合同,将45只种羊承包给公司,公司每年为村分红每只羊1000元,共45000元,一签2年合同。同时,生产出的纯种种公羊可投放到本村养殖大户,提高养殖效益。目前,该村已无危房,村容村貌发生较大改观,2015年农牧民人均纯收入达7600元,村集体经济收入由5万元增至20万元,2016年底走上致富路。这是阿力得尔苏木各嘎查村学习成本最低的成功案例,值得组织嘎查村两委领导班子赴巴拉格歹乡良种场村发展的经验。

十六 采取融合发展措施,促进乡村产业加快发展

在农畜产品消费弹性价格较小的前提下,阿力得尔苏木应紧紧围绕发展现代农牧业,围绕农牧业的种养、加工、销售一体化的一二三产业融合发展,构建乡村产业体系,延长农牧业产业链,提高农牧业附加值,培育农村牧区新产业新业态新模式,培育乡村发展的新动能。如大力发展乡村休闲旅游业,鼓励有实力的、自然环境较好的村(嘎查)集体经济组织创办旅游合作社,或与社会资本联办乡村旅游企业,或出台优惠政策措施鼓励从本土外出务工成功人士回乡发展旅游业,加快改善休闲农牧业、乡村文化旅游、山地草原观光、互联网宽带等公共服务条件,利用"旅游+""生态+""文化+"等模式,推进农牧业、林业与旅游、文化康养等产业深度融合,从而实现乡村产业兴旺。

阿力得尔农牧业资源优势显著，通过发展乡村旅游有利于把农牧业资源优势转化为经济优势。扶持发展农家乐或牧家乐，结合自然原生态特征个性化差异化发展农家乐和牧家乐吸引游客，不仅可以促进乡村旅游发展，也会为地方特色有机农畜产品做出更好的宣传推广。大力发展本地区特色的优质杂粮杂豆、稻谷、小麦、马铃薯的播种、锄草、收割等为旅游主题元素的观光欣赏体验园区，让游客亲自参与体验粮食生产的各个阶段。培育本地区种植业旅游品牌产品的同时提高游客节约粮食珍惜粮食意识，促进种植业供给侧结构性改革，提高经济效益和社会效益。在文化元素较多的未开发利用的嘎查村，加快以历史文化为载体的新农村建设，改变乡村面貌，加大治理归流河流域，美化环境，完善硬件和软件建设；运用现代媒体传播渠道大力宣传乡村旅游业，吸引城市工作群，节假日到乡村旅游，体验乡村生产生活，促进乡村文化旅游加快发展，提高农牧民户收入。从而加快推进农牧业供给侧结构性改革，促进农牧业经济又好又快发展。

主要参考文献

著作

《内蒙古自治区志·农业志》编委会编辑：《内蒙古自治区志·农业志》，内蒙古人民出版社2000年版。

廖洪乐：《中国农村土地制度六十年——回顾与展望》，中国财政经济出版社2008年版。

冯学忠主编：《科尔沁右翼前旗志》，内蒙古人民出版社1991年版。

巴根那主编：《科尔沁左翼后旗志》，内蒙古人民出版社1993年版。

井手俊太郎：《关于西科前旗蒙地管理状况》（日文），《蒙古研究》（第五卷第四号）；引自朝格满都拉博士论文《近代兴安盟地区土地问题研究》，指导教师：白拉都格其，2012年。

刘豪兴主编：《农村社会学》（第三版），中国人民大学出版社2015年版。

科尔沁右翼前旗计划委员会：《科尔沁右翼前旗国民经济统计资料汇总》，1965年。

科尔沁右翼前旗统计局编辑：《科尔沁右翼前旗统计年鉴》，1990—2010年。

哈斯博彦、贺西格都荣主编：《科尔沁右翼中旗地名志》，内蒙古少年儿童出版社1991年版；王旺盛主编：《科尔沁右翼前旗地名文化》，内蒙古教育出版社2008年版；引自朝格满都拉博士论文《近代兴安盟地区土地问题研究》，指导教师：白拉都格其，2012年。

兴安南省公署编：《兴安南省概览》（日文），1935年；引自朝格满都拉博士论文《近代兴安盟地区土地问题研究》，指导教师：白拉都格其，2012年。

廖洪乐:《中国农村土地制度六十年——回顾与展望》，中国财政经济出版社 2008 年版。

科尔沁右翼前旗计划委员会:《科尔沁右翼前旗国民经济统计资料汇编》，1961 年。

斯大林著:《列宁主义问题》，人民出版社 1972 年版。

陈导主编:《经济大辞典——农业经济卷》，上海辞书出版社、农业出版社 1983 年版。

《马克思恩格斯选集》第 1 卷，人民出版社 1972 年版。

《内蒙古自治区三十年》编写组编:《内蒙古自治区三十年》，内蒙古人民出版社 1977 年版。

程国强:《中国农业补贴：制度设计与政策选择》，中国发展出版社 2011 年版。

内蒙古历史研究所近现代史研究组编:《原扎萨克图旗清末土地放垦及其演变情况调查》，1965 年；引自朝格满都拉博士论文《近代兴安盟地区土地问题研究》，指导教师：白拉都格其，2012 年。

论文

赵家祥:《生产方式概念含义的演变》，《北京大学学报》（哲学社会科学版）2007 年第 44 卷第 5 期。

陈乃圣:《生产方式理论体系新探》，《文史哲》1988 年第 5 期。

吴易风:《马克思的生产力—生产方式—生产关系》，《马克思主义研究》1997 年第 2 期。

《举全区之力，以超常规的手段攻坚拔寨》，《内蒙古日报》2015-12-09。

《财经》2004 年第 10 期；温家宝：2006 年《政府工作报告》，见中国政府网，2006-03-06。

王国英:《科技内蒙古农牧业发展的希望之光》，《内蒙古日报》2012-05-30。

万宝瑞:《发展旱作农业对保障粮食安全的启示》，《农业经济问题》

2013年第12期。

杨帆：《集中财力重点实施扶贫工程让80.3万贫困人口脱贫》，《内蒙古日报》2016-09-17。

文件资料

中共阿力得尔人民公社委员会：《公社基本情况、接收新党员通知和粮食产量自存阅查表》，1960年6月28日—1960年12月31日。

中共阿力得尔努图克委员会：《春耕生产、种植面积、产量调查表》，1948年7月31日。

中共阿力得尔高勒努图克委员会：《阿力得尔高勒努图克基本情况、秋收、夏助农业资料总结》，1951年8月23日。

中共阿力得尔高勒努图克委员会：《阿力得尔高勒努图克委员会会议记录》，1956年9月24日—1957年10月19日。

科尔沁右翼前旗革命委员会：《科尔沁右翼前旗一九七六年农牧业生产计划（草案）》，一九七六年二月二十四日。

《阿力得尔苏木政府关于示范田、开荒核查、甜采生产、粮食定购、农业承包生产目标管理责任状、报告、通知、意见》，1995年。

《内蒙古自治区人民政府办公厅关于促进庭院经济发展的意见》（内政办发〔2016〕13号），内党办发〔2013〕3号，2013年2月6日。

网上资料

内蒙古社会扶贫网：《内蒙古31个国家扶贫开发重点旗县（国家级贫困县）名单》，网址：http：//www.nmgshfp.com/zlxzcon.php？id=2550，2012-09-13。

陈炜伟、安蓓：《聚焦〈全国"十三五"易地扶贫搬迁规划〉四大看点》，新华网：http：//news.xinhuanet.com/politics/2016-09/22/c_1119608810.htm。

胡彬彬：《深刻领会精准扶贫的意义把握实施路径》，中国经济网：http：//tuopin.ce.cn/news/201608/28/t20160828_15311496.shtml。

中国经济网:《农业产业扶贫联盟在京成立致力夯实农村扶贫工作产业基础》,网址:http://tuopin.ce.cn/news/201609/20/t20160920_16062092.shtml。

刘明:《贫困人口的"奶酪","村官"切不可监守自盗》,中国经济网:http://views.ce.cn/view/ent/201609/20/t20160920_16085284.shtml。